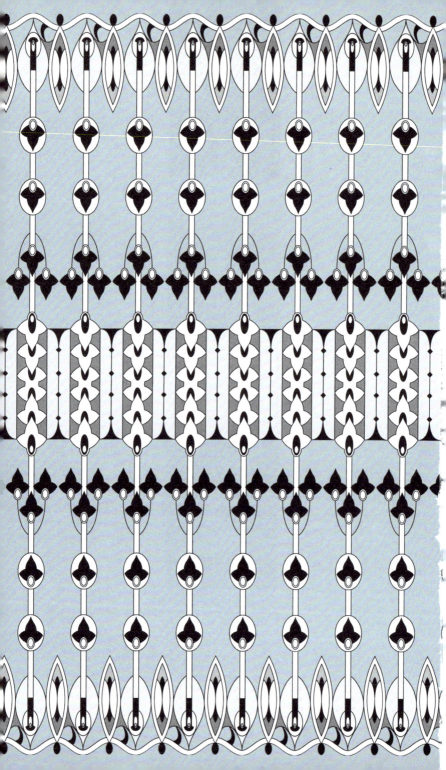

SIGMUND
FREUD
OBRAS COMPLETAS

SIGMUND
FREUD
OBRAS COMPLETAS VOLUME 7
O CHISTE E SUA RELAÇÃO COM O INCONSCIENTE
(1905)

**TRADUÇÃO FERNANDO COSTA MATTOS
PAULO CÉSAR DE SOUZA**

8ª reimpressão

COMPANHIA DAS LETRAS

Copyright da tradução © 2017 by Fernando Costa Mattos
e Paulo César Lima de Souza
Copyright da organização © 2017 by Paulo César Lima de Souza

Grafia atualizada segundo o Acordo Ortográfico da Língua Portuguesa de 1990, que entrou em vigor no Brasil em 2009.

Os textos deste volume foram traduzidos de *Gesammelte Werke*, volume VI (Londres: Imago, 1940). A outra edição alemã referida é *Studienausgabe* (Frankfurt: Fischer Taschenbuch, 2000), pp. 9-219.

Capa e projeto gráfico
warrakloureiro

Imagens das pp. 3 e 4, obras da coleção pessoal de Freud:
Máscara de múmia masculina, Egito, séc. I ou II d.C.
Figura de sábio taoista, China, séc. XIX, 32,5 cm
Freud Museum, Londres

Preparação
Célia Euvaldo

Índice remissivo
Luciano Marchiori

Revisão
Huendel Viana
Isabel Cury

Dados Internacionais de Catalogação na Publicação (CIP)
(Câmara Brasileira do Livro, SP, Brasil)

Freud, Sigmund, 1856-1939.
 Obras completas, volume 7 : o chiste e sua relação com o inconsciente (1905) / Sigmund Freud; tradução Fernando Costa Mattos e Paulo César de Souza. — 1ª ed. — São Paulo : Companhia das Letras, 2017.

Título original: Gesammelte Werke.
ISBN 978-85-359-2792-4

1. Freud, Sigmund, 1856-1939 2. Psicanálise 3. Psicologia 4. Psicoterapia I. Título.

16-06033   CDD-150.1952

Índice para catálogo sistemático:
1. Sigmund, Freud : Obras completas : Psicologia analítica   150.1952

Todos os direitos desta edição reservados à
EDITORA SCHWARCZ S.A.
Rua Bandeira Paulista, 702, cj. 32
04532-002 — São Paulo — SP
Telefone: (11) 3707-3500
www.companhiadasletras.com.br
www.blogdacompanhia.com.br
facebook.com/companhiadasletras
instagram.com/companhiadasletras
twitter.com/ciadasletras

SUMÁRIO

ESTA EDIÇÃO 9

O CHISTE E SUA RELAÇÃO COM O INCONSCIENTE (1905) 13

A. PARTE ANALÍTICA 15
    I. INTRODUÇÃO 16
    II. A TÉCNICA DO CHISTE 27
    III. AS TENDÊNCIAS DO CHISTE 129

B. PARTE SINTÉTICA 167
    IV. O MECANISMO DE PRAZER E A PSICOGÊNESE DO CHISTE 168
    V. OS MOTIVOS DO CHISTE. O CHISTE COMO PROCESSO SOCIAL 199

C. PARTE TEÓRICA 226
    VI. A RELAÇÃO DO CHISTE COM O SONHO E O INCONSCIENTE 227
    VII. O CHISTE E AS VARIEDADES DO CÔMICO 257

ÍNDICE REMISSIVO 335

ESTA EDIÇÃO

Esta edição das obras completas de Sigmund Freud pretende ser a primeira, em língua portuguesa, traduzida do original alemão e organizada na sequência cronológica em que apareceram originalmente os textos.

A afirmação de que são obras completas pede um esclarecimento. Não se incluem os textos de neurologia, isto é, não psicanalíticos, anteriores à criação da psicanálise. Isso porque o próprio autor decidiu deixá-los de fora quando se fez a primeira edição completa de suas obras, nas décadas de 1920 e 30. No entanto, vários textos pré-psicanalíticos, já psicológicos, serão incluídos nos dois primeiros volumes. A coleção inteira será composta de vinte volumes, sendo dezenove de textos e um de índices e bibliografia.

A edição alemã que serviu de base para esta foi *Gesammelte Werke* [Obras completas], publicada em Londres entre 1940 e 1952. Agora pertence ao catálogo da editora Fischer, de Frankfurt, que também recolheu num grosso volume, intitulado *Nachtragsband* [Volume suplementar], inúmeros textos menores ou inéditos que haviam sido omitidos na edição londrina. Apenas alguns deles foram traduzidos para a presente edição, pois muitos são de caráter apenas circunstancial.

A ordem cronológica adotada pode sofrer pequenas alterações no interior de um volume. Os textos considerados mais importantes do período coberto pelo volume, cujos títulos aparecem na página de rosto, vêm em primeiro lugar. Em uma ou outra ocasião, são reunidos aqueles que tratam de um só tema, mas não foram publicados sucessivamente; é o caso dos artigos sobre a técnica psicanalítica, por exemplo. Por fim, os textos mais curtos são agrupados no final do volume.

Embora constituam a mais ampla reunião de textos de Freud, os dezessete volumes dos *Gesammelte Werke* foram sofrivelmente editados, talvez devido à penúria dos anos de guerra e de pós-guerra na Europa. Embora ordenados cronologicamente, não indicam sequer o ano da publicação de cada trabalho. O texto em si é geralmente confiável, mas sempre que possível foi cotejado com a *Studienausgabe* [Edição de estudos], publicada pela Fischer em 1969-75, da qual consultamos uma edição revista, lançada posteriormente. Trata-se de onze volumes organizados por temas (como a primeira coleção de obras de Freud), que não incluem vários textos secundários ou de conteúdo repetido, mas incorporam, traduzidas para o alemão, as apresentações e notas que o inglês James Strachey redigiu para a *Standard edition* (Londres, Hogarth Press, 1955-66).

O objetivo da presente edição é oferecer os textos com o máximo de fidelidade ao original, sem interpretações de comentaristas e teóricos posteriores da psicanálise, que devem ser buscadas na imensa bibliografia sobre o tema. Informações sobre a gênese de cada obra também podem ser encontradas na literatura secundária. Para questionamentos de pontos específicos e do próprio conjunto da teoria freudiana, o leitor deve recorrer à literatura crítica de M. Macmillan, F. Cioffi, J. Van Rillaer, E. Gellner e outros.

A ordem de publicação destas *Obras completas* não é a mesma daquela das primeiras edições alemãs, pois isso implicaria deixar várias coisas relevantes para muito depois. Decidiu-se começar por um período intermediário e de pleno desenvolvimento das concepções de Freud, em torno de 1915, e daí proceder para trás e para adiante.

Após o título de cada texto há apenas a referência bibliográfica da primeira publicação, não a das edições subsequentes ou em outras línguas, que interessam tão somente a alguns especialistas. Entre parênteses se acha o ano da publicação original; havendo transcorrido mais de um ano entre a redação e a publicação, a data da redação aparece entre colchetes. As indicações bibliográficas do autor foram normalmente conservadas tais como ele as redigiu, isto é, não foram substituídas por edições mais recentes das obras citadas. Mas sempre é fornecido o ano da publicação, que, no caso de remissões do autor a seus próprios textos, permite que o leitor os localize sem maior dificuldade, tanto nesta como em outras edições das obras de Freud.

As notas do tradutor geralmente informam sobre os termos e passagens de versão problemática, para que o leitor tenha uma ideia mais precisa de seu significado e para justificar em alguma medida as soluções aqui adotadas. Nessas notas são reproduzidos os equivalentes achados em algumas versões estrangeiras dos textos, em línguas aparentadas ao português e ao alemão. Não utilizamos as duas versões das obras completas já aparecidas em português, das editoras Delta e Imago, pois não foram traduzidas do alemão, e sim do francês e do espanhol (a primeira) e do inglês (a segunda).

No tocante aos termos considerados técnicos, não existe a pretensão de impor as escolhas aqui feitas, como se fossem absolutas. Elas apenas pareceram as menos insatisfatórias para o tradutor, e os leitores e psicanalistas que empregam termos diferentes, conforme suas diferentes abordagens e percepções da psicanálise, devem sentir-se à vontade para conservar suas opções; que cada qual seja "feliz à sua maneira", como disse aquele famoso rei da Prússia, citado por Freud.

P.C.S.

O CHISTE E SUA RELAÇÃO COM O INCONSCIENTE (1905)

TÍTULO ORIGINAL: *DER WITZ UND SEINE BEZIEHUNG ZUM UNBEWUSSTEN*. PUBLICADO PRIMEIRAMENTE COMO VOLUME AUTÔNOMO, LEIPZIG E VIENA: DEUTICKE, 1905. TRADUZIDO DE *GESAMMELTE WERKE* VI, PP. 1-285. TAMBÉM SE ACHA EM *STUDIENAUSGABE* IV, PP. 9-219.

A. PARTE ANALÍTICA

I. INTRODUÇÃO

[1]

Quem já teve a oportunidade de informar-se, em textos de estetas e psicólogos, sobre que esclarecimento pode ser dado a respeito da natureza e das implicações do chiste, terá de admitir que os esforços filosóficos destinados a esse tema não estiveram à altura do que ele merece, tendo em vista seu papel em nossa vida psíquica. Só se pode indicar um número bem pequeno de pensadores que se ocuparam mais detidamente do problema do chiste. Entre aqueles que trabalharam com ele, estão certamente os brilhantes nomes do poeta Jean Paul (Friedrich Richter) e dos filósofos Theodor Vischer, Kuno Fischer e Theodor Lipps. Mas mesmo nesses autores o tema do chiste fica no pano de fundo, ao passo que o interesse principal da investigação é dirigido ao problema mais abrangente e instigante do cômico.

A primeira impressão que se tem, a partir dessa literatura, é a de que seria inteiramente impraticável tratar dos chistes fora do contexto do cômico.

Segundo Theodor Lipps,[1] o chiste é "a comicidade inteiramente subjetiva", isto é, a comicidade "que nós produzimos, que adere à nossa conduta enquanto tal e perante a qual nós nos comportamos sempre como su-

---

1 *Komik und Humor* [O cômico e o humor], 1898. In: T. Lipps, T. e R. M. Werner, *Beiträge zur Ästhetik* [Escritos sobre estética], v. VI. — Um livro ao qual devo a coragem e também a possibilidade de empreender este trabalho.

I. INTRODUÇÃO

jeito superior, jamais como objeto — nem mesmo como objeto voluntário" (p. 80). É elucidativa, quanto a isso, a observação de que o chiste seria, em geral, "toda evocação consciente e habilidosa à comicidade, seja a comicidade da observação, seja da situação".

Fischer explica a relação do chiste com o cômico recorrendo à caricatura que introduziu entre ambos em sua exposição.[2] O objeto da comicidade é o feio, em qualquer das formas sob as quais aparece: "Onde está escondido, ele tem de ser descoberto à luz do ponto de vista cômico; onde é pouco ou nada perceptível, tem de ser exposto e, assim, esclarecido; ele tem de ficar visível à luz do dia [...]. Assim surge a caricatura" (p. 45). "Todo o nosso mundo espiritual, o reino intelectual de nossos pensamentos e representações, não se desenvolve sob o olhar da observação externa, não se deixa representar imediatamente de modo figurativo ou visual e, além disso, contém também as suas inibições, fraquezas e desfigurações, uma série de coisas risíveis e contrastes cômicos. Para acentuar tais elementos, e torná-los acessíveis à consideração estética, será necessária uma força capaz não apenas de representar objetos imediatamente, mas de refletir sobre estas representações mesmas e torná-las claras: uma força que ilumina o pensamento. Essa força é o *juízo*. E o juízo que produz o contraste cômico é o *chiste*, que já operava silenciosamente na caricatura, mas só atinge sua forma própria e o terreno livre de seu desenvolvimento no juízo" (pp. 49-50).

---

2 *Über den Witz* [Sobre o chiste], 1889.

Como se vê, Lipps situa a característica que distingue o chiste, em meio ao cômico, na atividade, no comportamento ativo do sujeito, ao passo que K. Fischer caracteriza o chiste através da relação com o seu objeto, um objeto constituído do feio que se oculta no mundo de nossos pensamentos. Essas definições do chiste não podem ser postas à prova quanto à sua pertinência, e não se pode sequer compreendê-las caso não estejam inscritas no contexto de que foram retiradas. Seria necessário, portanto, trabalhar detidamente nos textos desses autores sobre o cômico, para aprender algo sobre o chiste com eles. Mas se percebe, em outras passagens, que esses mesmos autores são capazes de indicar aspectos essenciais e universalmente válidos do chiste prescindindo de sua relação com o cômico.

A caracterização do chiste com que o próprio Fischer parece mais satisfeito é a seguinte: "O chiste é um juízo *lúdico*" (p. 51). Para elucidar essa expressão, ele nos remete a uma analogia: "do mesmo modo como a liberdade estética consistia na contemplação lúdica das coisas" (p. 50). Em outra passagem, a atitude estética frente a um objeto é caracterizada pela condição de que nada exigimos desse objeto, em especial nenhuma satisfação de nossas necessidades primárias, mas apenas nos satisfazemos em fruir a sua contemplação. A atitude estética é *lúdica*, em contraposição ao trabalho. — "Poderia ser que da liberdade estética nascesse também um tipo de juízo liberto dos padrões e amarras habituais, ao qual eu gostaria de chamar, tendo em vista sua origem, '*o juízo lúdico*'; e que nesse conceito estivesse contida a

I. INTRODUÇÃO

primeira condição, se não a fórmula inteira, que soluciona a nossa tarefa. 'A liberdade produz o chiste, e o chiste produz a liberdade', diz Jean Paul. 'O chiste é um mero jogo com as ideias'" (p. 24).

Sempre se gostou de definir o chiste como a prontidão para encontrar semelhanças entre as coisas dessemelhantes, isto é, semelhanças ocultas. Jean Paul exprimiu esse pensamento de maneira jocosa: "O chiste é o padre disfarçado que une todos os casais". T. Vischer acrescenta uma continuação: "De preferência, ele une os casais cuja relação os parentes desaprovam". Ele objeta, porém, que há chistes em que não se verifica comparação alguma, nem, portanto, descoberta de semelhanças. Ele define o chiste, assim, afastando-se um pouco de Jean Paul, como a prontidão para juntar numa unidade, com rapidez surpreendente, diversas representações que, segundo seu conteúdo interno e o contexto a que pertencem, são essencialmente estranhas umas às outras. K. Fischer salienta então que em muitos juízos chistosos não se encontram semelhanças, mas sim diferenças, e Lipps chama a atenção para o fato de que essas definições se referem ao chiste que o anedotista já *sabe*, não ao que ele *faz*.

Outros pontos de vista que foram adotados na tentativa de determinar conceitualmente ou descrever o chiste, e que estão em certo sentido ligados, são o *"contraste das representações"*, o *"sentido no absurdo"*, a *"estupefação e aclaramento"*.

O contraste das representações [*Vorstellungskontrast*] é enfatizado em definições como a de Kraepelin. O chiste seria "a ligação ou conexão arbitrária, em geral com o auxílio da associação de palavras, de duas representações de algum modo contrastantes entre si". Não é difícil, para um crítico como Lipps, mostrar a completa insuficiência dessa fórmula. Mas ele próprio não descarta o fator do contraste, deslocando-o antes para outro lugar. "O contraste permanece, mas ele não é um contraste entendido de um modo ou de outro, entre as representações associadas às palavras, e sim o contraste ou contradição entre o significado e a falta de significado das palavras" (Lipps, p. 87). Exemplos esclarecem como isso deve ser compreendido. "Um contraste surge somente quando [...] concedemos um significado às suas palavras que, no entanto, não poderíamos conceder" (p. 90).

A oposição de "sentido e falta de sentido" adquire significado no desenvolvimento ulterior dessa última caracterização. "Aquilo que por um momento havíamos tomado como pleno de sentido mostra-se agora inteiramente sem sentido para nós. Nisso consiste, nesse caso, o processo cômico" (pp. 85 ss.). "Um enunciado parece chistoso quando lhe atribuímos um significado que possui necessidade psicológica e, ao atribuí-lo, voltamos a retirá-lo de imediato. Sob 'significado' podem-se entender aí coisas diferentes. Emprestamos um *sentido* a um enunciado sabendo que ele não podem pertencer-lhe logicamente. Encontramos uma *verdade* nele que, no entanto, não podemos encontrar quando seguimos as leis da experiência ou os hábitos universais do nosso pensamento. Nós lhe concedemos uma consequência lógica ou prática que vai além de seu conteúdo verdadeiro, para, tão logo

I. INTRODUÇÃO

enxerguemos a natureza mesma do enunciado, negar justamente essa consequência. Em cada caso, o processo psicológico que o enunciado do chiste desperta em nós, e no qual se baseia o sentimento de comicidade, consiste na passagem imediata daquele emprestar sentido, tomar por verdadeiro, admitir consequências, à consciência ou impressão de uma relativa nulidade."

Por mais penetrante que essa argumentação pareça, poder-se-ia perguntar aqui se a oposição do pleno de sentido ao sem sentido, na qual se baseia o sentimento de comicidade, também contribui para a determinação conceitual do chiste enquanto distinto do cômico.

O fator da "estupefação e aclaramento" também aprofunda o problema da relação do chiste com a comicidade. A respeito do cômico em geral, Kant diz que é uma característica notável do mesmo a de iludir-nos apenas por um momento. Heymans explica como o efeito de um chiste se produz pela sequência de estupefação e aclaramento.[3] Ele ilustra a sua afirmação com um ótimo chiste de Heine, em que um de seus personagens, o pobre agente de loteria Hirsch-Hyacinth, se gaba de ter sido tratado pelo grande barão de Rothschild como um semelhante, de modo inteiramente *familionário*. A palavra portadora do chiste parece aí, num primeiro momento, uma formação equivocada, algo incompreensível, inconcebível, enigmático. Com isso ela produz espanto. A comicidade se dá com a dissolução da estupefação, com a compreensão da palavra. Lipps acrescenta que a esse primeiro es-

3 *Zeitschrift für Psychologie* [Revista de psicologia], v. XI, n. 86.

tágio do aclaramento — a compreensão de que a palavra causadora de espanto significa isso e aquilo — se segue um segundo estágio, no qual se entende que essa palavra nos tinha primeiro espantado e, então, fornecido o sentido correto. Somente esse segundo esclarecimento, isto é, a compreensão de que uma palavra sem sentido segundo o uso comum da linguagem era a responsável pela graça do chiste — esta dissolução no nada —, é que produz a comicidade (Lipps, p. 85).

Independentemente de qual dessas duas visões nos pareça mais elucidativa, através das explicações sobre estupefação e aclaramento nos aproximamos de uma melhor compreensão. Se, de fato, o efeito cômico do *familionário* de Heine se baseia na dissolução da palavra aparentemente sem sentido, então o "chiste" pode ser vinculado à formação dessa palavra e à natureza da palavra assim formada.

Sem nenhuma conexão com os pontos de vista tratados por último, há uma outra particularidade do chiste que é reconhecida por todos os autores como essencial a ele. "A *brevidade* é o corpo e a alma do chiste; é o chiste ele mesmo", diz Jean Paul,[4] apenas modificando com isso uma fala do velho tagarela Polônio, no *Hamlet* de Shakespeare (ato II, cena 2):*

---

4 *Vorschule der Ästhetik* [Propedêutica à estética], v. I, § 45.
*A citação é dada aqui no original inglês, mas Freud cita a tradução alemã de Schlegel: "*Weil Kürze dann des Witzes Seele ist, / Weitschweifigkeit der Leib und äussere Zierat, / Fass' ich mich kurz*".
[As notas chamadas por asterisco e as interpolações às notas do autor, entre colchetes, são de autoria do tradutor. As notas do autor são sempre numeradas.]

I. INTRODUÇÃO

Therefore, since brevity is the soul of wit
And tediousness the limbs and outward flourisher
I will be brief
[Porque a brevidade é a alma do chiste,
E a prolixidade, o corpo e ornamento externo,
Serei breve].

É significativa, pois, a descrição do chiste feita por Lipps. "O chiste diz o que tem a dizer nem sempre em poucas, mas sempre em palavras de menos, isto é, em palavras que, segundo uma lógica estrita ou o modo comum de pensar e falar, não seriam suficientes para dizê-lo. No fim das contas, ele pode inclusive dizer o que tem a dizer silenciando" (Lipps, p. 90).

Já aprendemos, na vinculação do chiste com a caricatura, que "o chiste tem de fazer aparecer algo *oculto* ou *escondido*" (K. Fischer, p. 51). Eu enfatizo novamente essa definição porque ela também tem mais a ver com a natureza do chiste do que com o seu pertencimento à comicidade.

[2]

Eu bem sei que as pequenas citações acima, extraídas dos trabalhos de alguns autores sobre o chiste, não podem fazer justiça ao valor desses trabalhos. Em vista das dificuldades envolvidas em reproduzir, sem nenhum mal-entendido, os movimentos de pensamentos tão complexos e finamente nuançados, não posso poupar os mais interessados do esforço de ir em busca do aprendizado desejado nas fontes originais. Mas não sei se eles voltariam plenamente satisfeitos. As propriedades do chiste e os critérios fornecidos por esses autores, apresentados acima em conjunto — a atividade, a relação com o conteúdo do nosso pensamento, o caráter de juízo lúdico, a aproximação das diferenças, o contraste de representações, o "sentido no absurdo", a sequência de estupefação e aclaramento, o desvelamento de algo escondido e o tipo específico de brevidade do chiste —, parecem à primeira vista, de fato, tão apropriados e tão demonstráveis em exemplos que não podemos incorrer no risco de subestimar o valor de tais intuições. Mas elas são *disjecta membra* que gostaríamos de ver reunidas em um todo orgânico. No fim das contas, não contribuem mais, para o conhecimento do chiste, do que, digamos, uma série de anedotas contribuiria para caracterizar uma personalidade cuja biografia nos interessa. Falta-nos compreensão da conexão que seria de pressupor entre esses aspectos particulares — o que a brevidade do chiste tem a ver com o seu caráter de juízo lúdico, por exemplo — e, além disso, um esclarecimento sobre se o chiste tem de satisfazer todas essas condições para ser um chiste correto, ou se apenas algumas delas e, neste caso, quais seriam substituíveis por outras, quais não. Também seria desejável um agrupamento e divisão dos chistes com base nas suas propriedades que são ressaltadas como essenciais. A divisão que encontramos naqueles autores se baseia de um lado nos meios técnicos, de outro na aplicação do chiste (trocadilho ou jogo de palavras; chiste de caricatura, de caracterização ou de zombaria).

I. INTRODUÇÃO

Não teríamos dificuldade, portanto, em indicar os fins para uma nova tentativa de esclarecer o chiste. Para poder contar com o sucesso, teríamos ou de introduzir novos pontos de vista no trabalho, ou de tentar ir mais longe por meio do fortalecimento de nossa atenção e do aprofundamento de nosso interesse. Podemos nos propor a pelo menos não deixar faltar este último elemento. É surpreendente notar como são poucos os exemplos de chistes reconhecidos que satisfazem àqueles autores, e como cada um deles retoma os exemplos já usados pelos antecessores. Não podemos nos furtar à obrigação de analisar os mesmos exemplos de chistes de que os autores clássicos já se serviram, mas, além disso, tencionamos recorrer a um material novo, de modo a conseguir uma base mais ampla para nossas conclusões. É natural, pois, que tomemos como objeto de nossa investigação exemplos de chistes que tenham nos impressionado mais fortemente em nossa própria vida e nos tenham feito rir mais intensamente.

Se o tema do chiste justifica tamanho esforço? Acredito que não se deve duvidar disso. Deixando de lado os motivos pessoais, que se tornarão evidentes durante o desenvolvimento desses estudos e me impelem a ampliar minha compreensão do problema do chiste, posso apelar ao fato de que há uma conexão íntima entre todos os acontecimentos psíquicos capaz de assegurar que um conhecimento psicológico sobre um dado âmbito tenha considerável valor também para outros âmbitos, aparentemente distantes daquele. Com relação a isso, também se poderia lembrar o peculiar e fascinante encanto que o chiste desperta em nossa sociedade. Um chiste novo funciona como um acontecimento de interesse geral; ele é passado de uma pessoa à outra como a mais recente notícia de vitória na guerra. Mesmo homens famosos, que consideram importante contar como se tornaram o que são, as cidades e países que visitaram, as pessoas brilhantes com quem tiveram contato, não se envergonham de incluir na descrição de suas próprias vidas este ou aquele excelente chiste que tenham algum dia escutado.[5]

---

[5] J. v. Falke, *Lebenserinnerungen* [Memórias], 1897.

II. A TÉCNICA DO CHISTE

[1]

Vamos seguir uma indicação do acaso e tomar o primeiro exemplo de chiste com que deparamos na seção anterior.

Na parte dos *Reisebilder* [Quadros de viagem] intitulada "Os banhos de Lucca", Heine apresenta a deliciosa figura de Hirsch-Hyacinth, agente de loteria e pedicuro de Hamburgo, que se gaba ao poeta de suas relações com o rico barão de Rothschild e, por fim, diz: "E, tão certo como Deus me dará tudo de bom, doutor, sentei-me ao lado de Salomon Rothschild e ele me tratou como um semelhante, de modo bem *familionário*".

Com esse exemplo, reconhecido como excelente e muito engraçado, Heyman e Lipps mostraram como o efeito cômico do chiste deriva da "estupefação e aclaramento" (cf. acima). Nós, porém, deixamos essa questão de lado e nos colocamos uma outra: o que, afinal, transforma a fala de Hirsch-Hyacinth em um chiste? Só poderia haver duas respostas: ou bem é o pensamento expresso na frase que traz consigo o elemento chistoso, ou bem o chiste se acha na expressão que o pensamento encontrou na frase. Para onde quer que a essência do chiste nos direcione, é aí que queremos segui-lo e investigá-lo, para enfim captá-lo.

Um pensamento pode, de fato, ser expresso em diversas formas linguísticas — em palavras, portanto — capazes de refleti-lo de maneira igualmente apropriada. Na fala de Hirsch-Hyacinth, temos diante de nós determinada forma de expressão de um pensamento que, segundo nos parece, é bastante peculiar, e não aquela que seria a mais compreensível. Procuremos exprimir o mesmo pensamento em outras palavras, da maneira mais fiel possível. Lipps já o fez e, com isso, elucidou em certa medida a intenção do poeta. Ele diz: "Compreendemos o que Heine quis dizer: a acolhida foi familiar, isto é, daquelas que não costumam ser favorecidas quando se tem o perfume dos milhões" (*Komik und Humor*, p. 87). Não mudamos em nada esse sentido se assumimos uma outra versão, talvez mais adequada à fala de Hirsch-Hyacinth: "Rothschild me tratou como um semelhante, de modo bem *familiar*, isto é, até onde um *milionário* é capaz de fazê-lo". "A condescendência de um homem rico", nós acrescentaríamos, "tem sempre algo de desagradável para aquele que a experimenta."[6]

Quer nos atenhamos a essa ou a outra formulação textual do pensamento, vemos que a questão que nos colocamos já está decidida. Nesse exemplo, o caráter chistoso não reside no pensamento. A observação que Heine coloca na boca de seu personagem é correta e penetrante, uma observação de indisfarçável amargura, facilmente compreensível no homem pobre em relação a tão grande riqueza, mas que não nos arriscaríamos a chamar de chistosa. Agora, se alguém, não conseguindo esquecer-se da intenção do poeta, seguisse a afirmar,

---

6 Ainda nos ocuparemos do mesmo chiste em outra parte, e então teremos oportunidade de efetuar uma correção na tradução proposta por Lipps, que a nossa tomou como ponto de partida. Tal correção, contudo, não trará prejuízo às explicações aqui desenvolvidas.

II. A TÉCNICA DO CHISTE

mesmo em face da versão traduzida, que o pensamento é chistoso também em si mesmo, poderíamos apontar um critério seguro do caráter chistoso que teria se perdido na tradução. A fala de Hirsch-Hyacinth nos faz rir às gargalhadas, ao passo que a tradução, seja na versão de Lipps ou na nossa, pode, sendo fiel ao sentido, agradar-nos ou suscitar a reflexão, mas não nos fazer rir.

Se, no entanto, o caráter chistoso de nosso exemplo não reside no pensamento, então ele deve ser buscado na forma, nas palavras que o exprimem. Só precisamos estudar a peculiaridade desse modo de expressão para compreender o que se pode designar como a técnica verbal ou expressiva desse chiste, e que tem de estar em relação íntima com a sua essência, de modo que o caráter e o efeito do chiste desapareceriam com a sua substituição por outra forma de expressão. De resto, estamos de pleno acordo com os autores citados ao dar tanto valor à forma linguística do chiste. Fischer, por exemplo, diz: "Em primeiro lugar, é a mera forma que faz do juízo um chiste; e devemos nos lembrar aqui de uma afirmação de Jean Paul que, em uma só sentença, esclarece e demonstra justamente essa natureza do chiste: 'E a vitória se deve à posição, seja nos guerreiros ou nas palavras'" (Fischer, p. 72).

Mas em que consiste, então, a "técnica" desse chiste? O que ocorreu com o pensamento presente em nossa versão, por exemplo, até que dele surgisse o chiste de que rimos tão entusiasmadamente? Duas respostas possíveis, como aprendemos ao comparar nossa versão com o texto do poeta. Em primeiro lugar, houve uma considerável *abreviação*. Para exprimir por completo o pensamento contido no chiste, nós tivemos de acrescentar às palavras "*R. me tratou como um semelhante, de modo bem familiar*" um complemento que, reduzido ao máximo, dizia: "*isto é, até onde um milionário é capaz de fazê-lo*"; e ainda assim sentimos a necessidade de um acréscimo explicativo.[7] O poeta o exprime de modo bem mais curto: "*R. me tratou como um semelhante, de modo bem* familionário." Toda a restrição que a segunda proposição acrescentou à primeira, que atestava o tratamento familiar, perdeu-se no chiste.

Mas não sem um substitutivo a partir do qual ela pode ser reconstruída. Ocorreu também uma segunda modificação. A palavra "*familiar*", na expressão não chistosa do pensamento, foi transformada no texto do chiste em "*familionário*"; e é sem dúvida nesta combinação de palavras que residem o caráter chistoso e o efeito de riso do chiste. A palavra recém-criada coincide a princípio com o "familiar" da primeira frase e, nas sílabas finais, com o "milionário" da segunda: ela como que representa a primeira parte da segunda frase ("milionário") e, portanto, a segunda frase inteira, deixando-nos desse modo em condições de adivinhar esta segunda frase, omitida no texto do chiste. Tal palavra pode ser descrita como uma mistura dos dois componentes, "familiar" e "milionário", e seria tentador ilustrar graficamente a sua origem a partir dessas duas palavras:[8]

---

[7] Vale exatamente o mesmo para a versão de Lipps.
[8] As sílabas comuns das duas palavras estão grifadas em negrito por oposição aos diferentes caracteres que as compõem. Natural-

II. A TÉCNICA DO CHISTE

| FAMILI | AR | [FAMILI ÄR] |
| MILION | ÁRIO | [MILIONÄR] |

| FAMILIONÁRIO | [FAMILIONÄR] |

O processo que converteu o pensamento em chiste, no entanto, pode ser explicitado do seguinte modo (que pode parecer bem fantasioso a princípio, mas que nem por isso deixa de fornecer o resultado que efetivamente vemos):

"R. me tratou de modo bem familiar,
isto é, até onde um milionário é capaz de fazê-lo."

Consideremos agora uma força de compressão atuando sobre essas frases, e suponhamos que a segunda é, por alguma razão, a menos resistente. Esta é então forçada a desaparecer, e seu componente mais significativo, a palavra "milionário", conseguindo resistir à pressão, é como que espremido na primeira frase e fundido com o elemento desta que lhe é tão parecido, a palavra "familiar". E é justamente essa possibilidade dada ao acaso, de salvar o essencial da segunda frase, que favorecerá o desaparecimento dos outros componentes menos importantes. Surge assim o chiste:

---

mente, o segundo "l" (de *millionär*), que pouco importa na expressão, teve de ser suprimido. É evidente que a concordância das duas palavras em muitas sílabas oferece à técnica do chiste a oportunidade para construir a palavra composta.

"R. me tratou de modo bem famili on ário."
　　　　　　　　　　　/　　＼
　　　　　　　　　(mili)　　(ar)

À parte essa força de compressão, que nos é decerto desconhecida, podemos descrever, nesse caso, o processo de formação do chiste — a técnica do chiste, portanto — como uma *condensação com formação substitutiva*; e a formação substitutiva consiste, em nosso exemplo, na produção de uma *palavra composta*. Portanto, a palavra composta "*familionário*", em si mesma incompreensível, mas reconhecida nesse contexto como imediatamente compreendida e plena de sentido, é a portadora do efeito de riso do chiste, cujo mecanismo, entretanto, não se tornou de modo algum mais claro para nós, através da descoberta da técnica do chiste. Em que medida pode um processo de condensação linguística com formação substitutiva, através de uma palavra composta, fornecer-nos prazer e levar ao riso? Notamos que este é outro problema, cujo tratamento podemos adiar até que tenhamos encontrado um acesso a ele. Atenhamo-nos por ora à técnica do chiste.

Nossa expectativa de que a técnica do chiste não possa ser irrelevante para o discernimento de sua natureza nos leva a investigar primeiramente se há outros exemplos de chistes que sejam construídos como o "familionário" de Heine. Não há muitos deles, é verdade, mas o suficiente, de qualquer modo, para estabelecer um pequeno grupo caracterizado pela formação de palavras compostas. O próprio Heine extraiu um segundo

II. A TÉCNICA DO CHISTE

chiste da palavra "milionário", como que copiando a si mesmo, ao falar de um *"Millionarr"* (*Ideias*, cap. xiv), que é uma condensação evidente de *Millionär* e *Narr* (louco) e, do mesmo modo como no primeiro exemplo, dá expressão a um pensamento acessório suprimido.

Outros exemplos de que tomei conhecimento: os berlinenses chamam uma certa *fonte* em sua cidade, cuja construção trouxe muito desprestígio ao prefeito *Forckenbeck*, de *"Forckenbecken"*, designação que não pode ser dissociada do chiste, mesmo que tenha sido necessário substituir a palavra *Brunnen* (fonte) pela inusual e obsoleta *Becken* (também fonte) para formar um composto com o nome próprio. — As más-línguas europeias transformaram certa vez o nome de um grande personagem, Leopold, em *Cleopold*, devido à sua relação próxima com uma dama de nome Cleo; uma indubitável operação de condensação que, graças a uma única letra, conserva sempre viva a maliciosa alusão. — Em geral, nomes próprios são presa fácil para a técnica do chiste nesse tipo de operação: em Viena havia dois irmãos de nome Salinger, e um deles era corretor da bolsa [*Börsensensal*]. Isto deu ocasião para chamá-lo de *Sensalinger*, enquanto ao outro irmão, para diferenciá-lo do primeiro, reservou-se a nada honrosa designação de *Scheusalinger* [*Scheusal* = criatura monstruosa]. Era conveniente e certamente chistoso; não sei se era justo. Os chistes não costumam preocupar-se muito com isso.

Contaram-me o seguinte chiste de condensação: depois de muito tempo, um jovem, que até então havia levado uma vida excitante no exterior, visita um amigo que mora aqui e este, surpreso, nota uma aliança de casamento [*Ehering*] na mão de seu visitante. "O quê?", exclama ele, "Você se casou?" "Sim", responde o outro, "*Trauring*, mas verdadeiro." O chiste é excelente: na palavra *Trauring* se reúnem dois componentes — a palavra *Ehering* convertida no sinônimo *Trauring* e a frase "*Triste* [*traurig*], *mas verdadeiro*".

O efeito do chiste não é aqui prejudicado pelo fato de a palavra composta não ser, propriamente falando, uma palavra incompreensível e de existência inconcebível como "familionário", sendo antes perfeitamente coincidente com um dos elementos condensados.

De maneira não intencional, eu mesmo forneci, em uma conversa, o material para um chiste novamente análogo ao do "familionário". Eu falava a uma dama sobre os grandes méritos de um pesquisador que considero injustamente subestimado. "Mas esse homem merece então um monumento [*Monument*]", opinou ela. "É possível que ele ainda venha a recebê-lo", respondi, "mas no momento [*momentan*] seu sucesso é muito pequeno." *Monument* e *momentan* são opostos. A senhora uniu então os opostos: "Então lhe desejemos um sucesso *monumomentâneo*".

Um excelente tratamento do mesmo tema em língua inglesa (A. Brill, *Freud's theory of wit*, 1911) me forneceu alguns exemplos em língua estrangeira, pelos quais sou grato a esse estudo, que revelam o mesmo mecanismo de condensação que o nosso "familionário".

Segundo nos conta Brill, o autor inglês De Quincey fez em algum lugar a observação de que os mais velhos

II. A TÉCNICA DO CHISTE

são propensos a cair na *anecdotage* [anedotário]. A palavra é uma mescla das parcialmente coincidentes

>anec*dote* e
>>*dotage* (tontice).

Certa vez, Brill encontrou em uma curta história anônima a época de Natal caracterizada como *"the alcoholidays"*. A mesma mescla de

>alco*hol* e
>>*holidays* (feriados).

Quando Flaubert publicou seu conhecido romance *Salambô*, que se passa na velha Cartago, Sainte-Beuve zombou do livro chamando-o de *Carthaginoiserie*, devido ao excesso de detalhes nas descrições:

>Cartha*ginois* e
>>*chinoiserie*.

O melhor exemplo de um chiste desse grupo tem origem num dos mais importantes homens da Áustria, que, depois de uma marcante atividade científica e pública, tem hoje um elevado cargo no Estado. Tomei a liberdade de usar, como material para as presentes investigações,[9] os chistes que são atribuídos a essa pessoa

---

9 Se tenho o direito de fazê-lo? Ao menos não foi por meio de uma indiscrição que cheguei ao conhecimento desses chistes, que são

— e que, de fato, trazem todos o mesmo selo —, sobretudo porque dificilmente encontraria material melhor.

Certo dia chamaram a atenção do sr. N. para a pessoa de um escritor que se tornou conhecido por uma série de ensaios realmente enfadonhos, por ele publicados num jornal vienense. Todos esses ensaios tratam de pequenos episódios nas relações do primeiro Napoleão com a Áustria. O autor tem cabelos ruivos. Assim que ouve o seu nome, o sr. N. pergunta: "Não é este aquele *roter Fadian* que se estende pela história das conquistas napoleônicas?".*

Para descobrir a técnica desse chiste, temos de aplicar a ele aquele procedimento de redução** que anula o chiste mudando a expressão e, para isso, introduz no-

---

conhecidos por toda a parte nesta cidade (Viena) e se encontram na boca de todo o mundo. Uma série deles foi oferecida ao público por Eduard Hanslick, na *Neue Freie Presse* e em sua autobiografia. Quanto aos demais, peço desculpas por quaisquer distorções, dificilmente evitáveis quando os chistes são transmitidos oralmente.

* Tal como esclarece Strachey, "*roter* significa 'vermelho, escarlate'. *Fadian* significa 'cara chato, obtuso' (*dull*). A terminação 'ian' é eventualmente acrescentada a um adjetivo, dando-lhe o significado algo desdenhoso de 'cara'. Assim, *grob* significa 'vulgar' (*coarse*), *Grobian* significa 'cara vulgar'; *dumm* significa 'burro', *Dummian* significa 'cara burro'. O adjetivo *fade* ou *fad* significa (como o seu equivalente francês) 'insípido, chato'. Por fim, *Faden* significa 'fio, linha'. Caso se tenha tudo isso em mente, o que se segue será compreensível".

** Aqui e em outros lugares, Freud usa o termo "redução" no sentido de levar de volta, "reconduzir" (*reducere*, em latim) algo à forma original; o mesmo se dá com o verbo "reduzir" (que deriva igualmente do termo latino).

II. A TÉCNICA DO CHISTE

vamente o sentido original completo, tal como pode ser inferido com segurança de um bom chiste. O chiste do sr. N. sobre o *roter Fadian* partiu de dois componentes: de um juízo depreciativo sobre o escritor e de uma lembrança da famosa metáfora com que Goethe introduz os excertos do "Diário de Otília" em *Die Wahlverwandtschaften* [*As afinidades eletivas*].[10] A deselegante crítica teria talvez o seguinte sentido: "É este o homem, pois, que só sabe escrever, o tempo todo, folhetins enfadonhos sobre Napoleão na Áustria!". Mas essa formulação está longe de ser um chiste. Mesmo a bela analogia de Goethe não é chistosa, muito menos voltada a fazer-nos rir. Somente quando as duas são colocadas em relação e submetidas ao processo apropriado de condensação e mescla é que surge um chiste, e aliás de primeira linha.[11]

A conexão entre o juízo depreciativo sobre o escritor de histórias enfadonhas e a bela imagem d'*As afinidades eletivas* teve de ser produzida — por razões que não posso ainda explicar — de um modo menos simples do que em muitos outros casos similares. Tentarei substituir

---

10 "Ouvimos falar de uma prática peculiar na Marinha inglesa. Todas as cordas da frota real, da mais forte à mais fraca, são tecidas de tal modo que um fio vermelho (*roter Faden*) corre por toda a sua extensão, sendo impossível extraí-lo sem desfazer a corda inteira. Assim, até mesmo a menor parte da corda pode ser reconhecida como pertencente à Coroa. Do mesmo modo, um fio de afeição e dependência atravessa o diário de Otília, ligando todas as partes e caracterizando o todo" (v. 20 da *Sophien-Ausgabe*, p. 212).

11 Vale indicar de passagem o quão pouco essa observação, que será repetida constantemente, concorda com a afirmação de que o chiste seria um juízo lúdico.

a sua presumível gênese efetiva pela seguinte construção. Primeiramente, o elemento do constante retorno do mesmo tema ao sr. N. pode ter despertado uma leve lembrança da conhecida passagem d'*As afinidades eletivas*, que em geral costuma ser citada, equivocadamente, com as palavras "estende-se como um fio vermelho" [*es zieht sich wie ein roter Faden*]. O "fio vermelho" da metáfora exerce assim um efeito de modificação sobre a expressão da primeira frase, devido à circunstância acidental de que também o alvo da zombaria é "vermelho", isto é, tem cabelos ruivos. A expressão poderia ser agora a seguinte: "Então este homem vermelho é aquele que escreve os enfadonhos folhetins sobre Napoleão". Começa então o processo de condensação das duas partes em uma. Sob a pressão desse processo, que havia encontrado na igualdade do elemento "vermelho" o primeiro ponto de apoio, o "enfadonho" [*langweilig*] assimilou-se ao "fio" [*Faden*] e se transformou em "*fad*", podendo os dois componentes mesclar-se então nas palavras do chiste, em que a citação, desta vez, tem praticamente mais participação que o juízo depreciativo, único fator certamente presente desde o início.

"Então este homem vermelho [*roter*] é aquele que escreve coisas chatas [*fade*] sobre N.
O fio vermelho [*roter Faden*] que se estende indefinidamente.

Não é este aquele *roter Fadian* [ruivo chato] que se estende pela história das conquistas napoleônicas?"

II. A TÉCNICA DO CHISTE

Fornecerei uma justificação, mas também uma correção dessa exposição em um capítulo posterior, quando poderei analisar esse chiste de outros pontos de vista além do meramente formal. O que quer que haja nela de duvidoso, porém, não é possível colocar em dúvida o fato de que ocorreu aqui uma condensação. O resultado da condensação é, de um lado, novamente uma considerável abreviação; de outro, em vez da formação de uma mescla surpreendente de palavras, uma interpenetração dos elementos de ambos os constituintes. "*Roter Fadian*" poderia valer sempre como mera depreciação; em nosso caso, trata-se certamente do produto de uma condensação.

Se a esta altura um leitor se mostrasse indisposto com o nosso modo de pensar, que ameaça destruir o seu prazer com os chistes sem poder esclarecê-lo a respeito das fontes desse prazer, eu lhe pediria que, antes de mais nada, tivesse paciência. Nós estamos apenas na técnica do chiste, cuja investigação promete, sim, conclusões, mas somente depois de ter sido suficientemente desenvolvida.

Com a análise do último exemplo, estamos preparados para o fato de que, quando encontrarmos o processo de condensação também em outros exemplos, o substituto do elemento suprimido pode não estar numa palavra composta, mas numa outra modificação da expressão. Em outros chistes do sr. N. veremos qual pode ser esse outro tipo de substituto.

"Viajei *tête-à-bête* com ele." Nada mais fácil do que reduzir esse chiste. Evidentemente, ele só pode significar: "Viajei *tête-à-tête* com X, e X é uma *besta*".

Nenhuma das duas frases é chistosa. Se as juntamos numa frase: "Viajei *tête-à-tête* com a *besta* do X", essa é tão pouco chistosa quanto aquelas. O chiste somente se estabelece quando a "besta" é deixada de fora e, para substituí-la, o "t" de uma *tête* é transformado em um "b", uma pequena modificação que é suficiente para trazer novamente à expressão a "besta" suprimida. Pode-se descrever a técnica desse grupo de chistes como *condensação com ligeira modificação*; e se percebe que o chiste será tanto melhor quanto menor for a modificação substitutiva.

É bem semelhante, embora não sem complicação, a técnica de outro chiste. Em uma conversa sobre uma pessoa com muitas virtudes e diversos defeitos, o sr. N. diz: "Sim, a vaidade é um de seus *quatro calcanhares de Aquiles*".[12] A ligeira modificação consiste aqui em que, em vez de um calcanhar de Aquiles, que deve ser admitido até mesmo nos heróis, fala-se em quatro. Quatro calcanhares, portanto quatro pés, é algo que somente um animal tem. Assim, os dois pensamentos condensados no chiste seriam: "*Y é um homem excepcional, a não ser pela vaidade; mas, ainda assim, não gosto dele; ele está mais para animal do que para homem*".[13]

---

12 [Nota acrescentada em 1912:] Parece que o mesmo chiste foi cunhado por Heine a propósito de Alfred de Musset.
13 Uma das complicações da técnica nesse exemplo está em que a modificação, que substitui a depreciação suprimida, tem de ser descrita como *alusão* a esta, pois só conduz a ela através de um processo inferencial. Sobre um outro fator que complica aqui a técnica, v. adiante.

II. A TÉCNICA DO CHISTE

Semelhante, mas bem mais simples, é outro chiste que ouvi *in statu nascendi*, num círculo familiar. Havia dois irmãos no ginásio, um deles excepcional, o outro completamente medíocre. Certa vez, o rapaz modelo vai mal na escola, o que leva a mãe a expressar a preocupação de que isso poderia ser o início de uma duradoura derrocada. O outro rapaz, até então eclipsado pelo irmão, aproveita-se da oportunidade. "Sim", diz ele, *"Karl está retrocedendo em todas as quatro."*

A modificação consiste aqui em um pequeno acréscimo para assegurar que também em sua opinião o outro está retrocedendo. O que essa modificação representa e substitui, no entanto, é uma apaixonada demanda em causa própria: "Vocês não devem acreditar, de modo algum, que ele seja tão mais inteligente do que eu apenas porque tem mais sucesso na escola. Na verdade, ele é um burro, isto é, muito mais burro do que eu".

Um bom exemplo de condensação com ligeira modificação é oferecido por outro conhecido chiste do sr. N., que afirmava, sobre um personagem da vida pública, que "ele tem *um grande futuro atrás de si*". O chiste se referia a um homem jovem que parecia, por sua origem, educação e talentos pessoais, destinado a assumir a liderança de um grande partido político e chegar ao topo do governo. Mas os tempos mudaram, o partido se tornou incapaz de governar, e ficou evidente que mesmo o homem predestinado a ser seu líder não conseguiria recuperá-lo. A versão mais reduzida capaz de substituir esse chiste seria: *"O homem tinha um grande futuro diante de si, mas esse futuro acabou"*. Em lugar do "tinha" e da oração subordinada, a pequena modificação na oração principal: o "diante" é trocado por um "atrás", seu contrário.¹⁴

O sr. N. recorreu praticamente à mesma modificação no caso de um cavalheiro que se tornara ministro da agricultura sem possuir título algum, a não ser o fato de trabalhar ele mesmo na agricultura. A opinião pública teve a oportunidade de reconhecê-lo como o menos capacitado para assumir esse cargo. Quando, porém, ele já havia renunciado ao cargo e retornado aos seus interesses agrícolas, o sr. N. disse o seguinte a respeito dele:

"Como Cincinato, ele voltou a seu lugar à frente do arado."

O romano, porém, que também fora chamado a sair de sua atividade agrícola para assumir um cargo, retomou seu lugar *atrás* do arado. Quem fica à frente do arado, tanto antigamente como hoje, é apenas... o boi.*

Temos outra bem-sucedida condensação com ligeira modificação na história contada por Karl Kraus a respeito de um jornalista de segunda categoria, segundo a qual este teria viajado a um dos países dos Bálcãs no *Orienterpresszug*. Evidentemente, reúnem-se nessa palavra duas outras: *Orientexpresszug* [Trem Expresso do Oriente] e *Erpressung* [chantagem]. Nesse contexto, o elemento *Erpressung* aparece apenas como modificação

---

14 Na técnica desse chiste opera ainda outro fator, que deixarei para discutir mais adiante. Diz respeito à natureza da modificação em seu conteúdo (apresentação através do oposto, absurdo). Nada impede a técnica do chiste de empregar diversos meios ao mesmo tempo, mas só podemos conhecê-los um após o outro.

* Em alemão, *Ochs*, que também significa "imbecil".

II. A TÉCNICA DO CHISTE

do *Orientexpresszuges* requerido pelo verbo. Parecendo ser um erro tipográfico, este chiste nos interessa também por outra razão.

Poderíamos aumentar com facilidade essa série de exemplos, mas creio que não precisamos de novos casos para compreender melhor as características desse segundo grupo, a condensação com modificação. Se comparamos agora este segundo grupo com o primeiro, cuja técnica consistia na condensação com formação de palavras compostas, vemos facilmente que as diferenças não são essenciais, e que as passagens de uma à outra são fluidas. Tanto a formação de palavras compostas como a modificação estão subordinadas ao conceito de formação por substituição, e, se quisermos, também podemos descrever a formação de palavras compostas como modificação da palavra original através do segundo elemento.

[2]

Mas podemos fazer aqui uma primeira pausa e nos perguntar com que fator já apontado pela literatura coincide — inteira ou parcialmente — o nosso primeiro resultado. Certamente com aquele da brevidade, que Jean Paul denomina a alma do chiste (v. acima, p. 22). É claro que a brevidade não é em si um chiste, pois do contrário qualquer laconismo seria um chiste. A brevidade do chiste tem de ser de um tipo particular. Lembremo-nos de que Lipps procurou descrever mais detalhadamente a particularidade da brevidade chistosa (v. acima, p. 23). Com efeito, nossa investigação partiu daí e demonstrou que a brevidade do chiste é, com frequência, o resultado de um processo particular que deixa nas palavras do chiste um segundo vestígio, a formação substitutiva. Mas na aplicação do procedimento de redução, que visa reverter o processo de condensação, descobrimos também que o chiste reside apenas na expressão verbal produzida pelo processo de condensação. Naturalmente, nosso interesse se dirige agora a esse curioso processo, tão pouco reconhecido até aqui. Ainda não podemos compreender, de modo algum, como dele pode surgir aquilo que há de mais valioso no chiste, o ganho de prazer que ele nos proporciona.

Será que processos semelhantes a esses, que aqui descrevemos como técnica do chiste, já foram descobertos em outro domínio das atividades psíquicas? Ao menos em um domínio, único e aparentemente muito remoto, sabemos que sim. Em 1900, publiquei um livro que, como indicado no título (*A interpretação dos sonhos*), empreende a tentativa de esclarecer o que há de enigmático nos sonhos e apresentá-lo como consequência de uma atividade psíquica normal. Encontrei aí ocasião para estabelecer uma oposição entre o *conteúdo manifesto do sonho*, muitas vezes surpreendente, e os *pensamentos latentes no sonho*, inteiramente lógicos, nos quais ele se origina; e desenvolvi uma investigação dos processos que criam o sonho a partir dos pensamentos latentes, bem como das forças psíquicas envolvidas nessa transformação. À totalidade dos processos de transformação eu denomino *trabalho do sonho*, e, como parte desse trabalho, descrevi um processo de conden-

II. A TÉCNICA DO CHISTE

sação que, no modo como conduz à abreviação e a formações substitutivas de mesmo caráter, revela grande similaridade com a técnica do chiste. Cada indivíduo poderá se lembrar de algumas formas compostas de pessoas, e também de objetos, que costumam aparecer nos sonhos; aliás, o sonho também constrói palavras compostas que podem ser decompostas na análise (por exemplo, *Autodidasker* = *Autodidakt* + *Lasker*).[15] Outras vezes, e aliás com muito maior frequência, o trabalho onírico cria não formações compostas, mas imagens que, salvo por um acréscimo ou modificação proveniente de outra fonte, lembram perfeitamente um objeto ou uma pessoa — modificações, portanto, como aquelas nos chistes do sr. N. Não podemos duvidar de que, aqui como lá, temos diante de nós o mesmo processo psíquico, que podemos reconhecer no idêntico funcionamento em ambos os casos. Uma analogia de tão largo alcance entre a técnica do chiste e o trabalho onírico fará certamente crescer o nosso interesse pela primeira, além de estimular em nós a expectativa de encontrar muitos elementos na comparação entre o chiste e o sonho para melhor compreender o chiste. Mas nos abstenhamos por ora de entrar nessa empreitada, tendo em vista que a nossa investigação da técnica se limitou a um número pequeno de chistes e não nos permitiu saber se a analogia que queremos seguir permanecerá válida. Afastemo-nos, pois, da comparação com os sonhos, e voltemos à técnica do chiste, deixando esta nos-

---

15 *A interpretação dos sonhos*, 1900, p. 206 [cap. VI, A, III, 5].

sa investigação, por enquanto, como um fio solto que, conforme for, retomaremos mais adiante.

[3]

Queremos verificar agora se o processo de condensação com formação substitutiva pode ser demonstrado em todos os chistes, de tal modo que possa ser designado como característica universal da técnica do chiste.

Lembro-me de um chiste que, devido a circunstâncias peculiares, permaneceu na minha memória. Um dos grandes professores de minha juventude, que julgávamos incapaz de apreciar um chiste (até porque nunca o ouvíramos contar um), chegou um dia rindo ao Instituto e, mais prontamente do que de hábito, falou sobre a razão de seu bom humor. "Acabei de ler um ótimo chiste. Um jovem foi introduzido num salão parisiense como parente do grande Jean-Jacques Rousseau, cujo nome também portava. Além disso, ele era ruivo. Ele se comportava de maneira tão inapropriada, porém, que a dona da casa disse ao homem que o introduzira, em tom crítico: '*Vous m'avez fait connaître un jeune homme r o u x et s o t, mais non pas un R o u s s e a u*' [Você me apresentou um jovem ruivo (*roux*) e tolo (*sot*), mas não um Rousseau]." E ele riu de novo.

Segundo a nomenclatura dos especialistas, esse é um chiste sonoro, e aliás de qualidade inferior; um chiste que joga com o nome próprio, mais ou menos como o chiste no sermão do capuchinho no *Wallensteins Lager*, de Schiller, que, como se sabe, é elaborado ao modo de Abraão de Santa Clara:

II. A TÉCNICA DO CHISTE

Ele se faz chamar *Wallenstein*
e é realmente para todos [*allen*] nós uma pedra [*Stein*]
de ultraje e tormenta.*[16]

Mas qual é a técnica desse chiste?

Aí se mostra que a característica que esperávamos demonstrar como universal nos escapa já no primeiro caso. Não há aqui nenhuma omissão, e praticamente não há abreviação. A própria moça diz no chiste quase tudo o que poderíamos atribuir a seus pensamentos. "Você me fez esperar um parente de Jean-Jacques Rousseau, talvez um parente intelectual, e veja só: é um jovem tolo de cabelos ruivos, um *roux et sot*." Eu pude fazer aqui um acréscimo, uma interpolação, mas essa tentativa de redução não suprime o chiste. Ele persiste e se prende à semelhança na sonoridade de ROUSSEAU / ROUX SOT. Com isso fica demonstrado que a condensação com formação substitutiva não participou na produção desse chiste.

Mas o que participou, então? Novas tentativas de redução podem ensinar-me que o chiste permanece resistente até que o nome *Rousseau* seja substituído por outro. Se em lugar dele eu coloco *Racine*, por exemplo, a crítica da moça, que permanece possível tanto quanto antes, perde qualquer traço de chiste. Agora sei, pois,

---

* "*Lässt sich nennen den Wallenstein, / ja freilich ist er uns allen ein Stein/ des Anstosses und Ärgernisses*", Schiller, *O acampamento de Wallenstein*, cena 8. Abraão de Santa Clara (1644-1709) foi um conhecido pregador e satirista austríaco.

16 Devido a outro fator, esse chiste [relacionado a Rousseau] merece uma apreciação maior, o que poderá ser mostrado apenas adiante.

onde devo procurar a técnica desse chiste, mas permaneço hesitante quanto à sua formulação. Tentarei o seguinte: a técnica do chiste consiste em que uma mesma palavra — o nome — seja usada *de dois modos diferentes*, primeiro como todo, depois decomposta em suas sílabas, como numa charada.

Posso apresentar alguns poucos exemplos que, em sua técnica, são idênticos a esse.

Com um chiste baseado na mesma técnica do duplo modo de utilização, uma moça italiana teria se vingado de uma observação indelicada do primeiro Napoleão. Ele disse a ela num baile da corte, referindo-se aos compatriotas dela: "*Tutti gli italiani danzano si male*" [Todos os italianos dançam tão mal]. Ao que ela respondeu de pronto: "*Non tutti, ma buona parte*" [Não todos, mas boa parte (*buona parte*, referência ao sobrenome de Napoleão)] (Brill, 1911).

(Segundo T. Vischer e K. Fischer.) Certa vez em Berlim, quando era apresentada a *Antígona*, a crítica achou que faltava à produção o espírito da antiguidade. A espirituosidade berlinense apropriou-se dessa crítica do seguinte modo: "Antiga? Oh, não!" [*Antik? Oh, nee!*].*

Nos círculos médicos é bem familiar um chiste de decomposição análogo. Quando se perguntava a um paciente jovem se ele já tinha alguma vez praticado a masturbação, a resposta ouvida seria com certeza: "Oh, não, nunca!" [*O na, nie!*].

---

*Em alemão, "Antígona" é *Antigone*, cuja sonoridade reaparece em "*Antik? Oh, nee!*". No exemplo seguinte, *Onanie* é "onanismo".

II. A TÉCNICA DO CHISTE

Nos três exemplos, que são suficientes para caracterizar o gênero, vemos a mesma técnica do chiste. O nome é usado duas vezes, na primeira por inteiro, na segunda decomposto em suas sílabas — uma decomposição em que as suas sílabas adquirem outro sentido.[17]

O uso variado da mesma palavra, primeiro como um todo e depois nas sílabas em que pode ser decomposta, foi o primeiro caso em que encontramos uma técnica que se afasta da condensação. Mas depois de uma breve reflexão temos de supor, a partir dos diversos exemplos que nos ocorreram, que a técnica recém-descoberta não deve se limitar somente a esse recurso. Há evidentemente um número incontável de possibilidades de a mesma palavra,

---

17 O mérito desses chistes reside em que outro recurso técnico, de ordem muito mais elevada, passou a ser empregado ao mesmo tempo (ver adiante). — Neste ponto também posso chamar a atenção para uma relação do chiste com o enigma. O filósofo Franz Brentano inventou um gênero de enigmas em que deve ser adivinhado um pequeno número de sílabas que, unidas em uma palavra ou reunidas de algum modo, adquirem outro sentido. Por exemplo:
"[...] a folha de plátano me levou a pensar" (*liess mich das Platanenblatt ahnen*) [em que *Platanen* e *blatt ahnen* têm quase o mesmo som]. Ou: "Como prescreveu ao indiano, você errou na pressa?" (*wie Du dem Inder hast verschrieben, in der Hast verschrieben?*).

As sílabas a ser adivinhadas são substituídas no contexto da frase, quantas vezes for necessário, pela sílaba *"dal"*. Um colega do filósofo, ao ouvir sobre o noivado do já maduro homem, vingou-se de maneira espirituosa, perguntando: *Daldaldal daldaldal?* (*Brentano brennt-a-no?*) [Brentano ainda queima?].

QUAL a diferença entre esses enigmas *daldal* e os chistes acima? No primeiro, a técnica está dada como condição e a verbalização deve ser adivinhada, ao passo que nos chistes a verbalização é comunicada e a técnica está oculta.

ou o mesmo material linguístico, serem empregados diversamente numa mesma frase. Devemos tratar todas essas possibilidades como recursos técnicos do chiste? Parece que sim; os exemplos de chistes a seguir irão demonstrá-lo.

Pode-se tomar o mesmo material linguístico e apenas modificar algo no modo como está disposto. Quanto menor a modificação, quanto mais rapidamente se tem a impressão de que um sentido diferente está sendo veiculado com as mesmas palavras, melhor será o chiste do ponto de vista técnico.

D. Spitzer (*Wiener Spaziergänge* [Passeios por Viena], v. II, p. 42):

"O casal X vive em grande estilo. Na opinião de alguns, o homem *ganhou muito* e *se deitou um tanto*; segundo outros, a mulher *se deitou um tanto* e *ganhou muito*."*

Um chiste diabolicamente bom! E com quão poucos recursos foi produzido! Ganhou muito — se poupou um tanto; se deitou um tanto — ganhou muito; tudo o que há é uma inversão das duas expressões, em que se diferencia o que é dito sobre o homem do que é insinuado sobre a mulher. Novamente, porém, isso não explica toda a técnica desse chiste.[18]

---

*Duplo sentido no original: "*Das Ehepaar X lebt auf ziemlich grossem Fusse. Nach der Ansicht der einen soll der Mann* viel verdient *und sich* dabei etwas zurückgelegt *haben, nach anderen wieder soll sich die Frau* etwas zurückgelegt *und dabei* viel verdient *haben*".

18 [Nota acrescentada em 1912:] O que também vale para o excelente chiste de Oliver Wendell Holmes, relatado por Brill: "*Put not your trust in money, but put your money in trust*" [Não deposite sua confiança no dinheiro, mas confie seu dinheiro a um depósito (com

II. A TÉCNICA DO CHISTE

Abre-se um enorme campo para a técnica do chiste quando o princípio do "uso múltiplo do mesmo material" permite que se empregue a palavra — ou palavras — de que o chiste é constituído ora sem modificação, ora com uma pequena modificação.

Como exemplo, outro chiste do sr. N.:

Ele escuta de outro senhor, nascido judeu, uma odiosa expressão sobre a natureza judia. "Sr. Conselheiro", diz ele, "eu já sabia do seu antessemitismo, mas o seu antissemitismo é uma novidade para mim."

Aqui é trocada uma única letra, uma modificação que mal se percebe numa fala despreocupada. Este exemplo lembra o outro chiste do sr. N. que vimos acima, mas tem a diferença de que nele falta a condensação; no próprio chiste se diz tudo que devia ser dito. "Eu sei que antigamente você mesmo era judeu; admira-me, pois, que justamente você fale mal dos judeus."

Também é um excelente exemplo de chiste de modificação o célebre mote: *Traduttore — Traditore!* [Tradutor — traidor!].

A semelhança entre as duas palavras, beirando a igualdade, apresenta de maneira marcante a necessidade que força o tradutor a pecar contra o autor.[19]

É tão grande a diversidade das possíveis modificações sutis, em chistes desse tipo, que nenhum é igual a outro.

---

juros)]. Nele se anuncia uma oposição que não se produz. A segunda parte da frase cancela a oposição. De resto, eis um bom exemplo da intraduzibilidade dos chistes que usam essa técnica.
19 [Nota acrescentada em 1912:] Brill cria um chiste de modificação análogo: *Amantes amentes* [Amantes são loucos].

Eis aqui um chiste que se supõe ter ocorrido numa prova jurídica. O candidato deve traduzir uma passagem do *Corpus Juris*: *"Labeo ait"*. "'Eu caio', diz ele. '*Você* cai', digo eu", rebate o examinador, e a prova é encerrada.* Quem toma o nome do grande jurista por outro vocábulo, ainda por cima incorretamente empregado, não merece mesmo melhor sorte. Mas a técnica do chiste reside no fato de quase as mesmas palavras que atestam a ignorância do examinando serem usadas pelo examinador para puni-lo. Além disso, o chiste é um exemplo de "presença de espírito" [*Schlagfertigkeit*], cuja técnica, como veremos, não está muito distante da aqui explicada.

As palavras são um material plástico com que se pode fazer de tudo. Há palavras que em certos usos perderam por completo o seu significado original, mas que em outros contextos ainda o têm. Em um chiste de Lichtenberg são destacadas justamente aquelas condições em que a palavra recupera todo o seu significado.

"*Como anda você?*",** pergunta o cego ao *paralítico*. "Como você está *vendo*", responde o paralítico ao *cego*.

Também há palavras, no alemão, que podem ser tomadas, conforme estejam *cheias* ou *vazias*, em outro sentido, e até mesmo em mais de um. De uma mesma

---

*Labeo foi um célebre jurista romano (c. 50 a.C-18 d.C.), de modo que *"Labeo ait"* significa, na verdade, "Labeo diz". O candidato confundiu o nome do jurista com *labo*, "eu caio". Já o verbo alemão *fallen* tem o sentido de "cair", mas também o de "fracassar num exame".

**Tradução literal de *"Wie geht's?"*: "Como vai?".

II. A TÉCNICA DO CHISTE

raiz, com efeito, podem derivar dois ramos distintos, mas com a mesma pronúncia, dos quais um se torna uma palavra com significado pleno, e o outro, uma atenuada sílaba final ou sufixo. A igualdade de pronúncia entre uma palavra plena e uma sílaba apagada também pode ser fortuita. Em ambos os casos, porém, a técnica do chiste pode tirar proveito de tais relações do material linguístico.

Há um chiste atribuído a Schleiermacher, por exemplo, que é importante para nós, quase como um exemplo puro de tal recurso técnico: "O ciúme [*Eifersucht*] é uma paixão [*Leidenschaft*] que com zelo procura [*mit Eifer sucht*] o que produz sofrimento [*was Leiden schafft*]."

Isso é indiscutivelmente chistoso, ainda que não seja tão forte como chiste. Estão ausentes, aqui, muitos fatores que poderiam induzir-nos ao erro na análise de outros chistes, se os submetêssemos isoladamente à investigação. O pensamento expresso na formulação verbal tem pouco valor; dá, em todo caso, uma definição completamente insatisfatória do ciúme. Não se poderia falar aqui em "sentido no absurdo", "sentido oculto" ou "estupefação e aclaramento". Mesmo com o maior esforço, não se poderá encontrar um contraste de representações; forçando muito, se encontrará um contraste entre as palavras e o que elas significam. Não há sinal de abreviação; pelo contrário, a formulação verbal dá uma impressão de prolixidade. E, no entanto, é um chiste, e um chiste excelente. Sua única característica marcante é ao mesmo tempo aquela que, se suprimida, faz o chiste desaparecer, qual seja, que aqui as mesmas palavras sofrem um uso múltiplo. Temos então a opção de atribuir esse chiste àquele subgrupo em que as palavras são usadas ora por inteiro ora desmembradas (como Rousseau e Antígona), ou àquele outro em que o significado pleno e o significado atenuado dos componentes das palavras produzem a diversidade. Além desse, há apenas outro fator que é digno de consideração no que diz respeito à técnica do chiste. Produz-se aí um contexto inusual, adota-se uma espécie de unificação, em que o ciúme [*Eifersucht*], através de seu próprio nome, é como que definido por si mesmo. Como veremos aqui, também isso é uma técnica do chiste. Esses dois fatores devem ser por si suficientes, portanto, para dar a uma fala a almejada natureza de um chiste.

Se agora nos aprofundamos mais na diversidade do "uso múltiplo" da mesma palavra, observamos de uma vez que temos diante de nós formas de "duplo sentido" ou "jogos de palavras" que há muito são universalmente reconhecidos e valorizados como técnicas do chiste. Por que nos esforçamos para descobrir novamente algo que poderíamos ter extraído do mais banal tratado sobre o chiste? Em nossa justificativa, só podemos inicialmente dizer que destacamos outro lado do referido fenômeno de expressão linguística. Aquilo que deveria provar a natureza "lúdica" do chiste em tais autores entra, para nós, sob o ponto de vista do "uso múltiplo".

Os demais casos de uso múltiplo que podem ser reunidos em um novo e terceiro grupo, o do *duplo sentido*, podem ser facilmente alocados em subdivisões, ainda que estas não possam ser claramente distinguidas umas

II. A TÉCNICA DO CHISTE

das outras, do mesmo modo como o terceiro não o pode em relação ao segundo. Há primeiramente

a) os casos de duplo sentido de um *nome* e de seu *significado como coisa*, como, por exemplo, "*Pistola, descarregue-se de nossa companhia*" (em Shakespeare).

"Mais cortejo [*Hof*] do que casamento [*Freiung*]", dizia um vienense espirituoso referindo-se a muitas belas moças que eram admiradas havia anos, mas ainda não tinham encontrado um homem. *Hof* e *Freiung* são duas praças contíguas no centro de Viena.

Heine: "Aqui em Hamburgo não é a vil Macbeth quem reina, mas o Banko" (*Banquo* [o dinheiro do banco]).

Onde a palavra não é utilizável sem modificação (poder-se-ia dizer: onde não é utilizável com sentido diverso), pode-se conseguir o duplo sentido por meio de uma das pequenas modificações que conhecemos:

"Por que razão [*Weshalb*] os franceses rejeitaram o *Lohengrin*?", costumava-se perguntar em tempos passados. A resposta era: "Por causa de Elsa [*Elsa's wegen*]".*

b) O duplo sentido que vem do significado *efetivo* e do *metafórico* de uma palavra, que é uma rica fonte para a técnica dos chistes. Cito apenas um exemplo: um colega médico conhecido por seus chistes disse certa vez ao escritor Arthur Schnitzler: "Não me admira que você tenha se tornado um grande escritor. Afinal, o seu pai segurava um *espelho* diante de seus contemporâneos". O espelho [*Spiegel*] que tinha em mãos o pai do escritor, o

---

*Em "*Elsa's wegen*", *Elsa's* tem o mesmo som de *Elsass*, palavra alemã para a região da Alsácia, que era disputada por franceses e alemães.

famoso médico dr. Schnitzler, era o *laringoscópio* [*Kehlkopfspiegel*].* Segundo um conhecido dizer de Hamlet, a finalidade do teatro, portanto também do autor que o cria, é "como que segurar o espelho diante da natureza; mostrar à virtude suas próprias feições, ao escárnio sua própria imagem, e à época e corpo do tempo sua forma e estampa" (ato III, cena 2).

c) O duplo sentido propriamente dito ou jogo de palavras, o caso ideal, por assim dizer, do "uso múltiplo". Aqui não é feita violência à palavra, ela não é partida em suas sílabas, não precisa passar por nenhuma modificação, nem trocar a esfera à qual pertence — de nome próprio, por exemplo — com alguma outra; do modo como ela é, e no lugar da frase em que se encontra, ela pode, graças a certas circunstâncias favoráveis, exprimir um duplo sentido.

Aqui há muitos exemplos à disposição:

(Segundo K. Fischer.) Como se sabe, uma das primeiras medidas de Napoleão ao assumir o governo foi o confisco das propriedades de Orléans. Na época, um excelente jogo de palavras dizia: *"C'est le premier vol de l'aigle"* [É o primeiro voo da águia]. *Vol* significa "voo", mas também "roubo".

Luís XV queria colocar à prova a sabedoria de um de seus cortesãos, de cujo talento lhe haviam falado. Na primeira oportunidade, ele ordenou ao cavaleiro que fizesse um chiste sobre si próprio; ele mesmo, o rei, queria

---

* Literalmente, *Kehlkopfspiegel* significa "espelho da laringe"; o pai de Schnitzler foi o inventor do laringoscópio.

ser "sujeito" desse chiste. O cortesão respondeu com o inteligente *bon mot*: "*Le roi n'est pas sujet*" [O rei não é sujeito]. *Sujet* também significa "súdito".

Ao afastar-se da cama de uma mulher doente, o médico diz ao marido, que o acompanha: "Não estou gostando dela" [*Die Frau* gefällt *mir nicht*]. O último se apressa em assentir: "Há muito tempo que também não gosto dela" [*Mir* gefällt *sie schon lange nicht*].

O médico se refere naturalmente ao estado da mulher, mas exprimiu sua preocupação com a doença em palavras tais que o homem pôde ver nelas a confirmação de sua aversão conjugal.

Heine disse o seguinte sobre uma comédia satírica: "Esta sátira não seria tão *mordaz* se o poeta houvesse tido mais o que *morder*". Esse chiste é antes um exemplo de duplo sentido metafórico e comum do que um verdadeiro jogo de palavras, mas quem se importaria de estabelecer fronteiras rígidas aqui?

Outro bom jogo de palavras é relatado pelos especialistas (Heymans, Lipps) de uma forma que dificulta o seu correto entendimento.[20] A versão e o formato cor-

---

20 "'Quando Saphir', diz Heymans, 'visitando um rico credor, responde à suposição: Você deve ter vindo pelos 300 florins [*Sie kommen wohl um die 300 Gulden*] dizendo: Não, você é quem vai perder os 300 florins [*Nein, Sie kommen um die 300 Gulden*], o que ele quer dizer está expresso em uma forma linguística perfeitamente correta e de modo algum inusual.' De fato é assim: considerada em si mesma, a resposta de Saphir está perfeitamente adequada. Também compreendemos o que ele quer dizer, ou seja, que não pretende pagar a sua dívida. Mas Saphir emprega as mesmas palavras que haviam sido usadas por seu credor. Assim, não pode-

retos eu encontrei, não faz muito tempo, numa coletânea de chistes que, de resto, não tem muita serventia.[21]

"Saphir encontrou certa vez Rothschild. Eles mal haviam trocado algumas palavras quando Saphir disse: 'Ouça, Rothschild, meus fundos estão quase zerados. Você poderia emprestar-me 100 ducados'. 'Ora!', rebateu Rothschild, 'por mim não será um problema, desde que você me conte um chiste.' 'Por mim também não será um problema', respondeu Saphir. 'Ótimo! Então venha amanhã ao meu escritório.' Saphir apresentou-se pontualmente. 'Ah!', disse Rothschild, vendo-o entrar, *'você vem pelos 100 ducados* [Sie kommen um Ihre 100 Dukaten].' 'Não', rebateu o outro, 'você *perde os 100 ducados* [Sie kommen um Ihre 100 Dukaten], pois antes do Juízo Final não me ocorrerá pagar-lhe de volta.'"

"O que representam essas estátuas?" [*Was stellen*

---

mos evitar tomá-las também no sentido em que foram empregadas por este. E então a resposta de Saphir já não faz nenhum sentido. O credor certamente não 'vem' [*kommt*]. Ele também não pode estar vindo pelos 300 florins, isto é, não pode estar vindo para trazer os 300 florins. Além disso, como credor ele não tem de trazer nada, mas sim exigir. Na medida em que as palavras de Saphir são, de tal modo, reconhecidas ao mesmo tempo como fazendo e não fazendo sentido, surge assim o elemento cômico."

DE acordo com a versão apresentada acima, reproduzida por inteiro para facilitar a explicação, a técnica desse chiste é bem mais simples do que pretende Lipps. Saphir não vem para trazer os 300 florins, mas antes para pegá-los do homem rico. Com isso, as explicações sobre "sentido e ausência de sentido" não se aplicam a esse chiste.

21 *Das grosse Buch der Witze* [O grande livro de chistes], reunido e editado por Willy Hermann. Berlim, 1904.

diese Statuen vor?],* perguntou um estrangeiro a um berlinense nativo, a respeito de uma fileira de monumentos numa praça pública. "Ora", respondeu este, "*ou a perna direita, ou a perna esquerda.*"[22]

Heine, em *Viagem ao Harz*: "Neste momento não tenho todos os *nomes* dos estudantes na memória, e mesmo entre os professores há muitos que ainda não têm *nome* algum".

Exercitaremos talvez a diferenciação diagnóstica se acrescentarmos aqui um outro chiste de professor muito conhecido: "A diferença entre professores *ordinários* [*ordentlich*, isto é, titulares] e *extraordinários* [isto é, assistentes] consiste em que os *ordinários* nada fazem de *extraordinário*, e os *extraordinários* nada fazem *segundo a ordem* [*ordentlich*]". Isso é claramente um jogo com os significados das palavras *ordentlich* e *ausserordentlich* — dentro e fora do "ordo" (da ordem dos titulares), por um lado, e, por outro, competente, talvez excelente. Mas a concordância desse chiste com outros exemplos que se tornaram familiares para nós indica que o uso múltiplo é bem mais pertinente aqui do que o duplo sentido. O que se ouve na frase não é senão o *ordentlich*, sempre retornando — ora como tal, ora ligeiramente modificado (ver acima, p. 51). Além disso, também se realiza aqui o feito de definir um conceito pela sua sonoridade (compare-se com o caso do

---

* No caso, o verbo *vorstellen* pode ter o sentido de "representar" ou de "apresentar, mostrar".
22 Para uma análise mais detida desse jogo de palavras, ver mais adiante.

ciúme que é uma paixão etc.), ou, melhor dizendo, de definir dois conceitos correlativos um pelo outro, ainda que negativamente — o que produz um interessante entrelaçamento. Por fim, pode-se também adotar aqui o ponto de vista da unificação, a produção de uma conexão entre os elementos do enunciado mais intrínseca do que a sua natureza permitiria supor.

Heine, em *Viagem ao Harz*: "O bedel S. cumprimentou-me como a um colega, pois era também escritor e me mencionava com frequência em seus escritos semestrais; e, aliás, também me *citava** com frequência e, se não me encontrava em casa, era sempre gentil o bastante para escrever a *citação* com giz na porta da minha sala".

Daniel Spitzer, em seus *Wiener Spaziergänge* [Passeios por Viena], encontrou a seguinte característica, lacônica mas engraçada, para um tipo social que florescia na época da grande especulação:

"Testa de ferro — cofre de ferro — coroa de ferro." (Esta última um título de nobreza.) Uma excelente unificação, como se tudo fosse feito de ferro! Os diferentes significados do descritivo "ferro", ligeiramente contrastantes, tornam possível esse "uso múltiplo".

Outro jogo de palavras pode nos facilitar a passagem para um novo subtipo da técnica do duplo sentido. O colega jocoso mencionado à página 55 foi o responsável, na época do caso Dreyfus, pelo seguinte chiste:

"Essa moça me lembra o Dreyfus. O exército não acredita na sua *inocência*."

---

* Por infringir a disciplina.

II. A TÉCNICA DO CHISTE

A palavra "inocência", cujo duplo sentido serve de base para o chiste, tem, num contexto, o sentido habitual cujo oposto é culpa, crime; mas, em outro, um sentido sexual cujo oposto é a experiência sexual. Ora, há muitos exemplos semelhantes de duplo sentido, e em todos eles o efeito do chiste depende muito particularmente do sentido sexual. Para tal grupo de chistes se poderia reservar uma designação como "ambiguidades".

Um exemplo excelente de um chiste ambíguo é aquele da página 50, contado por D. Spitzer:

"Na opinião de alguns, o homem *ganhou muito* e *poupou um tanto*; segundo outros, a mulher *se deitou um tanto* e *ganhou muito*."

Caso, porém, se compare esse exemplo de duplo sentido com ambiguidade a outros exemplos, salta aos olhos uma diferença que não é pouco importante para a técnica do chiste. No chiste da "inocência", um sentido da palavra está tão próximo da nossa compreensão quanto o outro; não é necessário estabelecer se o significado sexual é mais habitual e conhecido do que o não sexual, ou o contrário. Com o exemplo de D. Spitzer é diferente: neste, um dos sentidos, muito mais banal e óbvio, como que cobre e oculta o sentido sexual, que poderia passar despercebido a um ouvinte pouco atento. Em claro contraste com isso, tomemos outro exemplo de duplo sentido no qual se prescinde de um tal ocultamento do significado sexual, qual seja, a descrição do caráter de uma moça feita por Heine: "Ela não podia recusar [*abschlagen*]* nada

---

* *Abschlagen* também tem o sentido de "urinar".

a não ser sua água". Isso soa como uma obscenidade, quase não se tem a impressão de um chiste.[23] Agora, a propriedade de os dois significados de um duplo sentido não serem igualmente familiares também aparece em chistes sem conotação sexual, seja porque um sentido é em si mais habitual que o outro, seja porque é trazido ao primeiro plano pela sua concatenação com os outros elementos da sentença (como, por exemplo, em *"c'est le premier vol de l'aigle"*). A todos esses casos eu proponho designar como "duplo sentido com alusão".

[4]

Até agora tomamos conhecimento de um número tão grande de diferentes técnicas do chiste que receio perdermos uma visão panorâmica de todas elas. Então vamos procurar resumi-las:

I. Condensação:
   a) com formação de palavras compostas;
   b) com modificação.
II. Uso do mesmo material:
   c) parte e todo;
   d) reordenação;
   e) ligeira modificação;
   f) a mesma palavra, plena e vazia.

---

23 Comparar a isso a posição de K. Fischer (p. 85), que empresta a esses chistes de duplo sentido, em que os dois significados não aparecem em pé de igualdade no primeiro plano, mas um à frente do outro, o nome "ambiguidade", que eu empreguei acima de maneira diversa. Essa atribuição de nomes é uma questão de convenção, não se tendo chegado a uma decisão segura no uso corrente da língua.

III. Duplo sentido:
   g) significado nominal e como coisa;
   h) significado metafórico e concreto;
   i) duplo sentido propriamente dito (jogo de palavras);
   j) ambiguidade;
   k) duplo sentido com alusão.

Essa diversidade é perturbadora. Ela tanto poderia fazer-nos lamentar por termos nos dedicado aos meios técnicos do chiste como poderia despertar em nós a suspeita de ter superestimado a sua importância para o conhecimento daquilo que é essencial nos chistes. Mas a essa conveniente suposição se contrapõe o fato incontestável de que o efeito do chiste é suspenso tão logo excluímos a operação dessas técnicas de sua forma expressão! Somos compelidos, assim, a procurar por uma unidade nessa diversidade. Deveria ser possível colocar todas essas técnicas sob um único cabeçalho. Unir o segundo e o terceiro grupos, como já dissemos, não é difícil. O duplo sentido, o jogo de palavras, é apenas, com efeito, um caso ideal de uso do mesmo material. Este último é claramente o conceito mais amplo. Os exemplos de decomposição, reordenação do mesmo material e uso múltiplo com ligeira modificação (c, d, e) não se deixariam subsumir facilmente sob o conceito de duplo sentido. Mas o que haveria em comum entre a técnica do primeiro grupo — condensação com formação substitutiva — e aquela dos dois outros, uso múltiplo do mesmo material?

Ora, algo muito simples e claro, eu diria. O uso do mesmo material é apenas um caso especial de condensação; o jogo de palavras não é senão uma condensação *sem* formação substitutiva; a condensação permanece a categoria superior. Uma tendência à *compressão*, ou, melhor dizendo, à *parcimônia*, domina todas essas técnicas. Parece ser tudo uma questão de economia, como diz o príncipe Hamlet (*Thrift, Horatio, thrift!* [Parcimônia, Horácio, parcimônia!]).

Vamos testar essa parcimônia em exemplos particulares. "*C'est le premier vol de l'aigle.*" É o primeiro voo da águia. Sim, mas é um voo predatório. Para a sorte desse chiste, *vol* significa tanto "voo" como "roubo". Nada foi aí condensado ou economizado? Por certo, toda essa segunda parte do pensamento — e ela foi omitida sem substituição. O duplo sentido da palavra *vol* torna desnecessária a substituição, ou, dito de outro modo, a palavra *vol* contém o substituto para o pensamento suprimido, sem que a primeira oração precise para isso de um acréscimo ou modificação. É justamente essa a vantagem do duplo sentido.

Outro exemplo: testa de ferro — cofre de ferro — coroa de ferro. Que extraordinária economia, ante uma expressão do pensamento que não tivesse a palavra "ferro"! "Com a necessária audácia e falta de consciência não é difícil adquirir uma grande fortuna, e a recompensa por tais méritos, naturalmente, não exclui a nobreza."

Nesses exemplos, a condensação — portanto a economia — é inegável. Mas ela deve ser comprovada em todos. Onde está a economia em chistes como *Rousseau — roux et sot*, *Antigone — antik-o-nee*, nos quais inicialmente não percebemos a condensação, e que nos

II. A TÉCNICA DO CHISTE

levaram a propor a técnica do múltiplo uso do mesmo material? Aqui, de fato, não chegaríamos a lugar algum com a condensação, mas, se trocarmos esse conceito por aquele hierarquicamente superior de "economia", não teremos dificuldade. É fácil dizer o que economizamos nos exemplos *Rousseau*, *Antígona* etc. Nós nos poupamos de expressar uma crítica, construir um juízo; ambos já são dados na própria palavra. No exemplo da paixão [*Leidenschaft*] e ciúme [*Eifersucht*], nos poupamos de elaborar uma definição trabalhosa: *Eifersucht*, *Leidenschaft* e — *Eifer sucht* ("zelo procura"), *Leiden schafft* ("produz paixão"); é só completar as palavras e a definição está pronta. Algo semelhante ocorre com todos os demais exemplos até aqui analisados. Onde menos se economiza, como no jogo de palavras de Saphir ("Você vem pelos 100 ducados"), economiza-se ao menos a nova expressão verbal da resposta; a expressão da pergunta já serve também como resposta. É pouco, mas é nesse pouco que reside o chiste. O uso diverso das mesmas palavras para a pergunta e a resposta constitui por certo uma "economia". Exatamente como Hamlet procura resumir a rápida sequência da morte de seu pai ao casamento de sua mãe:

A carne assada
no funeral guarneceu friamente o banquete nupcial
[ato 1, cena 2].

Antes, porém, de tomar a "tendência à economia" como característica mais geral da técnica do chiste e perguntar de onde ela se origina, o que significa e como vem dela o prazer gerado pelo chiste, queremos abrir espaço para uma dúvida que tem o direito de ser ouvida. Pode ser que todas as técnicas do chiste mostrem uma tendência a economizar na expressão, mas não vale o inverso. Nem toda economia na expressão, nem toda abreviatura são por isso chistosas. Já nos vimos antes nesta situação, ao ter ainda a esperança de poder demonstrar a suspeita da condensação em todo chiste, e já então levantamos a justa objeção de que um laconismo não é um chiste. A natureza do chiste teria, portanto, de estar atrelada a um tipo particular de abreviação e de economia, e, enquanto não conhecermos esta particularidade, a descoberta do elemento comum na técnica do chiste não nos aproximará da solução de nosso problema. Além disso, tenhamos a coragem de reconhecer que as economias proporcionadas pela técnica do chiste não são muito impressionantes. Elas lembram talvez o modo como muitas donas de casa economizam quando, para encontrar um mercado distante, gastam tempo e dinheiro na viagem porque os legumes são ali um pouco mais baratos. O que o chiste economiza com a sua técnica? A formação de algumas palavras que, em geral, poderiam ser obtidas com pouco esforço; em vez disso, é preciso fazer o esforço de encontrar aquela única palavra que cobre ambos os pensamentos; muitas vezes, é preciso até começar pela conversão da expressão de um pensamento em uma forma não habitual, de modo que esta favoreça a sua fusão com o outro pensamento. Não seria mais simples, fácil e efetivamente econômico exprimir os dois pensamentos tal como eles ocorrem, mesmo que não se produzisse algo em comum entre as expressões? A economia em palavras expressas não é superada de longe pelo dispêndio de esforço intelectual? E quem é que economiza? A quem favorece a economia?

Podemos deixar essas dúvidas de lado por ora, desde que desloquemos a dúvida mesma para outro local. Será que já conhecemos realmente todos os tipos de técnicas de chiste? É certamente mais seguro reunir novos exemplos e submetê-los à análise.

[5]

Na verdade, ainda não levamos em conta um grupo grande de chistes, talvez o mais numeroso de todos, e nos deixamos influenciar pela baixa estima que lhes é dispensada. Trata-se daqueles que são comumente chamados de *trocadilhos* (*calembourgs*), e que são tidos como a pior espécie de chistes verbais, provavelmente porque são os mais "baratos", os que podem ser feitos com o menor esforço. E são, de fato, os que menos demandam da técnica do chiste, assim como o verdadeiro jogo de palavras é o que mais demanda. Se neste último os dois significados devem encontrar sua expressão numa palavra idêntica que, na maioria dos casos, é por isso mesmo pronunciada somente uma vez, no trocadilho basta que as duas palavras para os dois significados lembrem uma à outra por alguma semelhança evidente, seja uma semelhança geral em sua estrutura, uma semelhança de sonoridade na rima, o compartilhamento de algumas letras etc. Muitos chistes desse tipo, impropriamente chamados de "*Klangwitze*" (chistes sonoros), podem ser encontrados no sermão do capuchinho, em *Wallensteins Lager*:

> Preocupa-se mais com a *garrafa* do que com a *batalha*,
> Prefere afiar o *nariz* a afiar a *espada*,
> [...]
> Prefere comer *bois* a *Oxenstirn* (o general),
> [...]
> A *corrente do Reno* se tornou uma *corrente de dor*,
> Os *mosteiros* são *ninhos saqueados*,
> As *dioceses* se transformaram em *desertos*,
> [...]
> E todas as abençoadas *terras* alemãs
> Tornaram-se *miseráveis*.*

O chiste gosta particularmente de modificar uma das vogais da palavra, como no seguinte exemplo. Hevesi (*Almanaccando: Bilder aus Italien*, p. 87) conta sobre um poeta italiano hostil ao Império que se viu obrigado a louvar o imperador alemão em hexâmetros: "Se ele não podia eliminar os Césares [*Caesaren*], podia ao menos abolir as cesuras [*Caesuren*]".

Entre os muitos trocadilhos que temos à disposição, talvez seja interessante destacar um exemplo realmente so-

---

* "*Kümmert sich mehr um den* Krug *als den* Krieg,/ *Wetzt lieber den* Schnabel *als den* Sabel,/ [...]/ *Frisst den* Ochsen *lieber als den* Oxenstirn',/ [...]/ *Der* Rheinstrom *ist geworden zu einem* Peinstrom,/ *Die* Klöster *sind ausgenommene* Nester,/ *Die* Bistümer *sind verwandelt in* Wusttümer,/ [...]/ *Und alle die gesegneten deutschen* Länder/ *Sind verkehrt worden in* Elender."

frível, cometido por Heine (*Le Grand*, cap. 5). Depois de ter fingido para a sua dama por muito tempo ser um "príncipe indiano", ele retira a máscara e admite: "Madame! Eu a enganei... Estive em Calcutá (*Kalkutta*) tão pouco quanto o *Kalkutenbraten* (frango de Calcutá) que comi no almoço de ontem". Evidentemente, a falha desse chiste está em que as duas palavras similares não são apenas similares, mas efetivamente idênticas. A ave que ele comeu frita leva esse nome porque vem ou supõe-se que vem de Calcutá.

K. Fischer deu grande atenção a essas formas do chiste e as considera bem distintas dos "jogos de palavras" (p. 78). "O *calembour* é um jogo de palavras ruim, pois joga com a palavra não enquanto palavra, mas enquanto som." O jogo de palavras, pelo contrário, "vai do som da palavra para a palavra mesma". Por outro lado, ele também inclui chistes como o "familionário", Antígona (*Antik-o-nee*) etc. entre os chistes sonoros. Não vejo nenhuma necessidade de segui-lo nesse ponto. Para nós, também no jogo de palavras a palavra é apenas uma imagem sonora à qual se liga este ou aquele sentido. O uso corrente, no entanto, também não faz aqui uma distinção aguda; e, se ele trata o "trocadilho" com desprezo e o "jogo de palavras" com certo respeito, estas valorações parecem depender de outros pontos de vista que não técnicos. É preciso prestar atenção ao tipo de chiste que nos é contado nos "trocadilhos". Há pessoas que têm o dom de, estando no estado de ânimo apropriado, passar um bom tempo respondendo com trocadilhos a tudo que lhes é dito. Um de meus amigos, que de resto é um modelo de discrição, tem a fama de ser assim quanto se trata de suas importantes realizações científicas. Certa vez, quando as pessoas a quem ele estava entretendo desse modo expressaram o seu espanto com a sua atitude, ele disse: "Sim, estou aqui *auf der Ka-lauer*" [*Kalauer*: "trocadilho"; *auf der Lauer*: "à espreita"]. E, à medida que lhe pediam para enfim parar, ele colocou a condição de que fosse nomeado *Poeta Ka-laureatus*. Ambos são, porém, excelentes chistes de condensação com formação substitutiva de palavras. (Estou aqui *auf der Lauer* para fazer *Kalauer*.)

Em todo caso, já depreendemos, da contenda sobre a distinção entre trocadilho e jogo de palavras, que o primeiro não nos leva ao conhecimento de uma técnica inteiramente nova do chiste. Se no trocadilho se renuncia ao uso do mesmo material em mais de um sentido, a ênfase ainda recai na redescoberta do que é familiar, na concordância entre as duas palavras que servem ao trocadilho, e, portanto, este é apenas uma subespécie do grupo que atinge seu ápice no jogo de palavras propriamente dito.

[6]

Mas há chistes, de fato, cuja técnica não possui praticamente nenhuma ligação com os grupos até aqui considerados.

"Conta-se de Heine que certa noite, num salão parisiense, ele teria se encontrado e conversava com o escritor Soulié.* Nesse meio-tempo, adentra o salão

---

*Frédéric Soulié (1800-47), dramaturgo e romancista francês popular em sua época.

um desses reis do dinheiro parisienses, que se costuma comparar a Midas não só pelo dinheiro, e logo se vê cercado por uma multidão a reverenciá-lo. 'Veja só', diz Soulié a Heine, 'como o século XIX cultua o bezerro de ouro.' Olhando para o objeto da reverência, Heine responde, como que corrigindo-o: *'Ah, mas esse deve ser mais velho'*" (K. Fischer, p. 82).

Onde está a técnica desse excelente chiste? Segundo K. Fischer, num jogo de palavras: "Assim, por exemplo, a expressão 'bezerro de ouro' pode significar tanto Mammon quanto idolatria, no primeiro caso sendo o ouro o elemento principal, no segundo a estátua do animal; ela também pode servir para, de maneira não muito lisonjeira, descrever alguém que tem muito dinheiro e pouca inteligência" (p. 82). Se fizermos o teste e eliminarmos a expressão "bezerro de ouro", eliminamos também o chiste. Nós faríamos Soulié dizer: "Veja só como as pessoas se aglomeram em volta desse idiota apenas porque ele é rico". Isso claramente não é mais um chiste. E a resposta de Heine também se tornaria impossível.

Mas ponderemos que o importante aqui não é a comparação, relativamente engraçada, feita por Soulié, mas sim a resposta de Heine, que é por certo bem mais chistosa. Não temos o direito, então, de tocar na frase do bezerro de ouro, que permanece como pressuposição para as palavras de Heine — e a nossa redução só pode aplicar-se a estas últimas. Se quisermos precisar a frase "Ah, mas esse deve ser mais velho!", só podemos substituí-la por algo mais ou menos assim: "Ah, mas esse já não é um bezerro; é um boi adulto". Para o chiste de Heine era necessário, portanto, que ele não mais tomasse o "bezerro de ouro" metaforicamente, mas sim de modo pessoal, aplicando-o ao próprio homem rico. Como se esse duplo sentido já não estivesse contido no que Soulié queria dizer!

Mas como?! Acreditamos notar agora que essa redução não anulou inteiramente o chiste de Heine, antes deixando intacta a sua essência. Agora seria assim: Soulié diz: "Veja só como o século XIX cultua o bezerro de ouro!", e Heine responde: "Ah, mas ele já não é um bezerro; é um boi adulto". E nessa versão reduzida ele continua a ser um chiste. Mas uma nova redução das palavras de Heine não é possível.

Pena que esse belo exemplo envolva condições técnicas tão complicadas. Com ele não chegamos a nenhum esclarecimento; vamos deixá-lo e procurar outro, no qual acreditamos perceber um parentesco interno com o anterior.

Seria um daqueles "chistes de banho", que tratam da aversão ao banho dos judeus da Galícia. Não exigimos nenhum título de nobreza de nossos exemplos. Não perguntamos por sua origem, mas somente por sua eficácia: se conseguem nos fazer rir, se são dignos de nosso interesse teórico. E os chistes de judeus são os que melhor correspondem a essas duas exigências.

"Dois judeus se encontram perto das termas. *'Você tomou um banho?'*, pergunta um deles. *'Como assim?'*, pergunta o outro, *'está faltando um?'*"

Quando alguém ri sinceramente de um chiste, não está na disposição mais adequada para investigar a sua

II. A TÉCNICA DO CHISTE

técnica. Assim, apresentam-se algumas dificuldades para entrar nessas análises. "Trata-se de um mal-entendido engraçado", eis a conclusão que parece impor-se. — Muito bem, mas qual a técnica desse chiste? — Evidentemente, é o uso com duplo sentido da palavra "tomar". Para um deles, "tomar" é uma palavra auxiliar sem grande importância; para o outro, é o verbo com o seu significado mais forte.* Portanto, é um caso de tomar a mesma palavra como "cheia" e "vazia" (grupo II, f). Se substituímos a expressão "tomou um banho" pela equivalente mais simples "banhou-se", o chiste some. A resposta não cabe mais. O chiste se prende, portanto, à expressão "tomou um banho".

Isso está inteiramente correto, mas parece que também neste caso a redução se deu no lugar errado. O chiste não está na pergunta, mas sim na resposta, na contrapergunta: "Como assim? Está faltando um?". E essa resposta não perde o seu elemento chistoso por nenhuma ampliação ou modificação, desde que o seu sentido seja mantido. Também temos a impressão de que, na resposta do segundo judeu, não perceber o banho é mais significativo do que a compreensão equivocada da palavra "tomar". No entanto, ainda não estamos vendo aqui com suficiente clareza, e vamos investigar um terceiro exemplo.

É de novo um chiste de judeu, mas agora somente a moldura é judaica; o núcleo é humano, universal. É ver-

---

*Que é "levar, roubar"; além disso, *Bad* significa tanto "banho" como "banheiro".

dade que também esse exemplo tem as suas complicações indesejadas, mas não são aquelas, felizmente, que até aqui nos impediram de ver as coisas com clareza.

Um homem pobre tomou 25 florins emprestados de um conhecido rico, queixando-se de suas condições difíceis. No mesmo dia, o benfeitor o encontra no restaurante diante de um prato de salmão com maionese. E o repreende: "Como? Você toma o meu dinheiro emprestado e vem pedir salmão com maionese? Foi nisso que você usou o meu dinheiro?". "Eu não entendo você", responde o devedor, "se eu não tenho dinheiro, não *posso* comer salmão com maionese; se tenho dinheiro, não *devo* comer salmão com maionese? *Quando é, então, que vou comer salmão com maionese?*"

Aqui, finalmente, já não há nenhum duplo sentido a descobrir. Também não é na repetição de "salmão com maionese" que está a técnica do chiste, pois ela não é um "uso múltiplo" do mesmo material, e sim uma efetiva repetição do idêntico exigida pelo conteúdo. Podemos ficar um pouco perdidos nessa análise, e talvez tentemos escapar da dificuldade recusando à anedota que nos fez rir o caráter de chiste.

O que se pode afinal dizer, que seja digno de nota, sobre a resposta do homem pobre? Que, de modo marcante, ele tem a natureza de um argumento lógico. Incorreto, contudo, pois a resposta é ilógica. O homem se defende de ter usado o dinheiro emprestado numa iguaria e pergunta, aparentando ter razão, *quando* poderia realmente comer salmão. Mas esta não é por certo a resposta correta. O homem rico não o está repreendendo por comer o salmão no mesmo dia em que tomou emprestado o dinheiro, mas sim porque, nas suas circunstâncias, ele não tem *o direito* de pensar em iguarias assim. O pobretão bom-vivant deixa de lado este sentido da reprimenda, que é o único possível, e responde outra coisa, como se não tivesse entendido a censura.

E se, agora, a técnica do chiste estivesse justamente nesse *desvio* da resposta em relação ao sentido da reprimenda? Uma modificação semelhante do ponto de vista, um deslocamento da ênfase psicológica, seria então demonstrável, talvez, nos dois exemplos anteriores, que percebemos como aparentados a esse.

Vejam só: essa demonstração ocorre com grande facilidade e, de fato, revela a técnica desses exemplos. Soulié chama a atenção de Heine para a circunstância de que a sociedade do século XIX venera o "bezerro de ouro" do mesmo modo como outrora fazia o povo judeu no deserto. Diante disso, a resposta de Heine poderia ser mais ou menos a seguinte: "Assim é a natureza humana, que nada mudou ao longo dos séculos"; ou palavras semelhantes de assentimento. Mas Heine, na sua resposta, se esquiva do pensamento sugerido por Soulié e não lhe dá resposta alguma; ele se serve do duplo sentido contido na expressão "bezerro de ouro" para abrir um caminho paralelo, pega um elemento da frase — o "bezerro" — e responde como se a ênfase na fala de Soulié se dirigisse a este: "Ah, ele já não é um bezerro"... etc.[24]

---

[24] A resposta de Heine é uma combinação de duas técnicas do chiste, um desvio e uma alusão. Ele não diz diretamente: "é um boi".

O desvio é ainda mais claro no chiste do banho. Este exemplo oferece uma exposição gráfica.

O primeiro pergunta: "Você tomou um *banho*?". A ênfase está no elemento "banho".

O segundo responde como se a pergunta tivesse soado assim: "Você *levou* um banheiro?".

A expressão "tomou um banho?" serve para possibilitar esse deslocamento da ênfase. Se a pergunta fosse "Você se banhou?", nenhum deslocamento seria possível. A resposta, sem nenhuma graça, seria: "Se me banhei? O que você quer dizer? Não sei o que é isso". A técnica do chiste, no entanto, reside no deslocamento da ênfase de "banho" para "tomar".[25]

Voltemos ao exemplo do "salmão com maionese", o mais puro deles. O elemento novo nele pode nos ocupar em muitos sentidos. Primeiramente, devemos dar um nome à técnica aqui revelada. Proponho designá-la como *deslocamento*, pois o essencial nela é o desvio no curso do pensamento, o deslocamento da ênfase para um tema diferente do inicial. Feito isso, a investigação nos obriga a verificar qual a relação que a técnica do

---

25 Devido à grande variedade de usos que comporta, o verbo "tomar" [*nehmen*] serve bem para a elaboração de jogos de palavras. Apresentarei um deles, em contraposição ao chiste de deslocamento relatado no texto: "Um conhecido especulador da Bolsa e diretor de banco caminha pela Ringstrasse [a rua principal de Viena] com um amigo. Em frente a um café, ele propõe a este: 'Vamos entrar e tomar algo'. O amigo lhe objeta: "Mas, sr. Hofrat, há pessoas aí dentro'" [Aqui usado no sentido de "levar, roubar"].

deslocamento tem com a expressão do chiste. Nosso exemplo (salmão com maionese) nos permite perceber que o chiste de deslocamento tem um grau elevado de independência relativamente à expressão verbal. Ele não depende da palavra, mas sim do curso do pensamento. Se quisermos eliminá-lo, de nada adianta substituir palavras conservando o sentido da resposta. A redução só é possível se modificamos o curso do pensamento e fazemos o bon-vivant responder diretamente à reprimenda de que se esquivou na versão do chiste. A versão reduzida soaria então assim: "Não posso privar-me daquilo que agrada a meu paladar, e é indiferente onde consigo o dinheiro para isso. Eis por que estou comendo salmão com maionese agora, depois de tomar o seu dinheiro emprestado". — Isso, contudo, não seria um chiste, mas sim um *cinismo*.

Será elucidativo comparar esse chiste com outro, cujo sentido é bem parecido.

"Um homem chegado à bebida ganhava sua vida dando aulas numa cidade pequena. Porém, seu vício se torna gradativamente conhecido e, em consequência disso, ele perde a maioria de seus alunos. Um amigo é encarregado de lhe dar conselhos. 'Veja, você poderia ter muitos alunos se conseguisse largar a bebida. Faça isso, então!' — 'Quem você pensa que é?', responde ele, indignado. *'Eu dou aulas para poder beber; agora eu devo parar de beber para ter alunos?'*"

Este chiste também parece conter um argumento lógico, tal como ocorreu no "salmão com maionese", mas já não é um chiste de deslocamento. A resposta é direta.

O cinismo, que lá era disfarçado, é aqui abertamente admitido. "Beber é meu objetivo principal." A técnica desse chiste é realmente pobre e não explica o seu efeito; ela reside tão somente na reordenação do mesmo material, ou, estritamente falando, na inversão da relação de meio e fim entre a bebida e o dar aulas. Se, na redução, deixo de enfatizar esse fator na expressão, o chiste desaparece. Teríamos algo como: "Que ideia absurda é essa? Para mim, o mais importante é beber, não as aulas. Estas são apenas um meio para que eu possa continuar bebendo". Portanto, o chiste está realmente na expressão.

No chiste do banho, a dependência que o chiste tem da expressão verbal ("Você tomou um banho?") é evidente, e sua modificação acarreta o fim do chiste. Aqui, com efeito, a técnica é mais complicada, uma combinação de duplo sentido (do tipo "f") e deslocamento. O texto da pergunta introduz um duplo sentido, e o chiste é produzido porque a resposta não se liga ao sentido visado pelo sujeito que pergunta, mas ao sentido secundário. Assim, podemos encontrar uma redução que mantém o duplo sentido na expressão e, no entanto, elimina o chiste, e para isso basta desfazer o deslocamento:

"Você tomou um banho?" — "O que eu teria tomado? Um banho? O que é isso?" Isto, porém, já não é um chiste, mas um exagero maldoso ou brincalhão.

Um papel bem parecido é desempenhado pelo duplo sentido no chiste de Heine sobre o "bezerro de ouro". Ele possibilita à resposta desviar-se do curso proposto do pensamento, o que, no chiste do salmão com maio-

II. A TÉCNICA DO CHISTE

nese, ocorre sem tal dependência da expressão verbal. Na versão reduzida, a fala de Soulié e a resposta de Heine soariam mais ou menos assim: "O modo como a sociedade bajula aqui esse homem, somente por ele ser rico, faz lembrar vivamente o culto do bezerro de ouro". E Heine: "O pior, para mim, não é ele ser tão festejado por sua riqueza. Você enfatiza muito pouco o fato de que, devido à sua riqueza, perdoam a sua burrice". O duplo sentido seria assim conservado, mas o chiste de deslocamento seria eliminado.

Neste ponto devemos estar prontos para a objeção de que, com essas distinções delicadas, tentamos separar o que na verdade forma um conjunto. Todo duplo sentido não dá ocasião a um deslocamento, a um desvio no curso do pensamento, de um sentido a outro? E nós deveríamos concordar em que "duplo sentido" e "deslocamento" sejam apresentados como representantes de dois tipos diferentes de técnica do chiste? Ora, essa relação entre duplo sentido e deslocamento certamente existe, mas nada tem a ver com a nossa distinção entre as técnicas do chiste. No duplo sentido, o chiste não contém senão uma palavra suscetível de várias interpretações, que permite ao ouvinte encontrar a passagem de um pensamento a outro, o que pode — forçando-se um pouco — ser considerado equivalente a um deslocamento. No caso de deslocamento, porém, o próprio chiste tem um curso de pensamento em que tal desvio é realizado; o deslocamento faz parte, aqui, do trabalho que se teve para criar o chiste, e não daquele que é necessário para compreendê-lo. Caso essa distinção não seja evidente, podemos recorrer ao meio sempre eficaz dos experimentos de redução para torná-la clara aos nossos olhos. Há um mérito, contudo, que não podemos recusar à objeção acima. Ela nos chama a atenção para o fato de que os processos psíquicos envolvidos na formação do chiste (o "trabalho do chiste")* não devem ser confundidos com os processos psíquicos da recepção do chiste (o trabalho de compreensão). Somente os primeiros[26] são objeto de nossa investigação.[27]

Haverá ainda outros exemplos da técnica de deslocamento? Eles não são fáceis de encontrar. Um exemplo bastante puro, e que não tem a lógica tão enfatizada do nosso modelo, é o seguinte chiste:

"Um comerciante de cavalos recomenda ao cliente um cavalo de montaria: 'Se você montar esse cavalo às 4 da manhã, estará em Pressburg às 6h30'. — 'E o que vou fazer em Pressburg às 6h30 da manhã?'"

O deslocamento é aqui bem evidente. O comerciante menciona o horário de chegada à pequena cidade, obviamente, apenas para demonstrar a capacidade do

---

* Versão literal de *Witzarbeit*, por analogia com "trabalho do sonho" (*Traumarbeit*).

26 Quanto aos outros, ver as últimas seções deste livro.

27 Talvez não seja supérfluo acrescentar aqui algumas palavras de esclarecimento. O deslocamento costuma se dar entre uma fala e uma resposta, que dá ao curso do pensamento uma direção distinta da que ele tinha na fala. A justificativa para separar o deslocamento do duplo sentido aparece melhor nos exemplos em que ambos se combinam, isto é, quando as palavras da fala comportam um duplo sentido que não é proposital por parte do falante, mas indica o caminho do deslocamento para a resposta. (Vejam-se os exemplos.)

II. A TÉCNICA DO CHISTE

cavalo. O cliente deixa de lado a capacidade do animal, em relação à qual ele já não tem dúvidas, e se atém apenas às informações do exemplo usado na demonstração. Não é difícil indicar a redução desse chiste. Apresenta mais dificuldades um outro exemplo, pouco transparente em sua técnica, mas que pode ser explicado como um caso de duplo sentido com deslocamento. O chiste fala do subterfúgio utilizado por um *Schadchen* (um casamenteiro judeu) e pertence, portanto, a um grupo do qual ainda nos ocuparemos bastante.

"O *Schadchen* assegurou ao pretendente que o pai da moça não mais vive. Depois do noivado, descobre-se que o pai ainda vive e está cumprindo uma pena na prisão. O pretendente se queixa então ao *Schadchen*. 'Ora', diz este, 'o que eu lhe disse? Isso é *viver*?'"

O duplo sentido reside na palavra "viver", e o deslocamento consiste em que o casamenteiro sai do sentido habitual da palavra, que é o contrário de "morrer", para o sentido que a palavra tem na expressão "isso não é viver". Ele explicita com isso, retrospectivamente, o sentido duplo de sua primeira expressão, embora esse sentido múltiplo seja remoto no caso. Até aqui, essa técnica seria semelhante àquela dos chistes do "bezerro de ouro" e do "banho". Mas ainda é preciso considerar um outro fator, que atrapalha a compreensão da técnica por sua proeminência. Poder-se-ia dizer que se trata agora de um "chiste de caracterização": ele busca ilustrar, através de um exemplo, essa mescla de ousadia mendaz e presença de espírito que é característica dos casamenteiros. Veremos que este é apenas o lado aparente do chiste, a sua fachada; seu sentido, isto é, seu propósito, seria outro. Também adiaremos a tentativa de reduzi-lo.[28]

Depois desses exemplos complicados e de difícil análise, será novamente prazeroso se pudermos reconhecer em um caso um modelo inteiramente puro e transparente de "chiste de deslocamento". "Um *Schnorrer* [pedinte-aproveitador judeu] solicita a um rico barão o financiamento de sua viagem a Ostende; os médicos teriam lhe recomendado banhos de mar para a recuperação de sua saúde. 'Muito bem, vou lhe dar algo para isso', diz o homem rico, 'mas você precisa ir justamente para Ostende, o mais caro de todos os balneários?' — 'Senhor barão', corrige o outro, 'nada é muito caro para mim, quando se trata de minha saúde.'" — Um ponto de vista correto, por certo, mas não para quem está pedindo. A resposta é dada do ponto de vista de um homem rico. O *Schnorrer* se comporta como se estivesse gastando o seu próprio dinheiro com sua saúde, como se o dinheiro e a saúde fossem da mesma pessoa.

[7]
Vamos retomar o instrutivo exemplo do "salmão com maionese". Ele também nos mostrava o seu lado mais aparente, no qual podíamos observar uma interessante amostra de raciocínio lógico, mas descobrimos por meio da análise que esse raciocínio servia para ocultar uma falha de raciocínio, a saber, um deslocamento no curso do pensamento. Isso poderá lembrar-nos, mes-

---

28 Ver adiante, seção III, pp. 146 ss.

mo que apenas por contraste, de outros chistes que, em contrapartida, lançam luz sobre algo de absurdo, algo sem sentido, alguma estupidez. Ficaremos curiosos de saber em que pode consistir a técnica desses chistes.

Apresento o exemplo mais forte e ao mesmo tempo mais puro de todo esse grupo. É novamente um chiste judaico.

"Itzig foi designado para a artilharia. Ele é um rapaz claramente inteligente, mas pouco habilidoso e sem interesse pelo serviço. Um de seus superiores, que o quer bem, leva-o para canto e lhe diz: 'Itzig, você não serve para nós. Vou lhe dar um conselho: *compre um canhão e se torne independente*'."

O conselho, que pode nos fazer rir sinceramente, é um evidente absurdo. Não existem canhões à venda, e um indivíduo não pode tornar-se independente como força militar, como que "se estabelecendo". Mas não duvidamos sequer por um instante de que esse conselho não é um mero absurdo, mas sim um absurdo engraçado, um excelente chiste. Como, então, o absurdo se torna um chiste?

Não precisamos refletir muito. A partir das explicações dos especialistas mencionadas em nossa introdução, podemos inferir que nesse absurdo chistoso se oculta um sentido, e que esse sentido no absurdo torna o absurdo um chiste. O sentido é fácil de encontrar no nosso exemplo. O oficial que dá o conselho absurdo ao artilheiro Itzig se faz de tolo para mostrar a Itzig quão tolo é seu próprio comportamento. Ele imita Itzig. "Eu vou lhe dar agora um conselho que é tão tolo quanto você." Pega a estupidez de Itzig e a torna visível para ele, colocando-a na base de uma proposta que supostamente corresponde ao seu desejo, pois, se Itzig possuísse um canhão e manejasse a arma por conta própria, como sobressairiam a sua inteligência e ambição! Como ele saberia cuidar do canhão e tornar-se hábil no uso de seus mecanismos, para enfrentar a concorrência de outros proprietários de canhões!

Interrompo a análise desse exemplo para demonstrar o mesmo sentido no absurdo em um caso menor e mais simples, mas não menos atraente, de um chiste absurdo.

"Nunca ter nascido seria o melhor para as mortais criaturas humanas." "*Mas*", acrescentam os sábios da revista *Fliegende Blätter*,* "*entre 100 mil pessoas, dificilmente isso acontece com alguma.*"

Esse acréscimo moderno ao provérbio antigo é um claro absurdo, que se torna ainda mais tolo com o advérbio aparentemente cauteloso. Mas ele se liga à primeira frase como uma restrição indiscutivelmente correta e pode, portanto, abrir nossos olhos para perceber que aquela reverenciada sabedoria também não é muito mais do que um absurdo. Quem nunca nasceu não é, absolutamente, uma criatura humana; e para ele não existe um bom ou um melhor. O absurdo do chiste serve aqui, portanto, para desvelar e apresentar outro absurdo, como no exemplo do artilheiro Itzig.

Posso acrescentar um terceiro exemplo, que, por seu conteúdo, dificilmente mereceria o detalhado relato que requer, mas que ilumina de maneira particularmente

---

* Conhecido semanário humorístico da época.

clara a utilização de um absurdo no chiste para expor outro absurdo.

"Um homem que vai viajar confia sua filha a um amigo com o pedido de que, durante a sua ausência, ele olhe por sua virtude. Meses depois, ele retorna e a encontra grávida. Naturalmente, repreende o amigo, que alega não poder esclarecer o infortúnio. 'Onde ela dormiu?', pergunta enfim o pai. — 'No quarto com o meu filho.' — 'Mas como você pôde deixá-la dormir no mesmo quarto com seu filho, depois de eu haver lhe pedido tanto que a protegesse?' — 'Mas havia um biombo entre eles. Havia a cama da sua filha, a cama do meu filho e, entre eles, o biombo.' — 'Mas e se ele desse a volta no biombo?' — '*Ah, sim*', diz o outro, pensativo, '*nesse caso seria possível*.'"

Com esse chiste, cujas qualidades são de resto bem pobres, chegamos facilmente à redução. Obviamente, ela seria assim: "Você não tem o direito de me repreender. Como pode ser tão tolo a ponto de deixar a sua filha numa casa onde ela terá de viver na permanente companhia de um jovem moço? Como se um estranho pudesse, sob tais circunstâncias, cuidar da virtude de uma jovem!". A aparente tolice do amigo é também aqui, portanto, apenas um reflexo da tolice do pai. Com a redução, descartamos a tolice do chiste e, com ela, o próprio chiste. Não nos livramos do próprio elemento "tolice": ele encontra outro lugar no contexto da frase, depois que é reduzida ao seu sentido original.

Também podemos, agora, tentar reduzir o chiste do canhão. O oficial deveria dizer: "Itzig, eu sei que você é um comerciante inteligente. Mas eu lhe digo: é uma *gran-*

de estupidez você não perceber que no exército as coisas não se passam como no comércio, onde cada um trabalha por conta própria e em competição com os outros. No exército é preciso subordinação e trabalho conjunto".

A técnica dos chistes de absurdo até aqui analisados consiste realmente, portanto, na produção de algo estúpido, absurdo, cujo sentido é mostrar, expor outra coisa estúpida e absurda.

O emprego do absurdo na técnica do chiste tem sempre esse significado? Eis aqui mais um exemplo, que responde afirmativamente a isso:

"Certa vez, ao ser aplaudido após um discurso, Fócion* perguntou, dirigindo-se a seus amigos: '*O que eu disse de estúpido?*'."

Essa pergunta parece absurda. Mas compreendemos de imediato seu sentido. "O que eu disse que pode ter agradado tanto a esse povo estúpido? Devo me envergonhar do aplauso; se agradou aos tolos, não pode ter sido algo inteligente."

Outros exemplos poderão nos mostrar que o absurdo é empregado com frequência na técnica do chiste, sem ter por finalidade a exposição de outro absurdo.

"Um conhecido professor universitário, que costumava compensar sua não tão grande competência com muitos chistes, foi cumprimentado pelo nascimento de seu filho mais novo, que ganhou já com certa idade. 'Pois é', respondeu ele, 'é impressionante *o que a mão humana é capaz de fazer.*'" — Essa resposta parece intei-

---

* General e estadista grego (século IV a.C.).

II. A TÉCNICA DO CHISTE

ramente sem sentido e fora de lugar. Costumamos dizer que as crianças são uma bênção de Deus, o contrário do trabalho da mão humana. Mas logo percebemos que essa resposta tem, sim, um sentido, e um sentido bem obsceno. Neste caso, o pai feliz não está querendo se fazer de tolo para caracterizar algo ou alguma outra pessoa como tola. A resposta, aparentemente absurda, tem sobre nós um efeito surpreendente, de estupefação, para falar como os especialistas. Vimos que os especialistas deduzem todo o efeito de chistes assim da alternância entre "estupefação e aclaramento". Acerca disso buscaremos formar um juízo mais adiante; por ora nos basta sublinhar que a técnica desse chiste consiste na apresentação de algo espantoso e absurdo.

Um lugar bastante peculiar, entre esses chistes de tolice, é ocupado por um chiste de Lichtenberg.

"Ele se admirava de *que os gatos têm dois buracos, na pelagem, exatamente no lugar onde ficam os olhos*." Admirar-se de algo óbvio, de algo que é tão somente a expressão de uma identidade, é certamente uma estupidez. Isso lembra uma exclamação de Michelet (em *A mulher* [1860]), emitida com seriedade, que, segundo me lembro, soava mais ou menos assim: "Como a natureza arranja bem as coisas! Mal a criança chega ao mundo, encontra uma mãe pronta para cuidar dela!". A frase de Michelet é de fato uma estupidez, mas a de Lichtenberg é um chiste que se serve da estupidez para certo fim, atrás do qual se esconde algo. O quê? Algo que não podemos indicar neste momento.

[8]

Já aprendemos, com dois grupos de exemplos, que o trabalho do chiste se serve de desvios do pensamento normal, do *deslocamento* e do *absurdo*, como meios técnicos para produzir a expressão chistosa. É certamente justo esperar que também outros *erros de raciocínio* possam encontrar aplicação semelhante. Com efeito, alguns exemplos desse tipo podem ser indicados:

"Um senhor adentra uma confeitaria e pede uma torta; mas logo a devolve e pede, em lugar dela, um copinho de licor. Depois de bebê-lo, ele quer ir embora sem ter pagado. O dono da confeitaria o segura. 'O que você quer de mim?' — 'Você tem que pagar o licor.' — 'Mas eu dei a torta por ele.' — 'Você também não pagou por ela.' — *'Mas eu não a comi.'*"

Essa historinha também exibe uma aparência de lógica, que já conhecemos como fachada apropriada para um erro de raciocínio. O erro está, evidentemente, em que o cliente espertalhão estabelece uma relação que não existe entre a devolução da torta e o recebimento do licor. Na verdade, a situação se divide em dois processos que são independentes um do outro para o vendedor, mas, para os propósitos do cliente, substituíveis um pelo outro. Ele primeiro pega a torta e a devolve, nada devendo assim por ela, e então toma o licor e passa a dever por este. Pode-se dizer que o cliente usa a relação "por ele" com um duplo sentido; ou, melhor, que, por meio do duplo sentido, ele estabelece uma conexão que não corresponde aos fatos.[29]

---

29 [Nota acrescentada em 1912:] Semelhante técnica do absurdo

II. A TÉCNICA DO CHISTE

Temos agora a oportunidade de fazer uma confissão que não carece de importância. Estamos empenhados numa investigação da técnica do chiste com base em exemplos, e deveríamos, portanto, estar seguros de que os exemplos por nós escolhidos são realmente chistes. Mas ocorre que numa série de casos ficamos hesitantes quanto a saber se o exemplo abordado pode ou não ser denominado um chiste. De fato, não dispomos de um critério até que a investigação nos forneça um; o uso corrente da língua não é confiável e precisa ele mesmo ser submetido à prova: para decidir, não podemos nos apoiar em nada a não ser em certa "sensação", que podemos interpretar no sentido de que em nossos julgamentos a decisão se dá conforme determinados critérios que ainda não são acessíveis ao nosso conhecimento. Para uma fundamentação adequada, não poderemos apelar a essa "sensação". No último exemplo mencionado, acabamos ficando em dúvida se podíamos apresentá-lo como um chiste — um chiste sofístico, digamos — ou tão somente como um sofisma. Simplesmente não sabemos ainda onde reside a característica distintiva do chiste.

Em contrapartida, o exemplo seguinte, que mostra um erro complementar de raciocínio, por assim dizer,

---

ocorre quando o chiste procura manter um contexto que é excluído pelas condições especiais implícitas no seu conteúdo. Assim é, por exemplo, a *faca sem lâmina que não tem cabo*, de Lichtenberg. E também o chiste contado por J. Falke (op. cit.): "É este o lugar onde o duque de Wellington falou aquelas palavras?" — *"Sim, é este o lugar, mas ele nunca falou as palavras".*

é indiscutivelmente um chiste. Trata-se novamente de uma história de casamenteiro:

"O *Schadchen* está defendendo a moça que propôs ao jovem contra as objeções deste. 'Não gosto da sogra', diz o jovem, 'ela é uma pessoa má e estúpida.' — 'Mas você não vai se casar com a mãe; é a filha que você quer.' — 'Sim, mas ela já não é muito jovem, nem bonita de rosto.' — 'Isso não importa. Se ela não é jovem e bela, tanto mais ela deverá ser fiel a você.' — 'Também não há muito dinheiro em jogo.' — 'Mas quem falou em dinheiro? Por acaso você vai se casar com o dinheiro? O que você quer é uma mulher.' — 'Mas ela também é corcunda!' — 'Ora, o que você quer? *Que ela não tenha nenhum defeito?*'"

Na realidade, portanto, trata-se de uma moça que já não é tão jovem, é feia, tem um dote limitado, uma mãe repulsiva e, ainda por cima, uma horrível deformidade. Certamente não são condições atraentes para se casar. Para cada um desses defeitos, o casamenteiro sabe oferecer um ponto de vista do qual se poderia relevá-lo; ele toma a indesculpável corcunda, então, como um defeito que devemos admitir em todo ser humano. Temos de novo a aparência de lógica que, típica do sofisma, deve encobrir o erro de raciocínio. A moça tem claramente diversos defeitos, alguns que poderiam ser relevados e um que é incontornável; não é uma moça para alguém desposar. O casamenteiro age como se cada defeito fosse eliminado por suas desculpas, quando na verdade cada um implica uma perda de valor que se soma às outras. Ele insiste em tratar cada fator isoladamente, e se recusa a juntá-los numa soma.

II. A TÉCNICA DO CHISTE

O mesmo tipo de omissão é o núcleo de outro sofisma que já fez muita gente rir, ainda que se possa duvidar da pertinência de denominá-lo um chiste.

"A. tomou emprestado a B. um caldeirão de cobre e, após a devolução, foi acusado por B. de ter feito um grande buraco no caldeirão, assim inutilizando-o. Eis como ele se defendeu: 'Primeiramente, não tomei caldeirão nenhum emprestado de B.; em segundo lugar, o caldeirão já tinha um buraco quando o peguei com B.; em terceiro lugar, devolvi o caldeirão inteiro'." Cada uma dessas afirmações singulares faz sentido em si mesma, mas, tomadas em conjunto, excluem-se umas às outras. A. trata isoladamente o que deveria ser tomado em conjunto, do mesmo modo como o casamenteiro fazia com os defeitos da noiva. Também se poderia dizer que A. coloca um "e" no lugar onde somente caberia um "ou-ou".

Encontramos outro sofisma na seguinte história de um casamenteiro.

"O pretendente se queixa de que a noiva tem uma perna mais curta que a outra e manca. O *Schadchen* o contradiz. 'Você está errado. Suponha que você se casasse com uma mulher com membros saudáveis e normais. O que você teria então? Não teria nunca a certeza de que ela não cairá, quebrará uma perna e ficará inválida para o resto da vida. Mais as dores, a agitação e a conta do médico! Se aceitar esta moça, porém, nada disso poderá lhe acontecer; é tudo *fato consumado*.'"

A aparência de lógica é aqui bastante magra, e ninguém verá na "desgraça consumada" uma vantagem em relação à desgraça apenas possível. O erro nesse raciocínio se mostra de maneira mais clara num segundo exemplo, uma história que não posso despojar inteiramente de seu dialeto.

"O grande rabino N. está rezando com seus discípulos no templo de Cracóvia. Ele emite subitamente um grito e, questionado por um discípulo preocupado, diz: 'O grande rabino L. acaba de morrer em Lemberg'. O grupo chora pelo morto. No correr dos dias seguintes, pergunta-se aos que chegam de Lemberg sobre como o rabino morreu, o que aconteceu a ele, mas eles nada sabem disso, dizem tê-lo deixado na melhor das formas. Chega-se enfim à certeza de que o rabino L. não morreu naquela hora em que o rabino N. o havia sentido telepaticamente, e de que ele ainda está vivo. Um forasteiro aproveita a oportunidade para zombar de um discípulo do rabino de Cracóvia. 'O seu rabino caiu num grande ridículo ao pretender ter visto a morte do rabino L. em Lemberg. O homem ainda está vivo.' 'Não tem problema, responde o discípulo, 'a olhada (*Kück*) de Lemberg até Cracóvia já foi uma coisa extraordinária.'"

O erro de raciocínio comum aos últimos dois exemplos é aqui claramente admitido. O valor da representação fantasiosa é indevidamente contraposto à realidade, a possibilidade é praticamente equiparada à realidade. A visão à distância de Cracóvia a Lemberg, atravessando o longo trecho que separa as cidades, seria um impressionante feito telepático se dele tivesse resultado algo verdadeiro, mas isso não importa ao discípulo. Seria possível, contudo, que o rabino de Lemberg tivesse morrido no momento em que o outro rabino anunciava sua morte em Cracóvia, e o discípulo desloca a ênfase da condição sob a qual o feito do mestre teria sido admirável para uma admiração incondicional desse feito. *"In magnis rebus voluisse sat est"* [Em coisas grandiosas basta ter desejado]* revela um ponto de vista similar. Do mesmo modo como neste exemplo a realidade é abstraída em favor da possibilidade, no exemplo anterior o casamenteiro espera que o pretendente veja a possibilidade de uma mulher tornar-se manca por meio de um acidente como o mais importante, sendo secundária a questão de ela ser realmente manca ou não.

A esse grupo de erros sofísticos do raciocínio se alinha um outro grupo interessante no qual o erro de raciocínio pode ser caracterizado como automático. É talvez por um capricho do acaso que todos os exemplos que apresentarei desse novo grupo sejam novamente de histórias de casamenteiros.

"Para a conversa sobre a noiva, um casamenteiro trouxe um ajudante com a função de reforçar suas afirmações. 'Ela é esbelta como um pinheiro', diz o *Schadchen*. — 'Como um pinheiro', repete o eco. — 'E ela tem olhos que só vendo para crer.' — 'Que olhos ela tem!', reforça o eco. — 'E ela é culta como nenhuma outra.' — 'E que cultura!' — 'Agora, uma coisa é verdade', admite o casamenteiro, 'ela tem uma pequena corcunda.' — '*E que corcunda!*', reforça novamente

---

* Mais precisamente, *"In magnis et voluisse sat est"*, verso do poeta romano Sexto Propércio (*Elegias*, livro II, x, 6).

o eco." As outras histórias são inteiramente análogas, embora mais significativas.

"O noivo tem uma surpresa desagradável durante a apresentação da noiva, e puxa o casamenteiro de lado para expressar as suas queixas em voz baixa. 'Para que você me trouxe aqui?', pergunta ele, indignado. 'Ela é feia e velha, é vesga e tem dentes podres e olhos remelentos...' — 'Você não precisa sussurrar', diz o casamenteiro, 'ela também é surda.'"

"Acompanhado do casamenteiro, o noivo está fazendo sua primeira visita à casa da noiva. Enquanto aguardam na sala pela chegada da família, o casamenteiro chama a atenção para um armário de vidro em que se encontram expostos os mais belos aparelhos de prata. 'Veja só: por essas coisas você pode ver como essa gente é rica.' — 'Mas', pergunta o desconfiado jovem, 'não será possível que essas coisas belas tenham sido apenas emprestadas para a ocasião, de modo a causar a impressão de riqueza?' — 'Que ideia!', responde o casamenteiro com desdém. '*Quem emprestaria algo a essa gente?*'"

Nos três casos acontece a mesma coisa. Uma pessoa que reagiu seguidas vezes do mesmo modo continua a expressar-se assim numa ocasião em que isso é inadequado e contraria os seus propósitos. Ela falha em se adaptar às exigências da situação, sucumbindo ao automatismo do hábito. Assim, o ajudante da primeira história se esquece de que foi trazido para corroborar o anunciante em sua defesa da noiva proposta e, tendo até então cumprido bem a sua tarefa, sublinhando as vantagens da noiva por meio da repetição, ele agora subli-

II. A TÉCNICA DO CHISTE

nha também sua corcunda (admitida discretamente pelo outro) quando deveria minimizá-la. O casamenteiro da segunda história se vê tão fascinado ante a enumeração das falhas e defeitos da noiva que completa a lista com aquilo que ele mesmo conhece, por mais que isso claramente não seja a sua função nem o seu propósito. Na terceira história, por fim, ele se deixa levar tão longe no anseio de convencer o jovem sobre a riqueza da família que, apenas para provar um único ponto, levanta algo que põe a perder todos os seus esforços. Em todos os casos, o automatismo prevalece sobre a mudança apropriada do pensamento e da manifestação.

Isso é fácil de ver, mas pode soar confuso se notarmos que é tão justo caracterizar essas três histórias como "cômicas" quanto apresentá-las como chistes, como fizemos. A revelação do automatismo psíquico pertence à técnica do cômico como qualquer desmascaramento ou autotraição. Nós nos vemos aqui subitamente diante do problema da relação entre o chiste e o cômico, que pretendíamos contornar (ver Introdução). Serão essas três histórias apenas "cômicas", sem serem ao mesmo tempo "chistosas"? O cômico trabalha aqui com os mesmos meios que o chiste? E, novamente, em que consiste o caráter peculiar do chiste?

Devemos ter em mente que a técnica desse último grupo de chistes que investigamos consiste tão somente na apresentação de "erros de raciocínio", mas somos forçados a admitir que até aqui sua investigação nos conduziu mais à obscuridade que ao conhecimento. Não abandonamos a esperança, porém, de chegar a um resultado, através de um conhecimento mais completo da técnica dos chistes, que possa ser o ponto de partida para novas descobertas.

[9]

Os próximos exemplos de chiste, com os quais continuaremos nossa investigação, envolvem um trabalho mais fácil. Sua técnica nos lembra sobretudo coisas que já conhecemos.

Eis, por exemplo, um chiste de Lichtenberg:

"*Janeiro é o mês em que fazemos votos de coisas boas aos nossos amigos, e os meses restantes, aqueles em que esses votos não se realizam.*"

Como estes chistes seriam antes refinados do que fortes, e trabalham com meios não muito evidentes, vamos primeiramente reforçar o seu efeito mediante a repetição.

"*A vida humana se divide em duas metades: na primeira ansiamos pela chegada da segunda, na segunda ansiamos pela volta da primeira.*"

"*A vivência consiste em vivenciar aquilo que não queríamos vivenciar.*" (Ambos encontrados em K. Fischer.)

É inevitável que esses exemplos nos recordem um grupo tratado anteriormente, que se caracteriza pelo "múltiplo uso do mesmo material". O último exemplo, em particular, nos dá a oportunidade de lançar a questão sobre por que não os incluímos lá, em vez de introduzi-los aqui, num novo contexto. A "vivência" é novamente descrita em seus próprios termos, tal como naquela altura o ciúme [*Eifersucht*] (p. 54). Eu mesmo não me

II. A TÉCNICA DO CHISTE

oporia muito a essa inclusão. Mas nos outros dois exemplos, que de fato possuem caráter semelhante, penso que há um elemento que é mais importante e significativo do que o múltiplo uso das mesmas palavras, e que se distancia por completo do duplo sentido. Aliás, eu sustentaria que são estabelecidas aqui novas e inesperadas unidades, relações de representações entre si, e definições de umas pelas outras ou por meio da referência a um terceiro elemento comum. Eu gostaria de chamar esse processo de *unificação*; ele é claramente análogo à condensação por meio de compressão nas mesmas palavras. Assim, as duas metades da vida humana são descritas através de uma relação recíproca descoberta entre elas; na primeira ansiamos pela chegada da segunda, na segunda ansiamos pela volta da primeira. Trata-se, melhor dizendo, de duas relações muito similares entre si que foram escolhidas para a exposição. A semelhança das relações corresponde então à semelhança das palavras, que poderia justamente nos lembrar do múltiplo uso do mesmo material (ansiar... pela chegada; ansiar... pela volta [*herbei--wünschen*; *zurück-wünschen*]). No chiste de Lichtenberg, janeiro e os meses a ele contrapostos são caracterizados novamente por uma relação modificada com um terceiro elemento; este é constituído pelos desejos, que se recebem em um mês e nos outros não se realizam. A diferença em relação ao múltiplo uso do mesmo material, que se aproxima do duplo sentido, é aqui bastante clara.[30]

---

30 Quero servir-me da já mencionada relação negativa peculiar que o chiste tem com o enigma — um esconde o que o outro expõe

— para descrever a "unificação" melhor do que os exemplos acima o permitem. Muitos dos enigmas que o filósofo G. T. Fechner produziu para passar o tempo, quando ficou cego, destacam-se por um alto grau de unificação, que lhes empresta um encanto especial. Tome-se, por exemplo, o belo enigma n. 203 (*Pequeno livro de enigmas do dr. Mises*, s.d.):

"*Die beiden Ersten finden ihre Ruhestätte
Im Paar der Andern, und das Ganze macht ihr Bette*"

[As duas primeiras encontram seu repouso/ no par das outras, e o todo faz seu leito].

Dos dois pares de sílabas que devem ser adivinhados, nada é dado a não ser a relação entre eles, e do todo só é dada a relação com o primeiro par. (A solução é: *Totengräber*, "coveiro") [*Toten*: "mortos". *Gräber*: "covas"]. Ou os dois seguintes exemplos, de descrição através da relação ao mesmo — ou ligeiramente modificado — terceiro elemento:

N. 170:

"*Die erste Silb' hat Zähn' und Haare,
Die zweite Zähne in den Haaren.
Wer auf den Zähnen nicht hat Haare,
Vom Ganzen kaufe keine Ware.*"

[A primeira sílaba tem dentes e cabelo,/ a segunda tem dentes no cabelo./ Quem não tem cabelo nos dentes (isto é, quem não sabe cuidar de si próprio),/ não deve comprar nada do todo"). Solução: *Rosskamm*, "vendedor de cavalos" [*Ross*: "cavalo". *Kamm*: "pente"].

N. 168:

"*Die erste Silbe frisst,
Die andere Silbe isst,
Die dritte wird gefressen,
Das Ganze wird gegessen*"

[A primeira sílaba come (*frisst*, usado para animais),/ a segunda sílaba come (*isst*, usado para gente),/ a terceira é comida (por animais),/ o todo é comido (por gente)]. Solução: *Sauerkraut*, "chucrute" [*Sau*: "porca". *Er*: "ele". *Kraut*: "hortaliça"].

A mais perfeita unificação encontra-se em um enigma de Schleiermacher que não pode ser chamado senão de chiste:

Um belo exemplo de chiste de unificação, que não necessita esclarecimento, é o seguinte:

"O poeta francês J. B. Rousseau compôs uma ode à posteridade (*à la posterité*); Voltaire achou que a poesia absolutamente não merecia chegar à posteridade e disse, chistosamente: '*Esse poema não chegará ao seu destino*'" (Contada por K. Fischer).

O último exemplo pode nos mostrar que é realmente a unificação que está na base dos chistes caracterizados pela presença de espírito. A presença de espírito consiste, com efeito, em contrapor a defesa à agressão, em "virar o jogo", em "pagar na mesma moeda", ou seja, no estabelecimento de uma inesperada unidade entre ataque e contra-ataque. Por exemplo:

O padeiro diz ao estalajadeiro, que tem uma ferida no dedo: "*Você molhou o dedo na sua cerveja, não foi?*". Responde o senhorio: "*Não, não foi isso. Um pedaço do seu pão me ficou embaixo da unha*" (Segundo Überhorst: *Das Komische*, II, 1900).

"O Sereníssimo está fazendo uma viagem por suas

"*Von der Letzten umschlungen
Schwebt das vollendete Ganze
Zu den zwei Ersten empor*"

[ENLAÇADO pela última/ balança o todo/ no alto das duas primeiras]. Solução: *Galgenstrick*, "gatuno" [*Strick*: "corda". *Galgen*: "forca"].

A grande maioria dos enigmas de sílabas carece de unificação, isto é, a característica pela qual uma sílaba deve ser adivinhada é inteiramente independente daquela pela qual a segunda e a terceira devem sê-lo, bem como da indicação que leva à descoberta separada do todo.

terras e percebe um homem, no meio da multidão, que se parece muito consigo próprio. Ele lhe faz um aceno e pergunta: *'Por acaso sua mãe já serviu no Palácio?'*. — 'Não, Alteza', responde ele, *'mas meu pai, sim.'*"

"Em uma de suas cavalgadas, o duque Carlos de Würtemberg encontra por acaso um tintureiro que está ocupado em seu ofício. Apontando para seu cavalo branco, o duque lhe pergunta em voz alta: *'Você pode tingir meu cavalo de azul?'*. E recebe de volta a resposta: 'Claro, Alteza, *se ele aguentar a fervura!*'."

Nesse excelente "retruque" — que responde a uma pergunta sem sentido com uma condição igualmente impossível — opera também um outro elemento técnico, que ficaria de fora se a resposta do tintureiro fosse: "Não, Alteza, eu temo que o cavalo não aguentará a fervura".

A unificação tem ainda a seu dispor um outro meio técnico, particularmente interessante: o estabelecimento de séries através da conjunção "e". Tais séries significam conexão; não podemos compreendê-las de outro modo. Quando, por exemplo, Heine conta sobre a cidade de Göttingen, em *Viagem ao Harz*, que *"em geral os habitantes de Göttingen se dividem em estudantes, professores, filisteus e asnos"*, entendemos essa conexão exatamente no sentido que é enfatizado pelo complemento de Heine: "quatro grupos que são muito claramente diferenciados". Ou, quando ele fala da escola, onde tinha de aguentar "tanto latim, bordoada e geografia", essa sequência, que chama a atenção pela colocação de "bordoada" entre as duas disciplinas escolares, quer dizer que devemos por certo estender ao latim e à geografia a opinião do rapaz, claramente marcada pelas bordoadas.

Entre os exemplos dados por Lipps de "enumeração chistosa" ("coordenação"), encontramos o seguinte verso, que é muito próximo dos "estudantes, professores, filisteus e asnos" de Heine:

"*Com um garfo e muito esforço, retirou-o a mãe do ensopado*" [*Mit einer Gabel und mit Müh' zog ihn die Mutter aus der Brüh'*] — como se o esforço fosse um instrumento como o garfo, acrescenta Lipps a título de esclarecimento. Temos a impressão, porém, de que esse verso não é de modo algum chistoso, ainda que certamente muito cômico; ao passo que a série de Heine é um chiste indiscutível. Talvez possamos lembrar esses exemplos mais adiante, quando já não precisarmos evitar a relação do cômico com o chiste.

[10]

No exemplo do duque e do tintureiro, observamos que continuaria havendo um chiste de unificação se o tintureiro respondesse "*Não*, eu temo que o cavalo não aguentará a fervura". Mas sua resposta foi: "*Claro*, Alteza, se ele aguentar a fervura". Na substituição do propriamente cabível "não" pelo "sim" reside um novo meio técnico do chiste, cuja aplicação veremos em outros exemplos.

Bem semelhante ao que acabamos de mencionar, há um chiste relatado por K. Fischer que é mais simples: "Frederico, o Grande, ouviu falar de um pregador da Silésia que tinha a fama de entrar em contato com espíritos. Ele manda vir o homem e o recebe com a seguinte pergunta: '*Você pode convocar os espíritos?*'. A resposta: '*Às ordens, Majestade, mas eles não vêm*'". Salta aos olhos aqui que o meio do chiste consiste apenas na substituição do "não", única resposta possível, pelo seu oposto. Para que a substituição fosse efetuada, foi preciso conectar ao "sim" um "mas", de modo que "sim" e "mas" equivalessem ao sentido do "não".

Essa *representação* [*Darstellung*] *pelo oposto*, como gostaríamos de chamá-la, serve ao trabalho do chiste em diversas operações. Nos dois exemplos a seguir ela aparece em estado praticamente puro. Heine: "*Esta mulher lembra a Vênus de Milo em muitos pontos: também é extraordinariamente alta, também não tem dentes e tem algumas manchas brancas na superfície amarelada de seu corpo*".

Uma representação da feiura através de suas coincidências com a maior beleza. Essas coincidências só podem estar, é claro, em propriedades expressas com duplo sentido ou em coisas secundárias. Este último ponto vale para o seguinte exemplo.

Lichtenberg: "O grande espírito".

"*Ele tinha as características dos grandes homens reunidas em si: mantinha a cabeça torta como Alexandre, vivia mexendo nos cabelos como César, sabia tomar café como Leibniz e, quando estava confortavelmente sentado em sua poltrona, esquecia-se de comer e beber como Newton (e então, como este, tinha de ser acordado); usava sua peruca como o dr. Johnson e, como Cervantes, sempre deixava um botão da braguilha aberto.*"

Um exemplo particularmente feliz de representação

pelo oposto, em que se prescinde por completo de usar palavras com duplo sentido, foi trazido por J. v. Falke de uma viagem à Irlanda. "A cena se passa em um museu de figuras de cera — o de Madame Tussaud, digamos. Um guia acompanha um grupo de velhos e jovens de figura em figura, dando as suas explicações. *'This is the Duke of Wellington and his horse.'* Uma jovem pergunta: *'Which is the Duke of Wellington and which is the horse?'*. *'Just as you like, my pretty child'*, diz ele em resposta, *'you pay the money and you have the choice.'*" (Este é o duque de Wellington com seu cavalo. — Qual é o duque e qual é o cavalo? — Como você quiser, minha cara, você paga, você escolhe.) (*Lebenserinnerungen* [Memórias]), p. 271.)

A redução desse chiste irlandês seria assim: "São vergonhosas as figuras de cera que esse pessoal apresenta ao público! Não dá para distinguir o cavalo do cavaleiro. (Exagero jocoso.) E as pessoas ainda pagam por isso!". Essa exclamação indignada é então dramatizada e situada num pequeno episódio, no lugar do público em geral aparece uma moça específica, a figura do cavaleiro é individualizada — e tem de ser a figura do duque de Wellington, que na Irlanda é popular por toda parte. Mas a desfaçatez do proprietário ou guia, que tira o dinheiro das pessoas e nada lhes oferece em troca, é representada pelo seu oposto: uma fala em que aparece como um consciencioso negociante, que só pensa no respeito aos direitos que seu público adquiriu através do pagamento. Também se observa agora que a técnica desse chiste está longe de ser simples. Tendo-se encontrado um modo de fazer o charlatão afirmar a sua retidão, o chiste é um caso de representação pelo oposto; como ele o faz, porém, numa ocasião em que dele se espera algo inteiramente diverso — ele responde com a respeitabilidade do negócio quando se questiona a semelhança das figuras —, trata-se de um exemplo de deslocamento. A técnica do chiste reside na combinação dos dois meios.

Não está muito longe desse exemplo um pequeno grupo a que se poderia chamar chistes de exagero. Neles, o "sim" — que seria apropriado na redução — é substituído por um "não" que, no entanto, tem, devido a seu conteúdo, o mesmo valor de um "sim" ainda mais forte; e assim também no caso inverso. A contradição entra no lugar de uma confirmação exagerada. Assim, por exemplo, o epigrama de Lessing:[31]

A boa Galateia! Dizem que ela tinge de preto seus
                                                 [*cabelos;*
Mas eles já eram pretos quando ela os comprou.*

Ou a maliciosa "defesa" da filosofia escolástica por Lichtenberg:

"*Há mais coisas no céu e na terra do que sonha a vossa filosofia*", dizia o príncipe Hamlet desdenhosamente. Lichtenberg sabe que essa crítica está longe de ser suficientemente aguda, já que não leva em conta tudo o que se poderia objetar contra a filosofia escolástica. Ele

---

31 Seguindo o modelo da *Antologia grega*.
* No original: "*Die gute Galathee! Man sagt, sie schwärz' ihr Haar; / Da doch ihr Haar schon schwarz, als sie es kaufte, war*".

II. A TÉCNICA DO CHISTE

acrescenta então o que faltava: *"Mas também há muita coisa na filosofia que não se encontra nem no céu nem na terra"*. Sua exposição reforça, de fato, aquilo com que a filosofia escolástica compensa a carência repreendida por Hamlet, mas nessa compensação reside uma segunda e ainda maior objeção.

Mais claros ainda, já que livres de qualquer traço de deslocamento, são dois chistes de judeu, um tanto grosseiros, porém.

"Dois judeus conversam sobre o banho. 'Eu tomo um banho todo ano', diz um deles, 'quer eu precise ou não.'"

Fica claro que, ao assegurar tão peremptoriamente a sua limpeza, ele denuncia antes a sua falta de limpeza.

"Um judeu percebe restos de comida na barba do outro. 'Posso lhe dizer o que você comeu ontem.' — 'Então diga!' — 'Lentilhas.' — 'Errou! Isso eu comi anteontem.'"

Outro excelente chiste de exagero, que facilmente se liga à representação pelo oposto, é o seguinte:

"Em sua condescendência, o rei está visitando uma clínica cirúrgica e encontra um professor realizando a amputação de uma perna. Ele acompanha cada etapa com enfáticas expressões de sua satisfação real. *'Bravo, bravo, meu caro doutor!'* Depois de completada a operação, o professor se aproxima dele e pergunta, com profunda reverência: *'Vossa Majestade ordena que eu ampute também a outra perna?'*."

O que o professor deve ter pensado durante o aplauso real não pode ser expresso, por certo, sem alguma modificação: "Isso deve dar a impressão de que estou tirando a perna doente do pobre-diabo por ordem do rei e apenas para lhe agradar. Acontece que eu tenho outras razões para estar fazendo esta operação". Mas ele chega então perante o rei e diz: "Não tenho outras razões para operar senão o comando de Vossa Majestade. O aplauso que me foi dispensado me inspirou tanto que apenas aguardo o comando de Vossa Majestade para amputar também a perna saudável". Ele consegue fazer-se entender dizendo o oposto do que está pensando e que tem de guardar para si. Este oposto é um inacreditável exagero.

Como vemos nesses exemplos, a representação pelo oposto é um meio muito usado e bastante efetivo da técnica do chiste. Mas não devemos deixar de notar que essa técnica não é, de modo algum, exclusiva do chiste. Quando, depois de um longo discurso e dirigindo a atenção de seus ouvintes ao corpo de César, Marco Antônio retoma novamente a palavra, ele diz:

"Pois Brutus é um homem *honrado*..." — ele sabe que o povo gritará então de volta o verdadeiro sentido de suas palavras:

"Eles são *traidores*: homens honrados!"

Ou, quando o *Simplizissimus* publica uma coleção de cinismos e brutalidades inauditas como expressões de "homens de sentimentos", isso também é uma representação pelo oposto. Mas a isso se chama "ironia", e não chiste. A técnica própria da ironia é justamente aquela da apresentação pelo oposto. Aliás, é comum ouvirmos falar de *chistes irônicos*. Não se deve mais duvidar, portanto, de que a técnica por si só não é suficiente para caracterizar o chiste. Tem de haver algo mais, algo que

II. A TÉCNICA DO CHISTE

até agora não encontramos. Por outro lado, contudo, permanece inquestionável que com a desconstrução da técnica o chiste é eliminado. Talvez nos seja difícil, por ora, pensar em conjunto os dois pontos firmes que adquirimos para a elucidação do chiste.

[11]

Se a representação pelo oposto pertence aos meios técnicos do chiste, é natural esperarmos que o chiste também possa fazer uso do meio contrário, a apresentação por *semelhança* e parentesco. A continuação de nossa investigação poderá nos ensinar, na verdade, que essa técnica constitui um novo e particularmente abrangente grupo de chistes intelectuais. Descreveremos o tipo específico dessa técnica de maneira muito mais precisa se substituirmos "representação por *semelhança*" por "representação por *pertencimento* ou *conexão*". Aliás, começaremos por esta última característica, elucidando-a desde logo com um exemplo.

Uma anedota americana conta o seguinte. "Dois negociantes pouco escrupulosos conseguiram adquirir uma grande fortuna por meio de uma série de empreendimentos bastante arriscados e agora estão se esforçando em fazer parte da alta sociedade. Entre outras coisas, pareceu-lhes apropriado serem pintados pelo pintor mais hábil e caro da cidade, cujos quadros eram vistos como verdadeiros acontecimentos. Os quadros, caríssimos, foram exibidos pela primeira vez numa grande noite de gala, e os dois donos da casa conduziram eles próprios o mais influente conhecedor e crítico de arte à parede do salão em que os dois quadros estavam pendurados, um ao lado do outro, para que ele proferisse seu admirado julgamento. Ele observou os quadros por um longo tempo, balançou então a cabeça, como se faltasse algo, e apenas perguntou, apontando para o espaço vazio entre os quadros: 'And where is the Saviour?' (E onde está o Salvador? Ou: sinto falta de um quadro do Salvador)."

O sentido dessa fala é claro. Trata-se novamente da apresentação de algo que não pode ser expresso diretamente. Qual o caminho pelo qual é produzida essa *"apresentação indireta"*? Por uma série de associações e inferências facilmente estabelecíveis, podemos, partindo da representação do chiste, refazer o caminho em sentido inverso.

A pergunta "Onde está o Salvador, o quadro do Salvador?" nos permite adivinhar que, vendo os dois quadros, o sujeito se lembra de outra visão, tão familiar para ele como para nós, mas mostrando um elemento faltante: o quadro do Redentor entre os outros dois quadros. Há um único caso como esse: Cristo pendurado entre os dois ladrões. O elemento faltante é acentuado pelo chiste, a semelhança se prende aos quadros mencionados no chiste, à direita e à esquerda do Salvador. Ela só pode consistir em que os dois quadros pendurados no salão representam dois ladrões. Eis, portanto, o que o crítico queria dizer e não podia: "Vocês são dois pilantras". Ou, mais detalhadamente: "O que me importam os seus quadros? Vocês são dois pilantras, eu sei". E ele o disse através de algumas associações e inferências, por um caminho que denominamos *"alusão"*.

II. A TÉCNICA DO CHISTE

Lembramo-nos imediatamente de que já deparamos com a alusão. E isso quando tratamos do duplo sentido. Quando um dos dois significados expressos na mesma palavra é muito mais frequente e habitual que o outro, a ponto de ficar tão evidente que tem de ocorrer-nos em primeiro lugar, ao passo que o outro fica bem atrás, propusemos descrever esse caso como *"duplo sentido com alusão"*. Em diversos dos exemplos até aqui examinados observamos que a sua técnica não era simples e reconhecemos a alusão como seu elemento mais complicado. (Ver, por exemplo, o chiste de inversão em que a mulher se deitou um tanto e ganhou muito, ou o chiste de absurdo em que o professor é cumprimentado por seu novo filho, com admiração pelo trabalho de mãos humanas, p. 86.)

Na anedota americana, contudo, vemos a alusão sem o duplo sentido e descobrimos, como sua característica fundamental, a substituição por algo ligado a uma conexão no pensamento. É fácil deduzir que a conexão utilizável pode ser de mais de um tipo. Para não nos perdermos na profusão, exporemos apenas as variações mais marcantes, e com base em poucos exemplos.

A conexão utilizada para a substituição pode ser uma mera semelhança sonora, de modo que esta subespécie será análoga aos trocadilhos dos chistes verbais. Mas não se trata da semelhança sonora entre duas palavras, e sim entre frases inteiras, combinações características de palavras etc.

Lichtenberg, por exemplo, cunhou o ditado *"Neue Bäder heilen gut"* (Novas termas curam bem), que nos lembra de imediato o provérbio *"Neue Besen kehren gut"* (Novas vassouras limpam bem), com o qual aquele tem em comum a primeira palavra e meia, a última palavra e toda a estrutura da frase. E ele certamente surgiu, na cabeça do pensador chistoso, como uma imitação do famoso provérbio. O ditado de Lichtenberg é, portanto, uma alusão ao provérbio. Esse ditado nos indica algo que não é expresso diretamente: que no efeito das termas está envolvido algo além da água termal, cujas características são sempre as mesmas.

Podemos analisar de maneira semelhante um outro gracejo ou chiste de Lichtenberg: *"Ein Mädchen, kaum zwölf Moden alt"* (Uma menina que mal completou doze modas). Isso soa como a determinação temporal *"zwölf Monden"* (doze luas), isto é, meses, e pode até ter sido, originalmente, um erro de grafia ao escrever a última expressão, admissível na poesia. Mas faz bastante sentido aplicar as fases da moda, em lugar das fases da lua, para determinar a idade de uma mulher.

A conexão pode estar na igualdade quase completa, quebrada por uma única *ligeira modificação*. Assim, essa técnica também corre paralela a uma técnica verbal. Ambos os tipos de chiste causam quase a mesma impressão, mas é melhor mantê-los separados um do outro devido ao seu distinto processo de elaboração.

Como exemplo de tal chiste verbal ou trocadilho: "A grande cantora Marie Wilt, famosa pela amplitude de sua voz — e não somente de sua voz — ficou ofendida quando, em alusão à sua forma, basearam o título de uma peça de teatro no conhecido romance de J. Verne:

II. A TÉCNICA DO CHISTE

'*Die Reise um die Wilt in 80 Tagen*' (Viagem ao redor da Wilt [em vez de *Welt*, 'mundo'] em 80 dias)".

Ou: "*Rainha em cada braça*", modificação do conhecido "*Rei em cada polegada*", de Shakespeare, e alusão a esse ditado em referência a uma moça muito alta da aristocracia. Não haveria nada muito sério a objetar caso alguém preferisse alocar este chiste sob a condensação com modificação substitutiva (p. 39). (Cf. *tête-à-bête*.)

Sobre uma pessoa que era muito ambiciosa, mas obsessiva na perseguição de seus fins, dizia um amigo: "*Er hat ein Ideal vor dem Kopf*" (Ele tem um ideal à frente da cabeça). A expressão habitual é "*Ein Brett vor dem Kopf haben*" (Ter uma tábua à frente da cabeça), e é a ela que a modificação alude, tomando para si o seu sentido. Também aqui se poderia descrever a técnica como condensação com modificação.

É quase impossível distinguir a alusão por modificação da condensação com formação substitutiva quando a modificação se limita à mudança de letras, como, por exemplo, em Di*ch*teritis.* A alusão ao flagelo da Di*ph*teritis apresenta também como um perigo a prática da poesia por quem não tem a vocação para ela.

As partículas de negação possibilitam alusões muito boas com poucos efeitos colaterais:

"Spinoza, meu companheiro de *des*-crença [*Unglaubensgenosse*]", diz Heine. "Nós, por *des*-graça [*Ungnade*] de Deus proletários, servos, negros, prisioneiros"

---

*Palavra inexistente, cunhada a partir de *Dichter*, "poeta"; algo como "poetaria", para fazer o jogo com "difteria".

etc.: assim começa Lichtenberg um manifesto inacabado desses infelizes, que, em todo caso, têm mais direito a esse título do que reis e nobres à sua forma não modificada.

Finalmente, outra forma de alusão é a *omissão*, comparável à condensação sem formação substitutiva. Propriamente falando, em toda alusão há algo que é omitido, a saber, os caminhos do pensamento que conduziram à alusão. O que importa é se o que salta mais aos olhos, na formulação verbal da alusão, é a lacuna ou o substituto que a preenche parcialmente. Assim, uma série de exemplos pode nos levar de volta da omissão mais óbvia à alusão propriamente dita.

No seguinte exemplo encontramos a omissão sem substituto. Em Viena há um escritor espirituoso e briguento que, pela aspereza de suas invectivas, sofreu repetidas agressões físicas por parte de indivíduos que atacou. Quando se discutia certa vez uma nova agressão de um de seus habituais adversários, um terceiro falou: *"Se o X escutar isso, levará outra bofetada"*. A técnica desse chiste inclui, primeiramente, a estupefação com o aparente absurdo, pois receber uma bofetada não parece plausível como consequência imediata de ter ouvido algo. O absurdo desaparece quando se preenche a lacuna: *"ele escreverá um artigo tão mordaz contra o sujeito que..."*. Assim, a alusão por omissão e o absurdo são meios técnicos desse chiste.

Heine: *"Ele se vangloria tanto de si mesmo que o preço dos incensos subirá"*. Esta lacuna é de fácil preenchimento. O elemento omitido é substituído por uma conse-

II. A TÉCNICA DO CHISTE

quência que, por alusão, leva de volta a ele. O autoelogio fede!*

Vemos de novo os dois judeus em frente às termas! "'*Mais um ano que passou!*', lamenta um deles."

Esses exemplos não deixam dúvida de que a omissão faz parte da alusão.

Uma lacuna ainda mais evidente se encontra no próximo exemplo, que é um autêntico e legítimo chiste de alusão. Depois de uma festa de artistas em Viena, foi publicado um livro de piadas em que se destaca, entre outros, o notável aforismo a seguir:

"*Uma esposa é como um guarda-chuva. No fim das contas, a gente acaba tomando um fiacre.*"**

Um guarda-chuva não protege bem da chuva. O "no fim das contas" [*dann doch*] só pode significar: "se estiver chovendo muito". E um fiacre, não nos esqueçamos, é um veículo público. Mas, como lidamos aqui com a forma da analogia, deixaremos uma investigação mais minuciosa desse chiste para um momento posterior.

"Os banhos de Lucca", de Heine, contêm um verdadeiro ninho de vespa das mais picantes alusões, fazendo o uso mais engenhoso possível dessa forma de chiste para fins polêmicos (contra o conde de Platen).*** Muito

---

*Versão literal de um provérbio alemão, "*Eigenlob stinkt*".
**No original, *Komfortabel*, nome que se dava a certo tipo de transporte público na Viena da época, o equivalente a um fiacre ou carruagem de aluguel.
***August, conde de Platen (1796-1835), autor de *Sonetos de Veneza*, despertou a ira de Heine ao escrever uma sátira do movimento romântico alemão.

antes que o leitor possa imaginar esse uso, há prenúncios de certo tema, particularmente impróprio para ser apresentado diretamente, através de alusões extraídas do mais diverso material. Por exemplo, nas contorções verbais de Hirsch-Hyacinth: "Você é muito corpulento, e eu, muito magro; você tem muita imaginação, e eu sou mais voltado para os negócios; eu sou um homem prático, e você, um *diarrético*; em suma, você é meu perfeito anti*podex*". — "Venus *Urinia*." — "A gorda Gudel de *Dreckwall*, em Hamburgo."* — etc. Os acontecimentos narrados pelo autor tomam então um rumo em que, a princípio, parecem testemunhar apenas a natureza mal-intencionada do poeta, mas logo revelam sua relação simbólica com a intenção polêmica do autor e se mostram como alusões. O ataque a Platen finalmente irrompe e, então, as alusões brotam e jorram — em torno do já conhecido tema da homossexualidade do conde — de cada frase que Heine dirige contra o talento e o caráter de seu adversário. Por exemplo:

"Embora as musas não lhe sejam benévolas, ele tem o gênio da linguagem em seu poder [*Gewalt*], ou, melhor dizendo, sabe como violentá-la [*Gewalt antun*]; como lhe falta o livre amor desse gênio, ele tem de correr constantemente atrás desse garoto e só consegue

---

*Hirsch-Hyacinth é um personagem de Heine (cf. p. 27). A passagem contém várias alusões anais. "Diarrético" parece juntar "dialético" e "diarreia"; *Podex* significa "traseiro"; *Dreckwall*, sobrenome dado a Gudel, que era, de fato, uma dama nobre de Hamburgo, é "baluarte de fezes".

capturar as formas externas, que, apesar de suas belas curvas, nunca falam nobremente."

"E então ele faz como o avestruz, que se crê escondido quando enterra a cabeça na areia e só deixa a cauda visível. Nosso nobre pássaro faria melhor se enterrasse a cauda na areia e nos mostrasse a cabeça."

A alusão é talvez o meio de fazer chiste mais utilizado e mais fácil de se manejar, e se encontra na base da maioria dos chistes efêmeros que costumamos incluir em nossas conversas, os quais não comportariam uma remoção de seu solo original e uma subsistência autônoma. Mas justamente a alusão nos lembra de novo daquela circunstância que nos tirou do rumo na avaliação da técnica do chiste. Também ela não é algo chistoso em si mesmo: há alusões, corretamente construídas, que não pretendem ter essa natureza. Só é chistosa a alusão "chistosa", de modo que a característica distintiva do chiste, que perseguimos em sua técnica, nos escapa aqui novamente.

Caracterizei a alusão por vezes como "representação indireta", e reparo agora que se pode muito bem unir os diferentes tipos de alusão à apresentação pelo oposto e às técnicas ainda por examinar num único grande grupo, para o qual *"representação indireta"* seria o nome mais abrangente. *Erros de raciocínio*, *unificação* e *apresentação indireta* são, portanto, os pontos de vista sob os quais podemos classificar as técnicas dos chistes intelectuais que já conhecemos.

Continuando a investigação de nosso material, acreditamos reconhecer agora um novo subtipo de apresentação indireta, o qual pode ser caracterizado com precisão, mas ilustrado somente com alguns exemplos. Trata-se da representação *por meio de algo pequeno ou mínimo*, que cumpre a tarefa de exprimir plenamente uma característica através de um pequenino detalhe. A inclusão desse grupo na classe da alusão é possibilitada pela consideração de que esse pequenino detalhe tem uma conexão com aquilo que está sendo apresentado, pode ser dele derivado como uma consequência. Por exemplo:

"Um judeu galício está viajando de trem, confortavelmente instalado: desabotoou seu casaco, pôs o pé sobre o banco. Entra então no trem um senhor vestido com roupas modernas. O judeu se endireita e senta com uma postura discreta. O estranho folheia um livro, calcula, reflete e de repente pergunta ao judeu: 'Por favor, quando é o Yom kipur?' [Dia do perdão]. '*Aesoi*',* diz o judeu, e volta a colocar os pés sobre o banco antes de responder."

É inegável que essa representação por algo pequeno se liga à tendência econômica que mantivemos, após a investigação da técnica dos chistes verbais, como seu último fator comum.

Um exemplo bem parecido é o seguinte:

"O médico que foi chamado para acompanhar a baronesa em seu parto diz que o momento certo não chegou ainda e propõe ao barão jogar uma partida de cartas

---

* *Aesoi*: palavra ídiche que significa algo como "ora pois!".

enquanto esperam. Depois de alguns minutos, um grito de dor da baronesa chega aos ouvidos dos dois homens. '*Ah, mon Dieu, que je souffre!*' [Ah, meu Deus, como sofro!] O marido se levanta, mas o doutor o detém: 'Não é nada. Vamos continuar o jogo'. Alguns instantes depois, ouve-se novo grito da parturiente: '*Meu Deus, meu Deus, quantas dores!*'. — 'Você não quer entrar no quarto, professor?', pergunta o barão. — 'Não, não, ainda não está na hora.' — Finalmente, ouve-se no quarto ao lado o inconfundível choro: '*Ai, aai, aaai*'. O médico joga as cartas na mesa e diz: 'Agora sim'."

Como a dor faz a natureza original atravessar todas as camadas da educação, e como uma decisão importante é corretamente vinculada a uma manifestação que parece insignificante: esse bom chiste mostra as duas coisas no exemplo da modificação gradativa dos gritos da nobre mulher em trabalho de parto.

[12]

Um outro tipo de representação indireta de que o chiste se serve, a *analogia*, não foi tratado até aqui porque, de um lado, sua análise implica novas dificuldades, e, de outro, ele permitirá reconhecer agora, de maneira particularmente clara, dificuldades que já apareceram em outras ocasiões. Já admitimos anteriormente que em muitos exemplos investigados não conseguimos eliminar a hesitação quanto a saber se deviam mesmo ser contados entre os chistes, e reconhecemos nessa insegurança um considerável abalo nos fundamentos de nossa investigação. Em nenhum outro material, porém, sinto tão forte e frequentemente essa insegurança quanto nos chistes de analogia. A sensação que, muito antes de estar descoberta a característica essencial oculta do chiste, costuma me dizer — e aparentemente costuma dizer também a muitos outros — que ele é um chiste, que pode ser contado como um chiste, abandona-me quando se trata de comparações chistosas. Se, sem refletir muito, trato a comparação como um chiste, um instante depois acredito perceber que o prazer que ela me proporciona é de uma qualidade diferente daquele que costumo sentir com um chiste. E a circunstância de que as comparações chistosas só muito raramente ocasionam uma explosão de riso, tal como acontece com um bom chiste, me impede de afastar a dúvida como costumo fazer, atendo-me aos melhores e mais efetivos exemplos do gênero.

É fácil mostrar que há exemplos de analogias excepcionalmente refinadas e efetivas que não produzem em nós impressão alguma de chiste. A adorável comparação no "Diário de Otília" entre a ternura e o fio vermelho da Marinha inglesa (p. 37) é um deles. Há outro que não me canso de admirar, e cuja impressão não superei, que não posso resistir a apresentar com o mesmo prazer. Trata-se da analogia com que Ferdinand Lassalle encerrou um de seus conhecidos discursos de defesa ("A ciência e os trabalhadores"): "Um homem que dedicou a sua vida ao lema 'a ciência e os trabalhadores', como eu lhes disse, não ficaria mais impressionado com uma eventual condenação por um juiz, que lhe acontecesse ao longo da vida, *do que um químico absorto em seus ex-*

II. A TÉCNICA DO CHISTE

perimentos científicos ficaria com a explosão de uma retorta. Com um leve franzir de sobrancelhas por causa da resistência da matéria, ele continua calmamente suas pesquisas e trabalhos tão logo o aborrecimento tenha sido contornado".

Uma rica seleção de analogias marcantes e chistosas pode ser encontrada nos escritos de Lichtenberg (volume II da edição de Göttingen, 1853); também eu extrairei deles o material para nossa investigação.

"É praticamente impossível carregar a tocha da verdade através de uma multidão sem chamuscar a barba de alguém."

Isso parece bem chistoso, mas, olhando mais de perto, percebe-se que o efeito chistoso não vem da própria comparação, mas de um seu efeito colateral. A "tocha da verdade" não é propriamente uma nova metáfora, mas uma há muito tempo usada e que se tornou uma expressão fixa — como sempre ocorre quando uma comparação é feliz e bem-aceita pela linguagem corrente. Se já quase não notamos a analogia na expressão "tocha da verdade", em Lichtenberg ela readquire toda a sua força original, já que é retrabalhada e dela se extrai uma consequência. Mas essa *retomada de expressões atenuadas em seu significado pleno* é uma técnica do chiste que já conhecemos, e que tem seu lugar no múltiplo uso do mesmo material (pp. 52 ss.). É bem possível que a impressão chistosa causada pela frase de Lichtenberg decorra tão somente de seu apoio nessa técnica do chiste.

A mesma avaliação pode valer também, por certo, para outra comparação chistosa do mesmo autor:

"O sujeito não era decerto um *grande luminar* [*Licht*],

mas um *grande candelabro* [*Leuchter*]... Ele era professor de filosofia."

Chamar um erudito de grande luminar, um *"lumen mundi"*, há muito já não é uma comparação eficaz, tenha tido ou não um efeito chistoso no início. Mas a comparação é revigorada, recupera toda a sua força, quando Lichtenberg lhe acrescenta uma modificação e, desse modo, obtém dela uma segunda analogia. O que parece conter a condição para que seja um chiste é o modo como surgiu a segunda comparação, e não as analogias mesmas. Este seria um caso da mesma técnica do exemplo da tocha.

A seguinte comparação também parece chistosa, mas por outra razão — que, no entanto, deve ser julgada de modo semelhante:

"Vejo as *resenhas* como um novo tipo de *doença infantil*, que acomete ora mais ora menos os recém-nascidos. Há exemplos de crianças muito saudáveis que acabam morrendo disso, e de crianças muito fracas que com frequência sobrevivem. Muitas não contraem a doença. Houve muitas tentativas de preveni-la com *amuletos* como *prefácios* e *dedicatórias*, e até mesmo de *vaciná-la com autocríticas*, mas isso nem sempre ajuda."

A comparação das resenhas com as doenças infantis se baseia somente, a princípio, na contaminação logo após ter visto a luz do mundo. Se até aí ela é chistosa, não consigo decidir. Mas ela é então continuada, e se revela que o destino ulterior dos novos livros pode ser representado no interior da mesma analogia ou por meio de analogias nela baseadas. Esse prosseguimento da comparação é indubitavelmente chistoso, e já sabemos

II. A TÉCNICA DO CHISTE

a qual técnica ele deve isso: é um caso de *unificação*, a produção de uma conexão inesperada. A natureza da unificação não é alterada pelo fato de ela consistir aqui numa adição à primeira analogia.

Numa série de outras comparações somos tentados a deslocar a impressão inequivocamente chistosa para outro fator, que, por seu turno, também não tem em si nada a ver com a natureza da metáfora. Trata-se das comparações que contêm uma síntese surpreendente, com frequência uma unificação que soa absurda, ou que podem ser substituídas por essa unificação como resultado da analogia. A maioria dos exemplos de Lichtenberg pertence a este grupo.

"É uma pena que não se possa ver as entranhas intelectuais dos escritores para descobrir o que eles comeram." "Entranhas intelectuais" é uma atribuição desconcertante e verdadeiramente absurda, que só se explica pela analogia. E se a impressão chistosa dessa comparação se devesse inteiramente ao caráter espantoso dessa combinação? Isso corresponderia a uma técnica do chiste que conhecemos bem, a representação por *absurdo*.

Lichtenberg aplicou a mesma comparação da ingestão de material intelectual com a ingestão de nutrientes físicos a um outro chiste:

"Ele era muito a favor do *estudo em casa* e, portanto, inteiramente favorável à *douta alimentação no estábulo*."

A mesma atribuição absurda ou ao menos surpreendente — que, como começamos a notar, é o verdadeiro veículo do chiste — aparece em outras metáforas do mesmo autor:

"Esse é o *barlavento de minha constituição moral*, aí posso aguentar muitas coisas."

"Todo homem tem também seu *backside moral*, que ele não mostra *sem necessidade* e, tanto quanto possível, mantém coberto pelas *calças do decoro*."

O "backside moral": eis a atribuição surpreendente que aparece como resultado de uma comparação. Mas a ele se segue uma continuação da comparação com um jogo de palavras propriamente dito ("necessidade") e uma segunda e ainda mais inusual combinação ("as calças do decoro"), a qual é talvez chistosa em si mesma, pois as calças, como calças do decoro, tornam-se elas próprias chistosas, por assim dizer. Não devemos nos admirar, então, se temos do todo a impressão de uma analogia muito chistosa; começamos a notar que, em nossa avaliação do chiste, temos uma inclinação generalizada a estender ao todo uma característica que se prende a apenas uma parte dele. As "calças do decoro" lembram, de resto, um verso semelhante e também desconcertante de Heine:

Até que me saltaram todos os botões
das calças da paciência.*

É evidente que estas últimas analogias têm ambas uma característica que não se pode encontrar em todas as imagens boas, isto é, adequadas. Poder-se-ia dizer que elas são em alto grau "degradantes", que juntam uma coisa de

---

*Citação do *Romanzero*, de Heine (livro III, "Hebräische Melodien"); "*Bis mir endlich alle Knöpfe rissen/ An der Hose der Geduld*".

alta categoria, abstrata (o decoro, a paciência), a uma coisa de natureza muito concreta e mesmo de tipo inferior (as calças). Se essa peculiaridade tem algo a ver com o chiste, isso ainda teremos de avaliar em outro contexto. Tentemos analisar aqui um outro exemplo, em que o elemento degradante é particularmente claro. O ajudante de vendedor Weinberl, na farsa de Nestroy intitulada *Einen Jux will er sich machen* (Ele quer fazer uma troça), imaginando-se no futuro como um bem-sucedido comerciante que se lembra de seus tempos de juventude, diz: "Quando, numa conversa amiga, *o gelo for retirado da frente da loja da memória, quando o portal do passado estiver novamente destrancado e a vitrine da imaginação estiver repleta das mercadorias de outrora...*". Trata-se seguramente de analogias entre coisas abstratas e coisas concretas muito comuns, mas o chiste depende — integral ou parcialmente — da circunstância de um ajudante de vendedor se servir dessas comparações, tiradas do âmbito de sua atividade cotidiana. Mas relacionar o elemento abstrato a essas coisas que fazem parte do seu dia a dia é um ato de *unificação*.

Voltemos às analogias de Lichtenberg.

"*As razões* [*Bewegungsgründe*][32] *pelas quais fazemos algo poderiam ser dispostas como os 32 pontos da rosa dos ventos e ter seus nomes arranjados de forma semelhante; por exemplo, pão-pão-glória, ou glória-glória-pão.*"

Como é comum nos chistes de Lichtenberg, também aqui a impressão de algo apropriado, espirituoso e sagaz é tão dominante que confunde o nosso juízo sobre a na-

---

32 Hoje diríamos *Beweggründe*, *Motive* ("motivos").

tureza do elemento chistoso. Se um pouco de chiste se mistura ao excepcional sentido desse aforismo, seremos provavelmente levados a definir o todo como um excelente chiste. Eu ousaria antes afirmar que tudo o que é aqui realmente chistoso vem do estranhamento ante a curiosa combinação "pão-pão-glória". Portanto, uma representação por absurdo constitui o chiste.

Uma combinação curiosa ou atribuição absurda podem ser apresentadas como o resultado de uma comparação.

Lichtenberg: *"Eine zweischläfrige Frau — Ein einschläfriger Kirchenstuhl"* [Uma mulher para dois dormirem — um banco de igreja para um ou que dá sono a um].* Por trás de ambos se oculta a comparação com uma cama; em ambos opera, além da estupefação, também o elemento técnico da alusão, uma vez com o efeito sonífero dos sermões, a outra com o tema inesgotável das relações sexuais.

Achávamos até aqui que a comparação, que nos pareceu chistosa com tanta frequência, devia essa impressão à presença de alguma das técnicas do chiste que conhecemos. Alguns outros exemplos, contudo, parecem finalmente mostrar que uma comparação também pode ser chistosa em si mesma.

Lichtenberg caracterizando certas odes:

"Elas são na poesia aquilo que as obras imortais de Jakob Böhme são na prosa: *uma espécie de piquenique, ao qual o autor traz as palavras e o leitor, o sentido.*"

---

*Os adjetivos *zweischläfrig* e *einschläfrig* se aplicam normalmente a camas: "onde dois dormem (*schlafen*) e "onde um dorme", mas o segundo também pode significar "soporífico".

II. A TÉCNICA DO CHISTE

"Quando *filosofa*, ele lança uma *agradável luz de luar* sobre os objetos, que agrada no conjunto, mas não mostra com clareza um objeto sequer."

Ou então Heine: "*O rosto dela parecia um palimpsesto em que, sob a tinta fresca do escrito monástico de um padre da Igreja, vislumbram-se os versos meio apagados de um antigo poema erótico grego*".

Ou a extensa comparação em "Os banhos de Lucca", com uma forte tendência degradante:

"O *padre católico* mais parece um vendedor envolvido em uma *grande loja*: a Igreja, a grande casa cujo chefe é o papa, lhe dá uma determinada ocupação e, por ela, um determinado salário; ele trabalha com indolência, como todos que não trabalham por conta própria, tem vários colegas e passa facilmente despercebido na grande firma. Só o que lhe importa é o crédito da empresa, e mais ainda a sua sobrevivência, pois em uma eventual falência ele perde o seu meio de vida. O *pastor protestante*, em contrapartida, é em tudo o seu próprio chefe, e administra o negócio religioso por sua própria conta. Ele não tem uma grande loja, como seu colega de profissão católico, mas sim uma *pequena lojinha*; e, como ele tem de sobreviver por conta própria, não pode ser indolente. Ele tem de fazer propaganda de seus artigos de fé, rebaixar os artigos dos concorrentes e, como um autêntico comerciante de pequeno porte, ficar o tempo todo na loja, cheio de inveja das grandes casas, em particular da grande empresa em Roma, com seus milhares de guarda-livros e empacotadores, e suas fábricas nos quatro cantos do mundo."

Em vista desse exemplo, bem como de muitos outros, não mais podemos excluir a hipótese de que uma comparação pode também ser chistosa em si mesma, sem que essa impressão tenha de ser relacionada a uma combinação com alguma das conhecidas técnicas do chiste. Escapa-nos inteiramente, porém, o que determina o caráter chistoso da analogia, já que isso certamente não está ligado à própria analogia como forma de expressão do pensamento ou à operação de comparação. Não temos outra coisa a fazer senão colocar a analogia entre as espécies de "representação indireta" de que se serve a técnica do chiste; e temos de deixar sem solução o problema que na analogia nos apareceu mais claramente do que nos recursos do chiste tratados anteriormente. Deve haver alguma razão especial, em todo caso, para que a decisão sobre tratar-se ou não de um chiste seja mais difícil na analogia do que em outras formas de expressão.

Entendemos, no entanto, que essa lacuna não é razão suficiente para acusar esta nossa primeira investigação de ter corrido em vão. Na conexão íntima que precisávamos estar prontos para estabelecer entre as diversas propriedades do chiste, teria sido temerário esperar que pudéssemos resolver inteiramente um lado do problema antes de ter passado os olhos pelo outro. De qualquer modo, teremos de atacar o problema em outra parte.

Estamos seguros de que nenhuma das possíveis técnicas do chiste escapou à nossa investigação? Certamente não, mas podemos nos persuadir de que, no

II. A TÉCNICA DO CHISTE

contínuo exame de novos materiais, travamos conhecimento com os mais frequentes e importantes recursos técnicos envolvidos no trabalho do chiste, ou ao menos o tanto que era necessário para formular um juízo sobre a natureza desse processo psíquico. Tal juízo não está ainda formulado; em compensação, conseguimos obter uma importante indicação da direção da qual podemos esperar um maior esclarecimento do problema. Os interessantes processos da condensação com formação substitutiva, que reconhecemos como o núcleo da técnica do chiste verbal, nos conduziram à formação dos sonhos, em cujo mecanismo se revelam os mesmos processos psíquicos. Mas é justamente essa a direção apontada pelas técnicas do chiste intelectual, o deslocamento, o erro de raciocínio, o absurdo, a representação indireta, a representação pelo oposto, que reaparecem todas no trabalho onírico. O deslocamento é responsável no sonho por aquela estranha aparência que nos impede de reconhecer nele a continuação de nossos pensamentos da vigília; o uso do contrassenso e do absurdo no sonho custou-lhes a dignidade de um produto psíquico e levou os especialistas a supor que as condições de formação do sonho seriam a desintegração das atividades mentais, a suspensão da crítica, da moral e da lógica. A representação pelo oposto é tão utilizada no sonho que mesmo os livros populares sobre o assunto, inteiramente equivocados, costumam contar com ela; a representação indireta — a substituição do pensamento do sonho por uma alusão, por algo pequeno, por um simbolismo análogo à metáfora — é justamente o que distingue o modo de expressão do sonho do nosso pensar acordado.³³ Uma concordância tão grande quanto essa entre os recursos do trabalho chistoso e do trabalho onírico não pode ser fortuita. Demonstrar essa concordância detalhadamente e investigar seus fundamentos constituirá uma de nossas próximas tarefas.

---

33 Cf. minha *Interpretação dos sonhos*, seção VI, "O trabalho do sonho".

III. AS TENDÊNCIAS DO CHISTE

[1]

Enquanto registrava, no final do último capítulo, a comparação feita por Heine entre o sacerdote católico e o funcionário de uma grande loja, e entre o sacerdote protestante e o pequeno comerciante independente, eu sentia uma inibição me dizendo para não empregar essa analogia. Eu me dizia que entre os meus leitores se achariam provavelmente alguns para os quais não somente a religião, mas também a sua administração e o seu pessoal são respeitáveis; esses leitores se sentiriam chocados e entrariam num estado emocional que lhes roubaria todo o interesse em saber se a comparação é chistosa em si mesma ou apenas em função de alguns acréscimos. Em outras analogias — como, por exemplo, naquela vizinha, sobre a agradável luz da lua lançada pela filosofia sobre os objetos — essa influência sobre uma parte dos leitores, prejudicial à investigação, não seria preocupante. O mais devoto dos homens permaneceria em condições de formular um juízo sobre o nosso problema.

É fácil adivinhar a característica do chiste à qual está ligada a diversidade das reações produzidas por ele sobre seus ouvintes. Às vezes o chiste tem um fim próprio e não serve a nenhuma outra intenção, outras vezes ele se coloca a serviço dessa outra intenção; ele se torna *tendencioso*. Somente o chiste que tem uma tendência corre o risco de encontrar pessoas que não querem ouvi-lo.

O chiste não tendencioso é designado por T. Vischer como "abstrato"; eu prefiro denominá-lo "inofensivo".

Como distinguimos anteriormente os chistes, quanto ao material usado por sua técnica, em chistes verbais e intelectuais, temos a obrigação de encontrar a relação entre essa divisão e a que acabamos de introduzir. Chistes verbais e intelectuais, de um lado, e chistes abstratos e tendenciosos, de outro lado, não têm entre si uma relação de influência recíproca; trata-se de duas divisões da produção chistosa que são completamente independentes uma da outra. Alguém pode ter tido talvez a impressão de que os chistes inofensivos são predominantemente verbais, ao passo que as técnicas complicadas dos chistes intelectuais seriam, na maioria dos casos, colocadas a serviço de tendências fortes; mas, embora haja chistes inofensivos que trabalham com jogos de palavras e semelhanças sonoras, há outros, igualmente inofensivos, que se servem de todos os recursos dos chistes intelectuais. E não é menos fácil mostrar que o chiste tendencioso pode ser utilizado, no que diz respeito à técnica, como um simples chiste verbal. Os chistes que "jogam" com nomes próprios, por exemplo, muitas vezes tendem a ferir, ofender, e evidentemente são chistes verbais. Os mais inofensivos de todos os chistes, no entanto, são também chistes verbais — como, por exemplo, as *Schüttelreime** atualmente em voga, nas quais a técnica é constituída pelo uso múltiplo do mesmo material com uma modificação bastante própria:

---

*Rimas em que há troca de consoantes, como entre *Menge hatte* e *Hängematte*, no exemplo.

III. AS TENDÊNCIAS DO CHISTE

Und weil er Geld in Menge *hatte,*
lag stets er in der Hänge*matte.*
[E como ele tinha dinheiro à beça,
estava sempre deitado na rede.]

Ninguém pensará em negar, espero, que o prazer que temos nesse tipo de rima — que de resto não tem pretensão alguma — é o mesmo que nos permite reconhecer um chiste como chiste.

Bons exemplos de chistes intelectuais abstratos ou inofensivos estão fartamente presentes nas analogias de Lichtenberg, algumas das quais já pudemos conhecer. Incluo aqui mais algumas:

"Eles tinham enviado um pequeno volume em oitavo a Göttingen e receberam de volta um robusto quarto em corpo e alma."*

"Para construir esse edifício de maneira apropriada é preciso, antes de tudo, estabelecer uma boa fundação, e não conheço nenhuma mais firme do que, para cada camada pró, *colocar uma camada* contra.*"*

"Um indivíduo gera o pensamento, outro o ergue da pia batismal, o terceiro tem filhos com ele, o quarto o visita no leito de morte, e o quinto o enterra" (Metáfora com unificação).

"Ele não apenas não acreditava em fantasmas, como nem sequer tinha medo deles." O chiste reside aqui exclusivamente na forma absurda da representação,

---

*Referência a formatos de livros: *Octavbändchen* e *Quartant*; sendo que esta talvez aluda também a *Quartaner*, estudante do quarto ano.

que estabelece uma comparação positiva entre o que costuma ser pouco valorizado e o que é tido como mais importante. Se dispenssássemos essa roupagem chistosa, ele seria assim: é muito mais fácil vencer o medo dos fantasmas no pensamento do que escapar dele quando vem a ocasião. Isto já não é chistoso, mas é uma observação psicológica muito correta e pouco valorizada, à qual, aliás, Lessing dá expressão nas conhecidas palavras:

> Nem todos os que zombam de suas correntes são livres.

Aproveitarei a ocasião que aqui se oferece para afastar um mal-entendido que sempre pode ocorrer. Dizer que um chiste é "inofensivo" ou "abstrato" nunca deve significar que ele é "sem conteúdo", mas apenas designar o contraste com os chistes "tendenciosos", de que falaremos adiante. Como mostra o exemplo acima, um chiste inofensivo, isto é, sem tendência, também pode ser pleno de conteúdo e exprimir algo de grande valia. O conteúdo do chiste, porém, é dele independente; é o conteúdo do pensamento, aqui expresso, graças a um arranjo peculiar, de maneira chistosa. Com efeito, assim como os relojoeiros costumam dotar seus melhores mecanismos de caixas valiosas, também pode acontecer que, no caso do chiste, as melhores produções sirvam justamente para vestir os pensamentos mais substanciais.

Se prestarmos agora bastante atenção na diferença, nos chistes intelectuais, entre o conteúdo do pensamen-

III. AS TENDÊNCIAS DO CHISTE

to e a roupagem chistosa, chegamos a uma descoberta que ajuda a entender muito da insegurança que sentimos ao julgar os chistes. Pois torna-se claro, o que é surpreendente, que o nosso prazer com um chiste resulta da impressão somada que seu conteúdo e sua forma produzem sobre nós, e que nos deixamos enganar pelo predomínio de um fator em detrimento do outro. Somente a redução do chiste nos permite afastar o equívoco de julgamento.

O mesmo acontece nos chistes verbais. Quando ouvimos que "a vivência consiste em vivenciar aquilo que não pretendíamos vivenciar", ficamos estupefatos, acreditamos perceber uma nova verdade, e demora alguns instantes até que reconheçamos nessa roupagem a obviedade de que "aprendemos com nossos tombos" (K. Fischer). A excelente estratégia do chiste, de definir a "vivência" quase que exclusivamente com o emprego da palavra "vivenciar", nos confunde tanto que superestimamos o conteúdo da frase. O mesmo acontece conosco no chiste de unificação de Lichtenberg sobre "janeiro" (p. 96), que não nos diz nada além do que já sabemos: que os votos de ano-novo são realizados tanto quanto outros desejos, e em tantos casos parecidos.

Verificamos o contrário em outros chistes, em que a acuidade e a correção do pensamento nos capturam de tal modo que denominamos a sua formulação um chiste brilhante, sendo que somente o pensamento é brilhante, e o feito chistoso é muitas vezes fraco. Nos próprios chistes de Lichtenberg, o pensamento nuclear é com frequência bem mais valioso que a roupagem chistosa

— à qual, a princípio, estendemos injustificadamente a estimação daquele. Assim, por exemplo, a observação sobre a "tocha da verdade" (p. 119) é uma comparação que mal chega a ser um chiste, mas é tão boa que gostaríamos de ressaltá-la como particularmente chistosa.

Os chistes de Lichtenberg são excelentes sobretudo por seu conteúdo conceitual e pela precisão com que atingem o alvo. Goethe afirmou sobre esse autor, com razão, que as suas tão chistosas e divertidas tiradas apontam para problemas que se encontravam ocultos, ou, melhor dizendo, roçam a solução desses problemas. Quando, por exemplo, escreve como tirada chistosa que "ele sempre lia *Agamenon* em vez de *angenommen* ("suposto"), de tanto que havia lido Homero" (tecnicamente: tolice + semelhança sonora das palavras), Lichtenberg descobre nada menos que o segredo do lapso de leitura.[34] É semelhante o seguinte chiste, cuja técnica nos pareceu bastante insatisfatória (p. 87):

"*Ele se admirava de que os gatos tenham dois buracos, na pelagem, exatamente no lugar onde ficam os olhos.*" A tolice aqui exposta é apenas aparente; na verdade, oculta-se por trás dessa observação ingênua o grande problema da teleologia na anatomia animal: não era nem um pouco óbvio que a fissura das pálpebras devesse abrir-se ali onde a córnea é exposta, até que a teoria da evolução nos explicasse essa coincidência.

Retenhamos na memória que recebemos de uma formulação chistosa uma impressão total, em que não

---

34 Cf. minha *Psicopatologia da vida cotidiana*, 1904.

III. AS TENDÊNCIAS DO CHISTE

somos capazes de separar a parte do conteúdo conceitual da parte do trabalho do chiste; talvez se encontre mais tarde, quanto a isso, um paralelo ainda mais significativo.

[2]

Para a nossa compreensão teórica da natureza do chiste, os chistes inofensivos devem ser mais importantes que os tendenciosos, e os chistes sem muito conteúdo, mais importantes que os intelectualmente profundos. Os jogos de palavras inofensivos e sem muito conteúdo poderão talvez apresentar-nos o problema do chiste em sua forma mais pura, pois escapamos neles do perigo de ser confundidos pela tendência ou de ter o juízo enganado por sua qualidade intelectual. O nosso conhecimento poderá fazer um novo progresso com esse material.

Escolhi um exemplo de chiste verbal o mais inofensivo possível:

"Enquanto ainda está se vestindo, uma moça é avisada da chegada de um visitante e se queixa: 'Ah, que pena a gente não poder se mostrar justamente quando se está *mais atraente*! [*am anziehendsten*]."[35]

No entanto, como tenho dúvidas em relação a poder apresentar esse chiste como não tendencioso, irei substituí-lo por outro, adoravelmente ingênuo, que não deveria suscitar tais objeções.

---

35 R. Kleinpaul. *Die Rätsel der Sprache* [Os enigmas da linguagem], 1890. [Jogo de palavras com *anziehen*, que pode significar tanto "vestir" como "atrair".]

"Numa casa onde estou como convidado, é servida, ao final da refeição, uma sobremesa chamada *roulade*, cuja preparação exige certo talento por parte da cozinheira. 'Feita em casa?', pergunta um dos convidados. E o dono da casa responde: 'Sim, claro, é uma *home--roulade*' [*Home Rule*: governo autônomo]."

Desta vez não vamos investigar a técnica do chiste, mas queremos dirigir nossa atenção a outro aspecto, aliás o mais importante. Escutar esse chiste improvisado proporcionou prazer aos presentes — disso me lembro bem — e nos fez rir. Como em incontáveis outros casos, também nesse a sensação de prazer dos ouvintes não pode ser derivada nem da tendência do chiste nem do seu conteúdo conceitual; nada resta a fazer senão relacionar essa sensação de prazer à técnica do chiste. Os recursos técnicos do chiste que descrevemos anteriormente — condensação, deslocamento, representação indireta etc. — têm a capacidade, portanto, de despertar no ouvinte uma sensação de prazer, embora não possamos compreender ainda de onde vem essa capacidade. E com essa facilidade chegamos à segunda proposição para elucidar o chiste. A primeira dizia que a natureza do chiste se prende à forma de expressão (p. 29). Notemos ainda que, a rigor, a segunda proposição não nos ensina nada de novo. Ela apenas isola o que já estava contido em uma experiência que fizemos anteriormente. Lembramo-nos, com efeito, de que, quando conseguíamos reduzir o chiste, isto é, substituir a sua expressão por outra, cuidando de conservar o seu significado, não suprimíamos so-

III. AS TENDÊNCIAS DO CHISTE

mente a sua natureza de chiste, mas também o efeito de riso, portanto o prazer com o chiste.

Não podemos prosseguir aqui sem antes nos colocarmos em diálogo com as nossas autoridades filosóficas.

Os filósofos, que contam o chiste como parte do cômico, e tratam o próprio cômico na estética, veem como o elemento característico da representação estética a circunstância de que nela não esperamos nada das coisas, não queremos nada com elas, não as utilizamos para satisfazer uma de nossas maiores necessidades vitais, mas sentimos prazer em sua contemplação e na fruição da representação. "Essa fruição, esse modo de representar, é a fruição estética pura, que se baseia em si mesma, tem seu fim em si mesma e não preenche nenhum outro fim vital" (K. Fischer, p. 68).

Ora, quando salientamos que a atividade chistosa não pode ser dita sem finalidade ou sem meta, visto que se coloca a meta evidente de despertar prazer no ouvinte, não entramos em contradição com essas palavras de K. Fischer — quando muito, traduzimos as suas ideias para o nosso modo de exprimi-las. Tenho dúvidas quanto a se somos capazes de empreender algo em que uma intenção não seja levada em conta. Se não empregamos nosso aparato psíquico diretamente para satisfazer uma das mais indispensáveis necessidades, deixamos que ele próprio trabalhe em busca do prazer, tentamos extrair prazer de sua própria atividade. Desconfio que essa é a condição principal para toda representação estética, mas entendo muito pouco de estética para desenvolver essa proposição; sobre o chiste, contudo, posso afirmar, com base nas duas descobertas recém-feitas, que é uma atividade voltada a tirar prazer dos procedimentos psíquicos — intelectuais ou outros. Há certamente outras atividades que visam o mesmo. Talvez elas se diferenciem em função do domínio da atividade psíquica onde buscam encontrar prazer, talvez em função do método de que se servem para tal. Isso é algo que não podemos decidir no momento; mas acreditamos firmemente que a técnica do chiste e a sua tendência à parcimônia, que a governa parcialmente (pp. 64 ss.), ficaram relacionadas com a produção de prazer.

Antes, no entanto, de passar à solução do enigma sobre como os meios técnicos do trabalho chistoso despertam prazer no ouvinte, lembremo-nos de que, para fins de simplificação e maior transparência, deixamos os chistes tendenciosos inteiramente de lado. Precisamos tentar explicar, contudo, quais são as tendências desse tipo de chiste e de que modo as emprega.

Há uma observação, sobretudo, que nos sugere não deixar o chiste tendencioso de lado na investigação da origem do prazer no chiste: o efeito prazeroso do chiste inofensivo é, na maioria dos casos, moderado; uma clara satisfação, um leve riso, é, em geral, tudo o que ele consegue despertar no ouvinte, e esse efeito ainda deve ser atribuído em parte ao seu conteúdo conceitual, como notamos nos exemplos apropriados (p. 131). O chiste não tendencioso quase nunca ocasiona aquela súbita explosão de riso que faz com que o tendencioso seja tão irresistível. Como a técnica de ambos pode ser a mesma, surge em nós a suspeita de que, graças à sua tendência, o chiste tendencioso deve ter à disposição fontes de prazer a que o chiste inofensivo não tem acesso.

Torna-se fácil, agora, ter uma visão de conjunto das tendências do chiste. Quando o chiste não é seu próprio fim, isto é, não é inofensivo, ele se coloca a serviço de duas tendências apenas, as quais podem ser unificadas sob um mesmo ponto de vista; ou ele é um chiste *hostil* (que serve à agressão, sátira, defesa), ou um chiste *obsceno* (servindo ao desnudamento). Desde logo é preciso observar novamente que o tipo de técnica do chiste — se verbal ou intelectual — não tem relação com essas duas tendências.

Precisaremos de mais tempo, contudo, para estabelecer o modo pelo qual o chiste se serve dessas tendências. Nesta investigação, eu não gostaria de começar pelo chiste hostil, mas sim pelo de desnudamento. Este foi, com efeito, muito pouco estudado, como se a repugnância com o assunto se transferisse da matéria à forma; mas não nos deixemos sair do rumo por isso, pois estamos para topar com um caso-limite do chiste que nos promete lançar luz sobre mais de um ponto obscuro.

Todos sabem o que é uma "piada de baixo calão": fatos e circunstâncias sexuais são intencionalmente salientados na fala. Mas essa definição não é mais forte do que outras. Uma conferência sobre a anatomia dos órgãos sexuais ou a fisiologia da reprodução não tem, a despeito dessa definição, nenhum traço de proximidade com a piada de baixo calão. Também é característico desse tipo de piada referir-se a determinada pessoa pela qual quem fala sente atração sexual, de modo que o ouvinte tome conhecimento dessa atração e se sinta ele próprio sexualmente atraído. Em vez de atração, também se pode sentir vergonha ou constrangimento, o que é apenas uma reação contra a atração e, assim, um modo indireto de admiti-la. A piada de baixo calão é, portanto, originalmente dirigida às mulheres, e equivale a uma tentativa de sedução. Se, pois, um homem sente prazer em contar e ouvir piadas de baixo calão na companhia de outros homens, ele imagina com isso a situação original que já não pode ser concretizada em virtude dos obstáculos sociais. Quem ri da piada ri como o espectador de uma agressão sexual.

O elemento sexual que constitui o conteúdo da piada de baixo calão compreende mais do que aquilo que é peculiar a cada sexo: além disso, ele compreende aquilo que é comum aos dois sexos e que desperta vergonha, ou seja, tudo aquilo que diz respeito ao excremento. Mas este é o âmbito do sexual na infância, em que predomina a representação da cloaca, onde o sexual e o excrementício mal se diferenciam, ou nem isso.[36] Em todo o terreno da psicologia das neuroses, o sexual ainda inclui o excrementício e é compreendido no sentido antigo, infantil.

A piada de baixo calão é como um desnudamento da pessoa sexualmente diferente à qual se dirige. Ao expressar as palavras obscenas, ela força a pessoa atacada a imaginar a parte do corpo ou o ato mencionados no chiste e lhe mostra que o próprio atacante o está imagi-

---

36 Vejam-se os meus *Três ensaios sobre a teoria da sexualidade*, publicados simultaneamente a esta obra [1905].

nando. Não há dúvida de que o prazer de ver o sexual desnudo é o motivo original da piada de baixo calão.

Retornar aos fundamentos só pode ajudar a esclarecer as coisas. A inclinação de ver desnudado o que é peculiar a cada sexo é um dos componentes originais de nossa libido. Ela já é talvez uma substituição, remonta a um prazer que se deve supor como primário, o de tocar o que é sexual. Como costuma ocorrer, também aqui o olhar substituiu o toque.[37] A libido do olhar ou do toque se apresenta de dois modos em cada um de nós — ativa e passiva, masculina e feminina — e se desenvolve mais em uma ou outra direção, a depender de qual caráter sexual é predominante. Nas crianças pequenas, pode-se facilmente observar a inclinação ao autodesnudamento. Quando o germe dessa inclinação não teve o habitual destino do soterramento e supressão, ela se torna em homens adultos a perversão conhecida como impulso ao exibicionismo. Nas mulheres, a inclinação à exibição passiva é quase sempre eclipsada pela poderosa ação reativa do pudor sexual, mas não sem que lhe seja mantida uma válvula de escape nas vestimentas. Só preciso mencionar como é flexível e variável, segundo as convenções e circunstâncias, a medida de exibição permitida às mulheres.

Nos homens, um elevado grau dessa inclinação permanece como parte de sua libido e serve como introdução ao ato sexual. Se essa inclinação se faz valer na pri-

---

37 O instinto de contretação, de Moll (*Untersuchungen über die Libido sexualis* [Investigações sobre a libido sexual], 1898).

meira aproximação a uma mulher, tem de utilizar a fala por dois motivos. Em primeiro lugar para mostrar-se à mulher, e em segundo porque, ao despertar a representação pela fala, coloca a própria mulher na excitação correspondente e pode despertar nela a inclinação à exibição passiva. Essa fala cortejadora não chega a ser uma piada de baixo calão, mas vai na direção dela. Se, com efeito, a disponibilidade da mulher se mostra rapidamente, a fala obscena tem vida curta e logo se passa à ação sexual. É diferente quando não se pode contar com a rápida disponibilidade da mulher, entrando em seu lugar uma reação defensiva. Nesse caso o discurso excitante se torna, como piada de baixo calão, um fim em si mesmo; como a agressividade sexual é contida em sua progressão até o ato, ela se limita a evocar a excitação e extrai prazer dos seus sinais na mulher. Com isso, a agressividade também muda seu caráter, assim como todo impulso libidinoso quando encontra um obstáculo diante de si; ela se torna diretamente hostil e cruel, pede ajuda aos componentes sádicos do instinto sexual contra o obstáculo.

A intransigência da mulher é, portanto, a primeira condição para a formação da piada de baixo calão, ainda que pareça significar apenas um adiamento e indique que novos esforços serão em vão. O caso ideal desse tipo de resistência na mulher se verifica quando ao mesmo tempo está presente um outro homem, um terceiro, pois então está praticamente excluída a possibilidade de a mulher entregar-se de imediato. Esse terceiro logo adquire grande importância para o desenvolvimento da piada de baixo calão; mas não se deve ignorar, de

III. AS TENDÊNCIAS DO CHISTE

início, a presença da mulher. Entre o povo do interior ou nas tavernas frequentadas por gente simples, pode-se observar que, assim que a garçonete ou a dona da taverna aparece, a piada de baixo calão entra em cena; em classes sociais mais elevadas, acontece o contrário: a presença de uma pessoa do sexo feminino põe fim às piadas de baixo calão; os homens se poupam desse tipo de conversação, que pressupõe originalmente uma mulher que se sente envergonhada, e a guardam para quando estiverem "entre si". Assim, a instância à qual a piada de baixo calão se dirige passa gradativamente a ser, em vez da mulher, o espectador, agora o ouvinte, e por meio dessa transformação ela já se aproxima da natureza do chiste.

Dois fatores poderão demandar agora a nossa atenção: o papel do terceiro, o espectador, e as condições relativas ao conteúdo da própria piada de baixo calão.

O chiste tendencioso precisa, em geral, de três pessoas: além daquela que conta o chiste, uma segunda que é tomada como alvo da agressividade hostil ou sexual e uma terceira em que se cumpra a intenção de o chiste despertar o prazer. Adiante teremos de investigar as razões mais profundas para isso; atenhamo-nos por ora ao fato, que aí já se mostra, de que quem frui o efeito prazeroso do chiste não é quem o conta, mas quem dele ri, o ouvinte passivo. Na piada de baixo calão as três pessoas se encontram na mesma relação. Pode-se descrever as coisas do seguinte modo: tão logo o impulso libidinoso da primeira pessoa tem a satisfação inibida pela mulher, ela desenvolve uma tendência hostil contra esta segunda e chama a terceira, que a princípio a estava perturbando, para aliar-se a ela. Com as palavras de baixo calão da primeira pessoa, a mulher é desnudada perante a terceira, que, agora como ouvinte, é subornada pela satisfação fácil de sua própria libido.

É curioso notar como essas trocas de piadas de baixo calão são tão estimadas entre o povo comum e nunca falham em elevar o humor. Também é digno de nota, contudo, que nesse complicado processo, que traz em si tantas características do chiste tendencioso, não se exija da própria piada de baixo calão nenhuma das condições formais que caracterizam o chiste. Falar sobre a nudez desvelada proporciona prazer à primeira pessoa e leva a terceira ao riso.

É somente quando subimos até a sociedade mais cultivada que a condição formal do chiste entra em cena. A piada de baixo calão se torna chistosa e somente assim é tolerada. O recurso técnico de que ela em geral se serve é a alusão, isto é, a substituição por algo pequeno, que se acha remotamente vinculado e que o ouvinte reconstrói, pela imaginação, em sua plena e direta obscenidade. Quanto maior a discrepância entre o que é dado diretamente na piada e o que é necessariamente despertado por ela no ouvinte, mais fino se torna o chiste e também mais alto pode subir na boa sociedade. Além da alusão, seja ela rude ou fina, todos os demais recursos dos chistes verbais e intelectuais estão à disposição das piadas chistosas de baixo calão, como se pode facilmente mostrar em exemplos.

Aqui se torna finalmente compreensível o que o

III. AS TENDÊNCIAS DO CHISTE

chiste faz a serviço de sua tendência. Ele possibilita a satisfação de um instinto (lascivo e hostil) ante um obstáculo que se acha em seu caminho, desviando-se dele e assim criando prazer a partir de uma fonte de prazer que se tornara inacessível por causa desse obstáculo. O obstáculo no caminho não é outra coisa senão a incapacidade da mulher, tão maior quanto mais elevadas a formação e a classe social, de suportar o que é francamente sexual. A mulher concebida como presente na situação inicial é simplesmente mantida como se estivesse presente ou, mesmo em sua ausência, continua a exercer um efeito intimidador sobre os homens. Pode-se observar como os homens de classes mais altas são levados, na companhia de moças de classes inferiores, a rebaixar as piadas chistosas a piadas vulgares de baixo calão.

Ao poder que dificulta ou impossibilita à mulher, e em menor medida também ao homem, fruir a franca obscenidade, chamamos "repressão", e reconhecemos nele o mesmo processo psíquico que, em doenças graves, mantém distantes da consciência complexos emocionais inteiros e seus derivados, e que se revelou como um fator principal de causação nas chamadas neuroses psíquicas. Atribuímos à cultura refinada e à elevada educação uma grande influência no desenvolvimento da repressão e supomos que, sob essas condições, se produz uma modificação da organização psíquica que também pode surgir como predisposição herdada, em consequência da qual aquilo que normalmente seria sentido como agradável aparece agora como desagradável e é rejeitado com todas as forças psíquicas. O trabalho de repressão da cultura faz com que se percam possibilidades primárias de prazer, agora repudiadas em nós pela censura. Para a psique humana, porém, toda renúncia é muito difícil, e por isso achamos que o chiste tendencioso fornece um meio de reverter a renúncia e readquirir o que se perdeu. Quando rimos de um chiste obsceno fino, rimos da mesma coisa que leva o camponês a rir da rude piada de baixo calão; o prazer se origina nos dois casos da mesma fonte; mas não conseguiríamos rir da piada grosseira — nos envergonharíamos ou ela nos pareceria asquerosa; somente rimos quando o chiste nos presta seu auxílio.

Parece confirmar-se para nós, portanto, aquilo de que suspeitávamos no início: que o chiste tendencioso tem acesso a mais fontes do prazer do que o inofensivo, em que todo prazer está de algum modo ligado à técnica do chiste. Podemos também enfatizar novamente que no chiste tendencioso não estamos em condições de distinguir, pela nossa sensação, qual parte do prazer tem sua fonte na técnica, e qual na tendência. *Rigorosamente falando, portanto, não sabemos do que rimos*. Em todos os chistes obscenos, estamos sujeitos a grandes equívocos de julgamento no que diz respeito ao que é "bom" no chiste, enquanto isso depende de condições formais; a técnica desses chistes é com frequência bem pobre, e o resultado, em termos de riso, é enorme.

[3]
Investigaremos agora se o papel do chiste que serve à tendência *hostil* é o mesmo.

III. AS TENDÊNCIAS DO CHISTE

A princípio, topamos aqui com as mesmas condições. Os impulsos hostis contra nosso próximo estão submetidos desde a nossa infância individual, como desde a infância da civilização humana, às mesmas limitações e à mesma repressão crescente de nossos anseios sexuais. Ainda não chegamos ao ponto de conseguir amar nossos inimigos ou oferecer-lhes a face esquerda após ter a direita golpeada; aliás, todos os preceitos morais que restringem a ação do ódio trazem em si, ainda hoje, os mais claros sinais de que originalmente deviam valer para uma pequena sociedade de membros da mesma tribo. Assim como podemos nos sentir todos como pertencentes a um mesmo povo, permitimo-nos desconsiderar a maioria dessas limitações frente a um povo estranho. Mas no interior de nosso próprio círculo fizemos progressos no controle das emoções hostis. Como Lichtenberg exprime dramaticamente: "Onde alguém hoje diz 'desculpe-me', alguém recebia outrora um soco na orelha". A hostilidade violenta, proibida por lei, foi substituída pela invectiva em palavras, e um maior conhecimento da cadeia das emoções humanas nos rouba cada vez mais, por meio do seu coerente *"Tout comprendre c'est tout pardonner"* [Compreender tudo é perdoar tudo], a capacidade de odiar o próximo que obstrui nosso caminho. Dotados desde a infância de fortes disposições à violência, aprendemos com o cultivo pessoal mais elevado que é indigno utilizar xingamentos, e, mesmo onde a luta em si permanece permitida, o número de coisas que não podem ser empregadas como meios de luta aumentou extraordinariamente. Desde o momento em que precisamos evitar a expressão da hostilidade em ato — impedidos pela presença do terceiro desapaixonado, em cujo interesse está a preservação da segurança pessoal — desenvolvemos, à semelhança do que acontece com a agressividade sexual, uma nova técnica de insulto que visa colocar esse terceiro contra o nosso inimigo. Ao fazer deste uma pessoa pequena, inferior, desprezível, cômica, obtemos, por uma via indireta, a satisfação de sobrepujá-lo — algo que o terceiro, que não fez nenhum esforço, confirma com seu riso.

Estamos preparados, agora, para tratar do papel do chiste na agressividade hostil. O chiste nos permitirá constatar algo de ridículo no inimigo, que antes, devido a obstáculos em nosso caminho, não podíamos expressar aberta ou conscientemente; assim, ele novamente *contornará limitações e abrirá fontes de prazer que se tornaram inacessíveis*. Além disso, incentivará o ouvinte, pelo seu ganho de prazer, a tomar nosso partido sem maiores reflexões — tal como tantas vezes nós mesmos, incentivados por um chiste inofensivo, costumamos superestimar o conteúdo do que é dito no chiste. "Trazer os que estão rindo para o nosso lado", diz uma expressão extremamente precisa de nossa língua.

Tomemos, por exemplo, os chistes do sr. N. espalhados por nosso último capítulo. Todos eles são insultos. É como se o sr. N. quisesse falar em alto e bom som: "Mas esse ministro da agricultura é ele próprio um asno!". "Não me falem do ***, ele transborda vaidade!" "Jamais li nada mais chato do que os escritos desse historiador sobre Napoleão na Áustria!" Mas a

III. AS TENDÊNCIAS DO CHISTE

elevada posição de sua pessoa não lhe permite formular os seus juízos dessa forma. Por isso ele busca a ajuda dos chistes, que lhe asseguram uma recepção junto ao ouvinte que, apesar de seu possível conteúdo verdadeiro, ele jamais teria encontrado por meio de uma forma não chistosa. Um desses chistes é particularmente instrutivo, e talvez o mais convincente de todos: aquele do *"roter Fadian"*. O que nos leva ao riso e nos impede de perguntar se o pobre escritor não estaria sendo vítima de uma injustiça? Por certo a forma chistosa, ou seja, o chiste. Mas do que rimos nele? Sem dúvida da pessoa que nos é apresentada como *"roter Fadian"*, em especial da cor vermelha de seu cabelo. Rir de deformações corporais é um hábito que a pessoa culta deixou de lado, e o cabelo ruivo não estaria para ela entre as deformações mais risíveis. Mas continua a valer como tal entre rapazes em idade escolar e entre o povo vulgar, e mesmo no nível educacional de certos representantes comunais e parlamentares. E esse chiste do sr. N. permitiu agora, da maneira mais refinada, que nós, gente adulta e de sentimentos apurados, ríssemos como garotos do cabelo ruivo do historiador X. Não era essa, seguramente, a intenção do sr. N., mas é muito duvidoso que alguém que dá livre curso à sua espirituosidade conheça a exata intenção desta.

Se nesses casos o obstáculo à agressão que o chiste ajudou a contornar foi interno — a objeção estética ao insulto —, outras vezes ele pode ser de natureza puramente externa. É o caso do exemplo em que o Sereníssimo pergunta ao desconhecido, cuja semelhança à sua própria pessoa lhe chamou a atenção, se "por acaso sua mãe já serviu no palácio", recebendo de bate-pronto a resposta de que "não, foi meu pai". O inquirido gostaria por certo de golpear e derrubar o insolente que ousa sujar a memória de sua mãe com tais insinuações; mas o insolente é o Sereníssimo, alguém que não se pode derrotar, nem sequer insultar, se não se quiser pagar essa vingança com a própria existência. Ele teria, então, de engolir o insulto em silêncio; por sorte, contudo, o chiste lhe mostrou o caminho para retribuí-lo sem correr riscos, utilizando o meio técnico da unificação para tomar a alusão e dirigi-la contra o agressor. A impressão do chiste é aqui tão determinada pela tendência que, em face da resposta chistosa, tendemos a esquecer que a própria pergunta do agressor era chistosa por meio da alusão.

O impedimento do insulto ou da resposta insultuosa por circunstâncias externas é um caso tão frequente que o chiste tendencioso é utilizado com peculiar apreço para possibilitar a agressão ou a crítica contra pessoas hierarquicamente superiores que pretendem fazer uso de sua autoridade. O chiste representa então uma rebelião contra essa autoridade, uma libertação da pressão por ela exercida. Nesse aspecto reside também o atrativo das caricaturas, de que rimos, mesmo quando são malfeitas, simplesmente porque vemos como mérito a rebelião contra a autoridade.

Se temos em mente que o chiste tendencioso é tão apropriado para o ataque ao que é grande, nobre e poderoso — protegido do franco menosprezo por inibições internas ou circunstâncias externas —, somos

III. AS TENDÊNCIAS DO CHISTE

levados a formar uma peculiar concepção de certos grupos de chistes que parecem lidar com pessoas inferiores e sem poder. Refiro-me às histórias de casamenteiros, das quais conhecemos algumas ao investigar as diversas técnicas do chiste intelectual. Em algumas delas — tal como, por exemplo, nos casos do "ela também é surda" e do "quem emprestaria algo a essa gente?" — rimos do casamenteiro como alguém descuidado e desatento, que se torna cômico porque deixa a verdade vir à tona como que automaticamente. Mas será que o que aprendemos sobre a natureza do chiste tendencioso, de um lado, e a nossa grande satisfação com essas histórias, de outro lado, combinam com a mediocridade das pessoas de que o chiste parece rir? Elas são adversários dignos para o chiste? Ou será que, na verdade, o chiste apenas coloca o casamenteiro em primeiro plano para atingir algo mais importante, batendo na saca para atingir o burro, como diz o provérbio? Essa concepção realmente não deve ser descartada.

Essa interpretação das histórias de casamenteiros pode ter prosseguimento. É verdade que eu não necessito me aprofundar nela, que posso me contentar em ver nessas histórias "causos" populares e recusar-lhes a natureza de chistes. Assim, o chiste também pode ter um determinante subjetivo como esse; nós percebemos isso agora, e teremos de investigá-lo mais adiante. Significa que só é chiste aquilo que considero um chiste. Aquilo que é um chiste para mim pode não passar de uma história cômica para outra pessoa. Se um chiste comporta essa dúvida, porém, só pode ser porque tem um lado aparente, uma fachada — cômica, em nossos casos — que aos olhos de um é satisfatória, mas pode levar outro a espiar atrás dela. Também pode surgir a suspeita de que essa fachada se destina a ofuscar o olhar investigativo, e que, portanto, essas histórias têm algo a esconder.

Em todo caso, se nossas histórias de casamenteiros são chistes, são chistes tanto melhores porque, graças à sua fachada, conseguem esconder não apenas o que têm a dizer, mas também que têm algo — proibido — a dizer. Como prosseguimento dessa interpretação, que desvenda esse algo escondido e revela o chiste tendencioso por trás dessas histórias com fachadas cômicas, teríamos o seguinte: quem deixa a verdade escapar assim, num momento de descuido, sente-se feliz, na verdade, por se livrar do fingimento. Esta é uma percepção psicológica correta e de profundo alcance. Sem tal assentimento interno, ninguém se deixa vencer pelo automatismo que aí traz à tona a verdade.[38] Mas com isso a pessoa risível do casamenteiro se torna uma figura simpática e digna de pena. Que felicidade deve sentir esse homem ao conseguir finalmente livrar-se do fardo do fingimento, se aproveita a primeira oportunidade para dizer em alto e bom som a verdade que faltava! Tão logo percebe que o negócio está perdido, que a noiva não agrada ao jovem rapaz, ele revela de bom grado que ela tem ainda outro defeito oculto que este não percebeu, ou se

---

38 Trata-se do mesmo mecanismo que domina os lapsos de linguagem e outros fenômenos da autotraição. Cf. *Psicopatologia da vida cotidiana*, 1901.

III. AS TENDÊNCIAS DO CHISTE

vale da ocasião para introduzir um detalhe, um argumento decisivo que exprime o seu desprezo pela gente para a qual trabalha: "Eu lhe pergunto: quem emprestaria algo a essa gente?". Todo o ridículo recai agora sobre os pais da moça, até então secundários na história, que aceitam essa trapaça para arranjar um marido para a filha; sobre a penosa situação das moças que se deixam casar sob tais arranjos; sobre a indignidade dos casamentos que são feitos a partir dessas tratativas. O casamenteiro é o homem certo para dar expressão a essas críticas, já que ele conhece melhor do que ninguém esses abusos, mas não pode difundi-las abertamente, pois é um homem pobre que depende da exploração deles para viver. Mas o espírito popular, que criou essa e outras histórias, encontra-se num conflito semelhante, pois sabe que a natureza sagrada dos casamentos realizados sofreria com a revelação dos procedimentos que levaram a eles.

Lembremo-nos também de uma observação feita quando investigávamos a técnica do chiste: o absurdo, num chiste, muitas vezes substitui o escárnio e a crítica contida no pensamento por trás dele, e nisso o trabalho do chiste faz como o trabalho do sonho; isso é aqui novamente confirmado. O fato de o escárnio e a crítica não se referirem à pessoa do casamenteiro, que nos últimos exemplos aparece somente como bode expiatório, é demonstrado por uma série de chistes em que ele é caracterizado, bem ao contrário, como uma pessoa superior, cuja argumentação faz frente a qualquer dificuldade. São histórias com uma fachada lógica em vez de cômica, chistes intelectuais sofísticos. Numa delas (pp. 91 ss.), o casamenteiro sabe contestar o defeito da noiva que manca. Seria ao menos um "fato consumado", ao passo que outra moça, com membros perfeitos, estaria em permanente risco de cair e quebrar uma perna, vindo então a doença, as dores, os custos do tratamento — coisas que se poderia economizar com a moça já defeituosa. Em outra história, ele consegue rebater uma série de opiniões do pretendente sobre a noiva, cada uma delas com bons argumentos, até que na última, que é incontestável, responde: "Ora, o que você quer? Que ela não tenha nenhum defeito?" — como se das objeções anteriores não sobrasse nada. Não é difícil, nesses exemplos, indicar o ponto falho da argumentação; fizemos isso quando investigamos a técnica. Mas agora estamos interessados em outra coisa. Se à fala do casamenteiro é emprestada uma aparência lógica forte, que somente um exame cuidadoso revela ser aparência, então a verdade por trás disso é que o chiste dá razão ao casamenteiro; como o pensamento não ousa lhe dar razão de maneira séria, ele substitui esta seriedade pela aparência chistosa — mas, como tão frequentemente ocorre, a piada revela aqui algo sério. Não nos equivocaremos se supusermos, a respeito de todas as histórias com fachada lógica, que elas realmente acreditam naquilo que afirmam com sua argumentação intencionalmente falha. É somente esse emprego do sofisma para a representação oculta da verdade que lhe empresta o caráter de chiste — o qual, portanto, depende principalmente da tendência. O que é sugerido em ambas as his-

III. AS TENDÊNCIAS DO CHISTE

tórias, com efeito, é que o pretendente se torna mesmo ridículo quando busca examinar cuidadosamente cada uma das qualidades da noiva — que, todavia, são todas frágeis — e se esquece de que tem de estar preparado para tomar por esposa uma criatura com inevitáveis defeitos, sendo que a única propriedade que tornaria tolerável o casamento com a personalidade mais ou menos imperfeita da mulher seria a inclinação recíproca e a prontidão para adaptar-se amorosamente — algo de que não se fala ao longo de toda a negociação.

O escárnio dirigido ao pretendente nesses exemplos, em que o casamenteiro faz adequadamente o papel de alguém superior, é expresso com maior clareza em outras histórias. Quanto mais claras elas são, menos técnicas do chiste contêm; são como que casos-limite do chiste, tendo em comum com a técnica deste apenas a construção de uma fachada. Por possuírem a mesma tendência, contudo, e também a ocultarem por trás da fachada, elas têm o efeito completo do chiste. Fora isso, a pobreza em recursos técnicos permite compreender que muitos chistes desse tipo não possam, sem fortes prejuízos, prescindir do elemento cômico do jargão, que produz efeito semelhante à técnica do chiste.

Uma história desse tipo, que, embora tenha toda a força do chiste tendencioso, não mais permite reconhecer a sua técnica, é a seguinte. "O casamenteiro pergunta: 'O que você espera da sua noiva?'. — Resposta: 'Ela tem de ser bela, tem de ser rica e também culta'. — 'Bem', diz o casamenteiro, 'mas então terei de providenciar três mulheres.'" A reprimenda é aqui dirigida diretamente ao homem, já sem a roupagem de um chiste.

Nos exemplos que vimos até aqui, a agressividade velada se dirigiu contra pessoas; nos chistes de casamenteiros, contra todas as partes envolvidas na negociação do contrato matrimonial: o noivo, a noiva e seus parentes. Mas os objetos de ataque dos chistes podem perfeitamente ser também instituições, pessoas que sejam representantes destas, prescrições morais ou religiosas, concepções de vida que gozam de tal reputação que uma objeção contra elas só pode ser feita sob a máscara de um chiste, de um chiste que se esconde sob a sua fachada. Podem ser poucos os temas que esses chistes tendenciosos têm por alvo, mas as suas formas e roupagens são extremamente diversificadas. Acredito que faremos justiça a essa espécie de chistes tendenciosos se os distinguirmos através de um nome particular. Saberemos qual o nome mais apropriado depois de ter examinado alguns exemplos dessa espécie.

Recordo as duas histórias — do *gourmand* pobre, que encontramos no exemplo do "salmão com maionese", e do professor beberrão — que conhecemos como chistes sofísticos de deslocamento, e continuo agora a sua análise. Vimos desde então que, quando a aparência de lógica está presente na fachada de uma história, o pensamento estaria querendo dizer, com seriedade, que o homem tem razão, mas, devido à contradição por ele encontrada, não se arrisca a lhe dar razão a não ser num ponto em que é fácil demonstrar que ele não tem razão. O efeito escolhido é um verdadeiro compromisso entre

III. AS TENDÊNCIAS DO CHISTE

aquilo em que ele tem razão e aquilo em que não tem, o que, evidentemente, não é uma decisão, mas corresponde bem ao conflito em nós mesmos. As duas histórias são simplesmente epicúrias: elas dizem que o homem tem mesmo razão, que não há nada superior à fruição, e tanto faz de que modo se consegue o prazer. Isto soa assustadoramente imoral, e não é mesmo muito mais do que isso, mas no fundo não é outra coisa senão o *"carpe diem"* do poeta, que evoca a insegurança da vida e a inutilidade da renúncia virtuosa aos prazeres. Se a ideia de que o homem pode ter razão no chiste do "salmão com maionese" nos choca tanto, isto se deve tão somente ao fato de tal verdade ser mostrada numa satisfação de tipo inferior, que nos parece tão dispensável. Na realidade, cada um de nós teve momentos em que deu razão a essa filosofia de vida, e objetou à doutrina moral que ela só sabe fazer exigências sem dar nada em troca. A partir do momento em que deixamos de acreditar na promessa de um além em que toda renúncia será compensada com alguma gratificação — há muito poucos devotos, aliás, se a renúncia for tomada como critério de fé —, o *"carpe diem"* passa a ser uma possibilidade que levamos a sério. Eu estaria disposto a adiar a satisfação, mas sei lá se amanhã ainda existirei.

"Di doman' non c'è certezza" [Do amanhã não há certeza].[39]

Eu dispensaria com prazer os caminhos de satisfação que a sociedade desaprova, mas estarei seguro de que

---

39 Lorenzo di Medici.

a sociedade valorizará essa renúncia — ainda que com certo adiamento —, abrindo-me um dos caminhos permitidos? Podemos dizer em alto e bom som o que esses chistes sussurram: que os desejos e paixões do ser humano têm tanto direito de serem ouvidos quanto a moral severa e cheia de exigências; e em nossos dias ouvimos frases duras e enérgicas dizendo que essa moral seria tão somente a prescrição egoísta dos poucos ricos e poderosos que podem satisfazer os seus desejos a qualquer momento, sem precisar adiar sua satisfação. Enquanto a arte da cura não chegar ao ponto de garantir a nossa vida, e enquanto os arranjos sociais não fizerem algo para torná-la melhor, não será silenciada a voz que em nós se ergue contra as exigências da moral. Qualquer pessoa honesta acabará por admitir isso, ao menos para si mesma. A decisão sobre esse conflito só será possível pela via indireta de uma nova percepção. Precisamos conectar nossa própria vida à dos outros de maneira tão forte, e nos identificarmos tão estreitamente com eles, que a diminuição do próprio tempo de vida se torna algo superável, e não podemos satisfazer as próprias necessidades de maneira ilícita, temos de deixá-las insatisfeitas, pois somente a continuação de tantas exigências insatisfeitas pode desenvolver o poder de modificar a ordem social. Mas nem todas as necessidades pessoais podem ser adiadas e transferidas para os outros desse modo, e não existe uma solução universal e definitiva do conflito.

Sabemos agora como designar os chistes desse tipo que analisamos por último: são chistes *cínicos*; o que eles escondem são *cinismos*.

III. AS TENDÊNCIAS DO CHISTE

Entre as instituições que os chistes cínicos costumam atacar, não há nenhuma mais importante e rigidamente protegida pelos preceitos morais, e ao mesmo tempo tão convidativa ao ataque, do que o instituto do casamento, ao qual, portanto, se dirige a maioria dos chistes cínicos. Nenhuma exigência é mais pessoal que a da liberdade sexual, e em nenhuma área a cultura exerceu repressão maior que no âmbito da sexualidade. Para nossos fins, pode ser suficiente um único exemplo (mencionado à p. 113) do "Registro no álbum do Príncipe Carnaval": "Uma esposa é como um guarda-chuva. No fim das contas, a gente acaba tomando um fiacre".

Já analisamos a complexa técnica desse exemplo: uma comparação espantosa, aparentemente impossível, mas que, como vemos agora, não é chistosa em si mesma; além disso, uma alusão (fiacre = veículo público) e, como o mais forte recurso técnico do chiste, uma omissão que aumenta sua incompreensibilidade. A comparação poderia ser explicada do seguinte modo: casamos para nos garantir contra as tentações da sensibilidade, e então percebemos que o casamento não permite a satisfação de uma necessidade um tanto mais forte — do mesmo modo como levamos o guarda-chuva para nos proteger da chuva e, mesmo assim, acabamos molhados. Em ambos os casos é preciso procurar um meio de proteção mais forte: aqui um veículo público, ali uma mulher acessível em troca de dinheiro. Agora o chiste foi substituído quase inteiramente pelo cinismo. Não se ousa dizer abertamente que o casamento não é uma instituição que satisfaça a sexualidade do homem quando não se é levado a isso pelo amor à verdade e ímpeto reformista de um Christian von Ehrenfels.[40] A força desse chiste reside no fato de — por todas as vias indiretas — ele dizer isso.

Uma situação particularmente favorável ao chiste tendencioso se estabelece quando a pretensa crítica da sátira se dirige contra a própria pessoa, ou, em termos mais cautelosos, alguém do qual ela participa, ou seja, uma pessoa coletiva — o próprio povo, por exemplo. Essa circunstância da autocrítica pode explicar por que justamente no solo da vida popular judaica tenham surgido tantos chistes excelentes, dos quais já demos aqui ricos exemplos. São histórias criadas por judeus e dirigidas contra características judias. Os chistes sobre judeus feitos por não judeus são em sua maioria anedotas brutais em que o chiste é salvo pelo fato de que o judeu aparece ao estrangeiro como figura cômica. Os chistes de judeus originados entre os judeus também admitem isso, mas eles conhecem os seus verdadeiros defeitos, bem como a relação destes com as suas qualidades, e a participação da própria pessoa naquilo que está sendo criticado fornece as condições subjetivas da elaboração do chiste, algo que de outro modo dificilmente se conseguiria. Aliás, não sei se algum outro povo ri de tal maneira de sua própria natureza.

Como um exemplo disso, posso remeter à história mencionada na p. 116, em que um judeu no trem

---

40 Cf. os seus artigos na *Politisch-anthropologische Revue* [Revista político-antropológica], v. II, 1903.

III. AS TENDÊNCIAS DO CHISTE

abandona toda decência na conduta ao perceber que o recém-chegado no vagão é um correligionário. Nós conhecemos esse chiste como uma instância de ilustração pelo detalhe, de representação por algo menor; ele serve para caracterizar a natureza democrática do modo de pensar judeu, que não reconhece diferenças entre o senhor e o servo, mas infelizmente também atrapalha a disciplina e a cooperação. Outra série de chistes, particularmente interessantes, ilustra as relações entre os judeus ricos e pobres; seus heróis são o *Schnorrer* [pedinte, aproveitador] e o caridoso chefe de família ou o barão. "O *Schnorrer*, que é recebido todos os domingos como hóspede numa casa de família, aparece um dia acompanhado de um jovem desconhecido que parece disposto a juntar-se ao grupo sentado à mesa. 'Quem é esse?', pergunta o chefe da casa, recebendo a seguinte resposta: 'Ele é meu genro desde a semana passada; eu lhe prometi alimentação no primeiro ano'." A tendência dessas histórias é sempre a mesma, e aparece claramente na seguinte: "O *Schnorrer* pede ao barão o dinheiro para sua viagem à estação de águas de Ostende; o médico teria lhe recomendado banho de mar para tratar um problema de saúde. O barão acredita que Ostende é um local particularmente caro, e que um local mais barato poderia servir aos mesmos propósitos. Mas o aproveitador recusa a proposta: 'Senhor barão, nada é muito caro para mim quando se trata da minha saúde'". Este é um ótimo chiste de deslocamento, que poderíamos ter tomado como modelo para o seu gênero. O barão quer evidentemente economizar seu dinheiro, mas o *Schnor-*

rer responde como se o dinheiro do barão fosse seu e, portanto, não pudesse ser considerado mais importante que sua saúde. Somos convidados a rir da insolência que há nesse pedido, mas esses chistes, excepcionalmente, não são dotados de uma fachada que engane a compreensão. A verdade aí oculta é que o *Schnorrer*, que na sua cabeça trata o dinheiro do rico como seu, tem, segundo os preceitos sagrados do judaísmo, quase que um direito a essa troca. Naturalmente, o protesto contido nesse chiste se volta contra essa lei, que é dura até para os mais devotos.

Outra história conta o seguinte: "Ao subir as escadas do rico, o *Schnorrer* encontra um conhecido de negócios que o aconselha a não entrar na casa. 'Não suba hoje. O barão está de mau humor, não está dando mais do que um florim a ninguém.' — 'Vou subir, sim', diz o primeiro *Schnorrer*. 'Por que eu lhe daria de presente um florim? Ele me presenteia alguma coisa?'".

Esse chiste se serve da técnica do absurdo, já que faz o *Schnorrer* dizer que o barão não lhe presenteia nada no exato momento em que está indo pedir um presente a ele. Mas aqui o absurdo é apenas aparente; é praticamente correto dizer que o rico não está lhe dando nada, pois ele é obrigado pela lei religiosa a dar-lhe esmola, e, a rigor, ainda deveria ficar grato a ele pela oportunidade de ser benemerente. A visão que a classe média tem da esmola está aí em conflito com a religiosa. Essa oposição é ainda mais clara na história em que o barão, profundamente abalado pela narrativa de sofrimento de um *Schnorrer*, grita pelos seus servos e diz: "Tirem-no

III. AS TENDÊNCIAS DO CHISTE

daqui! Ele está partindo meu coração!". Essa exposição clara da tendência estabelece um novo caso-limite do chiste. Entre a reclamação, que já não é um chiste, de que "não é privilégio algum ser rico entre os judeus, pois o sofrimento alheio não permite que se goze a própria felicidade", e essas histórias que contamos, a única diferença é que estas a apresentam por meio da concretização, numa situação específica.

Outras histórias que também representam casos-limite do chiste dão testemunho de um cinismo profundamente pessimista. É o caso da seguinte: "Um homem com problema de audição consulta o médico, que faz o diagnóstico correto de que o paciente parece beber muita aguardente e por isso estaria surdo. Ele o aconselha a parar de beber, e o paciente promete seguir o conselho à risca. Algum tempo depois, o médico o encontra na rua e lhe pergunta em voz alta como tem passado. 'Eu lhe agradeço', responde ele. 'Você não precisa falar tão alto, doutor, eu parei de beber e estou escutando bem novamente.' Depois de mais algum tempo o encontro se repete. O doutor lhe pergunta num tom de voz normal como tem passado, mas percebe que o homem não o entendeu. 'Como? O quê?' 'Parece-me que você voltou a beber, grita o doutor em seu ouvido, 'e por isso não está escutando de novo.' 'Você pode ter razão', diz o surdo. 'Voltei a beber, mas vou lhe dizer por quê. Quando não estava bebendo, escutava tudo. Mas nada do que eu escutava era tão bom quanto a bebida'". — Tecnicamente, esse chiste é apenas uma concretização; o jargão e os recursos da narrativa servem ao propósito de despertar o riso. Mas por trás disso se esconde uma triste questão: o homem não estaria certo em sua escolha?

É a esse sentimento de desgraça dos judeus, diverso e desesperançado, que essas histórias fazem alusão; e é devido a esse contexto mais amplo que tenho de incluí-las entre os chistes tendenciosos.

Outros chistes que são cínicos em um sentido similar, e não são apenas histórias de judeus, atacam os próprios dogmas religiosos e a fé em Deus. A história da "olhada [*Kück*] do rabino", cuja técnica consistia no equívoco de equiparar fantasia e realidade (também se poderia dizer que é um deslocamento), é um desses chistes cínicos ou críticos que se dirigem contra o milagreiro e, por certo, também contra os que acreditam em milagres. Um chiste abertamente blasfemo é atribuído a Heine em seu leito de morte. Quando o gentil padre lhe lembrava a graça de Deus e procurava lhe dar a esperança de encontrar em Deus o perdão por seus pecados, ele teria respondido: *"Bien sûr qu'il me pardonnera; c'est son métier"* [Claro que ele me perdoará; é o seu ofício]. Essa é uma comparação depreciativa, com o valor técnico de uma alusão, pois um *métier*, um ofício ou profissão, é algo que um trabalhador ou médico tem, e tem apenas um. Mas a força do chiste reside em sua tendência. Ele não diz outra coisa senão o seguinte: "Deus com certeza me perdoará; ele está aí para isso, eu não o procurei com nenhum outro propósito (tal como fazemos quando procuramos o médico ou o advogado)". E assim o moribundo, ali jazendo impotente, mostra a consciência de que criou Deus e o dotou de um poder do qual pode se servir quando for o caso. Pouco antes de sua aniquilação, a suposta criatura se revela como o criador.

[4]

Aos gêneros de chistes até aqui tratados — o desnudante ou obsceno, o agressivo (hostil), o cínico (crítico, blasfemo) — eu gostaria de acrescentar um quarto, mais raro do que os outros, cuja natureza pode ser esclarecida com um bom exemplo.

"Dois judeus se encontram num vagão de trem, numa estação da Galícia. 'Para onde você vai?', pergunta um deles. 'Para Cracóvia', responde o outro. 'Veja só que mentiroso você é!', protesta o outro. 'Ao dizer que vai para Cracóvia, você quer que eu acredite que vai para Lemberg. Mas eu sei que você vai realmente para Cracóvia. Por que então a mentira?'"

Essa história excelente, que dá uma impressão de sutileza excessiva, opera claramente pela técnica do absurdo. O segundo judeu é repreendido por mentir quando diz que vai para Cracóvia — que é o seu verdadeiro destino! Mas esse forte recurso técnico — o absurdo — é aqui acompanhado de outra técnica, a representação pelo oposto, já que, pela afirmação não refutada do primeiro, o outro mente quando diz a verdade, e diz a verdade com uma mentira. O conteúdo mais sério desse chiste, porém, é a questão das condições da verdade; o chiste aponta novamente para um problema e explora a insegurança de um de nossos conceitos mais habituais. Quando alguém descreve as coisas como elas são, e não se preocupa em como o ouvinte compreenderá o que diz, isso é uma verdade? Ou é apenas uma verdade jesuítica, e a efetiva verdade estaria muito mais em levar o ouvinte em consideração, e dar-lhe uma imagem fiel de seu próprio saber? Considero os chistes desse tipo suficientemente diversos dos outros para atribuir-lhes uma posição particular. O que eles atacam não é uma pessoa ou uma instituição, mas a segurança de nosso próprio conhecimento, que é um de nossos bens especulativos. O nome de chistes *céticos* seria, portanto, o conveniente para eles.

[5]

Ao longo de nossa discussão sobre as tendências dos chistes ganhamos talvez uma maior clareza e, por certo, encontramos ricos estímulos para novas investigações; mas se combinamos os resultados deste capítulo com os do anterior, chegamos a um difícil problema. Se está correto que o prazer proporcionado pelo chiste depende por um lado da técnica, por outro da tendência, que ponto de vista comum permitirá unir essas duas fontes tão diversas do prazer do chiste?

B. PARTE SINTÉTICA

IV. O MECANISMO DE PRAZER E A PSICOGÊNESE DO CHISTE

[1]

O conhecimento das fontes de onde brota o prazer específico que o chiste nos proporciona é algo que podemos agora considerar seguro e tomar como ponto de partida. Sabemos que podemos estar sujeitos à ilusão de misturar a nossa satisfação com o conteúdo intelectual do enunciado e o verdadeiro prazer do chiste, mas também sabemos que este tem duas fontes, a técnica e as tendências do chiste. O que gostaríamos de verificar agora é o modo como o prazer brota dessas fontes, o mecanismo desse efeito prazeroso.

Parece-nos que a explicação visada se revelará mais fácil nos chistes tendenciosos do que nos inofensivos. Assim, começaremos pelos primeiros.

O prazer no chiste tendencioso resulta da satisfação de uma tendência que de outro modo não seria satisfeita. Que tal satisfação seja uma fonte de prazer não demanda nenhuma explicação adicional. Mas o modo como o chiste produz essa satisfação está ligado a condições peculiares, das quais talvez possamos extrair informações adicionais. É preciso diferenciar aqui dois casos. O mais simples se verifica quando um obstáculo externo se coloca no caminho da satisfação da tendência e ele é contornado pelo chiste. Nós o vimos, por exemplo, na resposta que o Sereníssimo recebe à sua pergunta sobre se a mãe do interlocutor já trabalhou no palácio, ou na afirmação do crítico de arte a quem os dois pilantras ri-

IV. O MECANISMO DE PRAZER E A PSICOGÊNESE DO CHISTE

cos mostravam seus retratos: *'And where is the Saviour?'"* [E onde está o Salvador?]. Num caso, a tendência consiste em revidar a ofensa na mesma moeda; no outro, em oferecer um insulto no lugar do parecer requerido; os obstáculos que se lhes opõem são fatores puramente externos, as relações de poder entre as pessoas atingidas pelas ofensas. Seja como for, pode surpreender-nos que esses, bem como outros chistes tendenciosos de natureza análoga, por mais que nos agradem, não conseguem produzir um grande efeito em termos de risadas.

É diferente quando o que impede a efetivação direta da tendência não são fatores externos, mas um obstáculo interno; quando uma força interior se contrapõe à tendência. Segundo entendemos, essa condição teria se desenvolvido, por exemplo, nos chistes agressivos do sr. N., em quem uma forte inclinação às invectivas é mantida em xeque por uma cultura estética altamente desenvolvida. Com a ajuda do chiste, a resistência interna é superada para esse caso específico, a inibição é removida. Com isso torna-se possível, como no caso do obstáculo externo, a satisfação da tendência, evita-se uma repressão e o "represamento psíquico" ligado a esta; o mecanismo de desenvolvimento do prazer seria, nessa medida, o mesmo nos dois casos.

Sentimos a esta altura uma inclinação a nos aprofundarmos na diferenciação das situações psicológicas presentes nos casos do obstáculo externo e interno, pois se insinua a possibilidade de que a remoção do obstáculo interno seria uma contribuição incomparavelmente maior para o prazer. Mas proponho que sejamos modestos e nos atenhamos por ora à constatação daquilo que é essencial para nós. Os casos do obstáculo externo e interno se diferenciam apenas em que, enquanto aqui é removida uma inibição já existente, ali é evitada a produção de uma nova. Assim não nos entregamos à especulação ao afirmar que tanto para a produção como para a conservação de uma inibição psíquica se requer um "gasto psíquico". Ocorrendo que em ambos os casos de aplicação do chiste tendencioso se atinge prazer, é razoável admitir *que tal ganho de prazer corresponde ao gasto psíquico que foi poupado.*

Com isso toparíamos de novo com o princípio da *parcimônia*, que encontramos pela primeira vez na técnica do chiste verbal. Se inicialmente acreditávamos, porém, que podíamos encontrar a parcimônia no uso do menor número possível de palavras, e das palavras mais parecidas, aqui se anuncia o sentido bem mais amplo de uma economia de gasto psíquico em geral, e temos de considerar possível chegar mais perto da natureza do chiste pela determinação mais precisa do conceito, ainda muito obscuro, de "gasto psíquico".

Uma certa obscuridade, que não pudemos superar quando tratamos do mecanismo de prazer nos chistes tendenciosos, pode ser considerada um justo castigo por termos tentado esclarecer o mais complicado antes do mais simples, o chiste tendencioso antes do inofensivo. Lembremos que a *"parcimônia no esforço gasto com a inibição ou a repressão"* parecia ser o segredo do efeito prazeroso do chiste tendencioso, e passemos ao mecanismo de prazer nos chistes inofensivos.

IV. O MECANISMO DE PRAZER E A PSICOGÊNESE DO CHISTE

A partir de exemplos apropriados de chistes inofensivos, em que não precisávamos recear que algum conteúdo ou tendência pudesse atrapalhar nosso juízo, tivemos de chegar à conclusão de que as técnicas dos chistes são elas mesmas fontes de prazer; e agora queremos verificar se esse prazer não seria também, ele próprio, uma economia em gasto psíquico. Em um grupo desses chistes (os jogos de palavras) a técnica consistia em dirigir a nossa atenção psíquica à sonoridade em vez de ao significado das palavras, deixando a própria representação verbal (acústica) tomar o lugar do seu significado, dado por suas relações com as representações das coisas. Podemos realmente suspeitar que assim ocorre uma grande facilitação do trabalho psíquico, e que num uso sério das palavras teríamos de nos afastar desse confortável procedimento por meio de certo esforço. Podemos observar que em condições patológicas da atividade pensante, nas quais a possibilidade de concentrar o gasto psíquico em um ponto é provavelmente limitada, esse tipo de representação da sonoridade verbal vem ao primeiro plano, deixando para trás o significado da palavra; e que esses doentes, em suas falas, se pautam mais pelas associações "externas" da representação verbal, como diz a fórmula, em vez de se pautarem pelas "internas". Também nas crianças, que, sabemos, ainda costumam tratar as palavras como coisas, observamos a inclinação de procurar o mesmo sentido por trás de palavras com a mesma ou semelhante sonoridade, o que se torna a fonte de muitos dos erros de que os adultos tanto riem. Se, pois, um prazer inconfundível nos permite, no chiste, passar de um círculo de ideias a outro, dele distante, pelo uso de uma palavra igual ou parecida (como passamos da cozinha à política no chiste do *home-roulade*), então esse prazer pode ser considerado, com toda a razão, uma economia em gasto psíquico. O prazer chistoso que emerge desse "curto-circuito" parece ainda ser tanto maior quanto mais estranhos um ao outro forem os dois círculos de ideias conectados pela mesma palavra; quanto mais distantes um do outro, portanto, maior a economia, pelo recurso técnico do chiste, na distância percorrida pelo pensamento. Notemos, de resto, que o chiste se serve aqui de um meio de conexão que é rejeitado e cuidadosamente evitado pelo pensamento rigoroso.[41]

41 Permitindo-me aqui uma antecipação na ordem de apresentação do texto, posso lançar alguma luz, neste ponto, sobre a condição que parece decisiva, no uso corrente da língua, para denominar um chiste "bom" ou "ruim". Se, através de uma palavra de duplo sentido ou ligeiramente modificada, sou levado de um círculo de ideias a outro por um caminho curto, sem que se produza ao mesmo tempo uma conexão plena de sentido entre os dois círculos, então o que eu fiz foi um "chiste ruim". Nesse chiste ruim uma única palavra, a "ponte", estabelece a conexão apresentada entre as duas ideias disparatadas. Tem-se um caso como esse no exemplo usado acima do "*home-roulade*". Um "chiste bom" ocorre, porém, quando a expectativa das crianças é correta e com a semelhança das palavras se mostra simultaneamente uma semelhança essencial do significado — como no exemplo "*traduttore-tradittore*" [tradutor-traidor]. As duas ideias disparatadas, que se veem aqui ligadas por uma associação externa, acham-se, além disso, numa conexão plena de sentido, que indica um parentesco essencial entre elas. A associação externa apenas toma o lugar da conexão interna; ela serve ou para indicá-la ou para explicitá-la. O "tradutor"

IV. O MECANISMO DE PRAZER E A PSICOGÊNESE DO CHISTE

Um segundo grupo de recursos técnicos do chiste — unificação, semelhança sonora, uso múltiplo, modificação de locuções familiares, alusão a citações — permite notar, como uma característica comum, que sempre se reencontra algo conhecido onde se poderia, em vez disso, esperar algo novo. Esse reencontro do conhecido é prazeroso, e novamente não teremos dificuldades em reconhecer tal prazer como um prazer de economizar e relacioná-lo à parcimônia no gasto psíquico.

Que o reencontro do conhecido, o "re-conhecer", seja prazeroso parece ser universalmente admitido. Groos[42] diz: "O reconhecer está sempre ligado — onde ainda não é excessivamente mecanizado (como quando nos vestimos, por exemplo, em que [...]) — ao sentimento de prazer. Já a mera familiaridade é levemente acompanhada por aquela suave sensação de bem-estar que toma o Fausto quando ele, após um encontro desprazeroso, retorna ao seu estúdio. [...] Se o ato de reconhecer tem essa capacidade de despertar o prazer, podemos esperar que o ser humano quererá exercitar essa capacidade por ela mesma, ou seja, fazer experi-

---

não apenas tem um nome semelhante ao do traidor, mas é também uma espécie de traidor, que de certo modo faz jus a este nome.

A diferença aqui examinada coincide com a separação, a ser introduzida mais à frente, entre "gracejo" e "chiste". Não seria correto, porém, excluir exemplos como o do *home-roulade* antes de discutir a natureza do chiste. Quando considerarmos o prazer peculiar do chiste, veremos que os chistes "ruins" não são em absoluto ruins como chistes, isto é, inapropriados para suscitar o prazer.

42 *Die Spiele der Menschen* [Os jogos dos seres humanos], 1899, p. 153.

mentos lúdicos com ela. Aristóteles vislumbrou na alegria do reconhecer, de fato, as bases da fruição artística, e não se pode negar que esse princípio tem de ser levado em conta, mesmo não tendo um significado tão amplo como o admitido por Aristóteles".

Groos analisa então os jogos que têm por característica principal aumentar a alegria do reconhecer colocando no caminho o mesmo obstáculo, portanto um "represamento psíquico", que será afastado pelo ato de reconhecer. Sua tentativa de explicá-los, porém, abandona a suposição de que o reconhecer é prazeroso em si mesmo, já que, ao apelar a esses jogos, relaciona o prazer do reconhecimento à *alegria* com o *poder*, com a superação de uma dificuldade. Eu considero esse aspecto secundário, e não vejo nenhuma razão para me afastar da compreensão, mais elementar, de que o reconhecer é prazeroso em si, isto é, pela diminuição do gasto psíquico, e de que os jogos que se baseiam nesse prazer apenas se servem do mecanismo de represamento psíquico para elevar às alturas a quantidade de prazer.

Que a rima, a aliteração, o refrão e outras formas de repetição de sonoridades verbais semelhantes utilizem na poesia a mesma fonte de prazer, o reencontro do conhecido, também é algo universalmente admitido. Nenhum "sentimento de poder" desempenha nessas técnicas — que mostram uma enorme concordância com o "uso múltiplo" nos chistes — um papel perceptível.

Dada a estreita relação entre reconhecer e recordar, já não é ousada a suposição de que também haveria um prazer no recordar, isto é, de que o ato de recor-

IV. O MECANISMO DE PRAZER E A PSICOGÊNESE DO CHISTE

dar também seria, em si mesmo, acompanhado por um sentimento de prazer de origem semelhante. Groos não parece inclinado a admitir tal hipótese, mas ele também deriva o prazer da recordação do "sentimento de poder", no qual busca — equivocadamente, segundo penso — o principal fundamento da fruição em quase todos os jogos.

Também se baseia no "reencontro do conhecido" a aplicação de outro recurso técnico auxiliar do chiste, do qual ainda não falamos. Refiro-me ao elemento da *atualidade*, que representa uma pródiga fonte de prazer em inúmeros chistes e permite explicar algumas particularidades em sua história. Há chistes em que essa circunstância não se verifica de modo algum, e num tratado sobre o chiste somos obrigados a nos servir quase exclusivamente de tais exemplos. Não podemos nos esquecer, contudo, de que rimos talvez mais fortemente de outros chistes do que desses chistes perenes, cuja utilização é difícil para nós agora, porque exigiriam longos comentários e, mesmo com a ajuda destes, não teriam o efeito de antes. Eles continham alusões a pessoas e situações que eram "atuais" na época, despertavam vivamente o interesse geral. Depois que esse interesse se enfraquecia, e os assuntos abordados perdiam importância, os chistes também perdiam uma parte de seu efeito prazeroso, aliás uma parte bem considerável. Assim, por exemplo, o chiste que o meu gentil anfitrião fez ao chamar a sobremesa de "*home-roulade*" não me parece tão bom quanto na época, quando a *Home Rule* era uma manchete constante no noticiário político de nossos jornais. Se tento apreciar o mérito desse chiste pela descrição de como uma palavra, economizando um grande desvio do pensamento, nos leva do círculo de ideias da cozinha ao tão distante círculo da política, eu teria de mudar essa descrição na época, dizendo que "essa palavra nos leva do círculo de ideias da cozinha ao tão distante círculo da política, no qual o nosso vivo interesse seria garantido, visto estar nos ocupando constantemente". Um outro chiste: "Essa moça me lembra o Dreyfus. O Exército não acredita na sua inocência". Mesmo que seus recursos técnicos tenham permanecido os mesmos, ele perdeu igualmente sua força. A estupefação pela comparação e a ambiguidade da palavra "inocência" não compensam o fato de que a alusão, que tocava então num assunto fresco e polêmico, faz lembrar hoje de um interesse ultrapassado. Tomemos agora um chiste atual, como, por exemplo, o seguinte: "A princesa real Louise se dirigiu ao crematório de Gotha para perguntar quanto custa uma cremação [*Verbrennung*]. A administração lhe respondeu: 'Normalmente, 5 mil marcos. Mas da senhora só cobraremos 3 mil, pois já se queimou [*durchgebrannt sei*]'".* Esse chiste é hoje irresistível; em algum tempo, terá perdido boa parte da nossa estima; e um pouco depois, quando já não se poderá contá-lo sem explicar quem foi a princesa Louise e o que se queria dizer com o "já se queimou", ele restará sem efeito apesar do bom jogo de palavras.

---

*Em linguagem figurada, *durchgebrannt* significa "saiu às escondidas, fugiu". A princesa Louise da Saxônia abandonou o marido em 1903.

IV. O MECANISMO DE PRAZER E A PSICOGÊNESE DO CHISTE

Assim, um grande número dos chistes que estão em curso terá um certo tempo de duração, a bem dizer um certo tempo de vida, que tem um florescimento e um declínio e acabará no completo esquecimento. A necessidade humana de obter prazer dos seus processos intelectuais sempre criará novos chistes seguindo os novos interesses da época. A força vital dos atuais chistes não está neles mesmos; ela vem, através da alusão, desses interesses, cujo curso também determina o destino dos chistes. O elemento da atualidade — como uma fonte de prazer que, embora provisória, contribui de maneira particularmente fértil para aquilo que é mais próprio do chiste — não pode simplesmente ser equiparado ao reencontro do conhecido. Trata-se antes de uma qualificação particular do conhecido: ele tem de ser fresco, recente, ainda intocado pelo esquecimento. Também na formação dos sonhos encontra-se uma especial preferência pelo recente, e não se pode evitar a suspeita de que a associação com o recente é compensada, e, portanto, facilitada, por um prêmio especial em termos de prazer.

A unificação, que não passa, afinal, da repetição no âmbito das conexões intelectuais, e não no do material, encontrou em G. T. Fechner especial reconhecimento como fonte de prazer do chiste. Fechner se expressa assim (*Vorschule der Ästhetik* [Propedêutica à estética], I, XVII): "Segundo vejo, quem desempenha o papel principal, no terreno que temos aqui diante dos olhos, é o princípio da conexão unitária do diverso; mas ele precisa de condições adicionais para levar o prazer que possa ser proporcionado pelos casos aqui em questão, com as suas características mais próprias, para além de seus limites."⁴³

Em todos esses casos de repetição do mesmo contexto ou do mesmo material das palavras, de reencontro do conhecido e do recente, não há nada que nos impeça de derivar o prazer aí sentido da parcimônia no gasto psíquico, caso esse ponto de vista se mostre fecundo para elucidar particularidades e adquirir novas regras gerais. Sabemos que ainda precisamos explicar de que modo se produz a parcimônia, e qual o sentido da expressão "gasto psíquico".

O terceiro grupo de técnicas do chiste — sobretudo do chiste intelectual —, que abarca o erro de raciocínio, os deslocamentos, o absurdo, a representação pelo oposto etc., parece, à primeira vista, trazer o seu próprio selo e não indicar nenhum parentesco com as técnicas do reencontro do conhecido ou da substituição das associações de objetos pelas associações de palavras; nem por isso é muito fácil aplicar a ele o ponto de vista da parcimônia ou alívio do gasto psíquico.

Não há dúvida de que abandonar um caminho de pensamento iniciado é mais fácil e cômodo do que manter-se firme nele, de que misturar coisas diferentes é mais fácil do que colocá-las em oposição, de que é particularmente cômodo aceitar métodos de inferência

---

43 O capítulo XVII é intitulado "Von sinnreichen und witzigen Vergleichen, Wortspielen u. a. Fällen, welche den Charakter der Ergötzlichkeit, Lustigkeit, Lächerlichkeit tragen" [Das comparações plenas de sentido e chistosas, dos jogos de palavras e outros casos que trazem a marca do entretenimento, da diversão e do riso].

IV. O MECANISMO DE PRAZER E A PSICOGÊNESE DO CHISTE

rejeitados pela lógica, e de que é fácil, por fim, ao juntar palavras e pensamentos, esquecer que eles também deveriam fazer sentido — e tudo isso é exatamente o que fazem as técnicas do chiste que estamos discutindo. Mas o que causará estranhamento é a afirmação de que, ao fazer isso, o trabalho chistoso abre uma fonte de prazer, pois fora do chiste todas essas formas inferiores de funcionamento intelectual só despertam sentimentos desprazerosos de rejeição.

Na vida séria, o "prazer no absurdo", para dizê-lo de maneira abreviada, fica escondido até desaparecer. Para demonstrá-lo temos de abordar dois casos em que ele ainda é visível ou se torna novamente visível: o comportamento da criança que está aprendendo e o do adulto cujo ânimo está toxicamente alterado. Na época em que a criança está aprendendo a manejar o vocabulário de sua língua materna, ela tem grande prazer em "experimentar brincando" (Groos) com esse material, e junta as palavras, sem ligá-las ao significado, para obter um efeito prazeroso do ritmo ou da rima. Esse prazer lhe é gradativamente negado, até que só lhe restem, como permitidas, as conexões de palavras dotadas de sentido. Nos anos seguintes ainda aparecem alguns esforços para sair das limitações aprendidas no uso das palavras: estas são deformadas por sufixos especiais, suas formas são modificadas através de certas estratégias (reduplicações, gíria infantil), línguas próprias chegam a ser inventadas para uso com os companheiros de brincadeiras — estratégias que eventualmente reaparecem em certos tipos de doentes mentais.

Entendo que, qualquer que tenha sido o motivo que levou a criança a começar esses jogos, no seu desenvolvimento posterior ela os faz com a consciência de serem absurdos e encontra o prazer na atração do que é proibido pela razão. Ela agora usa o jogo para escapar à pressão da razão crítica. Bem mais violentas, porém, são as limitações que têm de abrir espaço na educação para o pensar correto e a separação, na realidade, do verdadeiro e do falso; daí ser tão profunda e duradoura a rebelião contra a coerção do pensamento e da realidade; mesmo os fenômenos da atividade fantasiosa se explicam por esse ponto de vista. Na maioria dos casos, o poder da crítica já cresceu tanto na fase final da infância e no período da aprendizagem que se estende pela puberdade, que o prazer com o "absurdo liberado" raramente ousa exprimir-se. Ninguém se arrisca a expressar um absurdo; mas a inclinação a atos absurdos e sem finalidade, tão característica dos garotos, parece-me ser uma consequência direta do prazer com o absurdo. Nos casos patológicos se vê facilmente como essa inclinação, extremamente ampliada, volta a dominar a fala e as respostas do estudante; em alguns ginasianos com neurose pude convencer-me de que o prazer atuando inconscientemente nos absurdos por eles produzidos não era menos responsável por seus erros do que a sua efetiva falta de conhecimento.

Mais tarde, o estudante universitário não cessa de manifestar-se contra a coerção do pensamento e da realidade, cujo domínio sobre ele é experimentado como cada vez mais intolerante e irrestrito. Uma boa parte das bravatas estudantis se deve a essa reação. O ser humano

IV. O MECANISMO DE PRAZER E A PSICOGÊNESE DO CHISTE

é mesmo um "incansável caçador de prazer" — já não me lembro em que autor encontrei esta feliz expressão — e cada dispensa de um prazer uma vez experimentado lhe é penosa. Com o absurdo alegre do discurso bêbado [*Bierschwefel*], o estudante busca salvar o prazer da liberdade de pensamento, que vai sendo perdido com os ensinamentos acadêmicos. E muito mais tarde, quando, já maduro, acabou de encontrar-se com os colegas em um congresso científico e voltou a sentir-se como aluno, ele precisa, depois das conferências, do "jornal do boteco" [*Kneipezeitung*], que embaralha as novas descobertas no absurdo, para compensá-lo pela inibição intelectual adquirida ao longo do dia.

Bierschwefel e *Kneipezeitung* são palavras a testemunhar que a crítica, que reprimiu o prazer com o absurdo, se tornou tão forte que já não pode ser deixada momentaneamente de lado sem algum auxílio tóxico. A mudança do ânimo é a coisa mais valiosa que o álcool oferece ao ser humano, e é por isso que nem todos conseguem dispensar esse "veneno". O ânimo eufórico, seja endógeno ou toxicamente produzido, diminui as forças inibidoras — a crítica entre elas — e torna novamente acessíveis fontes de prazer sobre as quais pesava a repressão. É sempre instrutivo ver como as exigências em relação ao chiste despencam quando o ânimo é elevado. O ânimo substitui o chiste do mesmo modo como o chiste tem de se esforçar para substituir o ânimo, no qual se apresentam possibilidades de fruição em geral inibidas, entre elas o prazer com o absurdo.

Com pouco espírito e muito divertimento.*

Sob a influência do álcool o adulto se torna novamente criança, a quem a possibilidade de dispor livremente do curso de seus pensamentos, sem as limitações impostas pela coerção lógica, proporciona prazer.

Esperamos ter mostrado também que as técnicas do absurdo utilizadas pelo chiste correspondem a uma fonte de prazer. Basta-nos repetir que esse prazer decorre da economia de gasto psíquico, do alívio da coerção da crítica.

Repassando novamente as técnicas do chiste que dividimos em três grupos, observamos que o primeiro e o terceiro grupos, a substituição das associações de coisas por associações de palavras e o emprego do absurdo, podem ser brevemente definidos como restaurações de antigas liberdades e afastamentos da coerção da educação intelectual; são alívios psíquicos que podem, em certa medida, ser contrapostos à parcimônia, que constitui a técnica do segundo grupo. Alívio de um gasto psíquico já existente e economia de um que vai ser exigido: a esses dois princípios, portanto, reduz-se toda a técnica do chiste e, assim, todo o prazer obtido dessa técnica. De resto, os dois tipos de técnica do chiste e de obtenção de prazer coincidem — ao menos em seu todo — com a divisão do chiste em verbal e intelectual.

---

* *Mit wenig Witz und viel Behagen*, *Fausto*, parte I, cena 5, v. 2162 (Mefistófeles na taverna de Auerbach).

IV. O MECANISMO DE PRAZER E A PSICOGÊNESE DO CHISTE

[2]

Sem que percebêssemos, as análises acima nos conduziram à descoberta de uma história do desenvolvimento ou psicogênese do chiste, que agora examinaremos mais de perto. Tomamos conhecimento de alguns estágios prévios do chiste, cujo desenvolvimento até o chiste tendencioso pode provavelmente revelar novas relações entre as suas diferentes características. Antes de todo chiste, há algo que podemos designar como jogo* ou "gracejo". O jogo — mantenhamos esse nome — aparece na criança quando ela aprende a usar as palavras e juntar os pensamentos. Esse jogo segue provavelmente um dos instintos que levam a criança a exercitar suas capacidades (Groos); ela topa então com efeitos prazerosos que resultam da repetição do semelhante, do reencontro do conhecido, da semelhança sonora etc. e se explicam como economias inesperadas de gasto psíquico. Não é de admirar que esses efeitos prazerosos impulsionem a criança ao hábito do jogo e lhe permitam continuar com eles sem levar em conta o significado das palavras e o contexto das frases. O jogo com as palavras e os pensamentos, motivado por certos efeitos prazerosos de economia, seria, portanto, o primeiro estágio do chiste.

Esse jogo tem fim com o fortalecimento de um fator que merece ser caracterizado como crítica ou racionalidade. O jogo é agora descartado como sem sentido ou completamente absurdo; em virtude da crítica, ele se torna inviável. Também está agora excluída a possibi-

---
* No original, *Spiel*, que significa "jogo" ou "brincadeira".

lidade, a não ser episodicamente, de extrair prazer daquelas fontes do reencontro do conhecido etc., a não ser que o jovem tenha um humor brincalhão que, como na criança, permite superar a inibição crítica. Apenas neste caso o antigo jogo do ganho de prazer é novamente possível. Mas a pessoa não quer esperar por isso nem abrir mão do prazer em questão. Ela procura recursos, então, que a tornem independente do ânimo prazeroso. O desenvolvimento posterior em direção ao chiste é regido por dois esforços: evitar a crítica e substituir o ânimo.

Com isso aparece o segundo estágio prévio do chiste: o gracejo. Trata-se agora de conseguir o ganho de prazer do jogo e, ainda assim, silenciar a objeção da crítica, que não deixaria surgir o sentimento prazeroso. Há somente um caminho que conduz a esse objetivo. A junção sem sentido de palavras ou o enfileiramento absurdo de pensamentos tem de possuir um sentido. Toda a arte do trabalho chistoso é mobilizada para encontrar as palavras e constelações de pensamentos em que essa condição seja preenchida. Todos os recursos técnicos do chiste já encontram emprego aqui no gracejo, e o uso corrente da língua não encontra uma diferença clara entre o gracejo e o chiste. O que distingue o gracejo do chiste é que o sentido da frase subtraída à crítica não precisa ser interessante, novo ou sequer bom; ele só precisa ser dito, ainda que seja inusual, supérfluo e inútil dizê-lo. No gracejo, a satisfação por ter possibilitado o que a crítica proibia está em primeiro plano.

Tem-se um mero gracejo quando, por exemplo, Schleiermacher define o ciúme [*Eifersucht*] como a pai-

IV. O MECANISMO DE PRAZER E A PSICOGÊNESE DO CHISTE

xão [*Leidenschaft*] que com zelo procura [*mit Eifer sucht*] o que produz sofrimento [*was Leiden schafft*]. Tem-se um gracejo quando o professor Kästner, que ensinava física — e fazia chistes — em Göttingen, no século XVI, pergunta a um estudante de nome Kriegk, durante a matrícula, qual a sua idade e, ao receber a resposta de que tinha trinta anos, diz: "Ah, então tenho a honra de conhecer a Guerra (*Krieg*) dos 30 anos!".[44] Com um gracejo o mestre Rokitansky* respondeu à pergunta sobre a profissão que seus quatro filhos haviam seguido: "*Zwei heilen und zwei heulen*" [dois curam e dois uivam] (dois médicos e dois cantores). A informação está correta e, portanto, é inatacável; mas nada acrescenta ao que poderia ser expresso pelas palavras entre parênteses. É evidente que a resposta só assumiu a outra forma devido ao prazer derivado da unificação e da semelhança sonora das duas palavras.

Acredito que as coisas estão enfim claras. Sempre nos incomodou, na análise das técnicas do chiste, que estas não fossem próprias apenas do chiste e, no entanto, parecessem essenciais à natureza do chiste, já que com a sua eliminação pela redução se perdiam o caráter e o prazer do chiste. Agora notamos que aquilo que descrevemos como as técnicas do chiste — e em certo sentido devemos continuar a designá-las assim — são antes as fontes de onde o chiste extrai o prazer, e não

---

44 Kleinpaul. *Die Rätsel der Sprache* [Os enigmas da linguagem], 1890.
* Carl Rokitansky (1804-78), pioneiro da anatomia patológica.

achamos estranho que outros procedimentos brotem das mesmas fontes e atinjam o mesmo fim. Mas a técnica própria do chiste, a única que lhe corresponde, consiste no seu procedimento de garantir o uso desse recurso proporcionador de prazer contra a objeção da crítica que suprimiria o prazer. Não há muito que possamos dizer desse procedimento em termos universais; o trabalho do chiste se exprime, como já foi mencionado, na escolha de material verbal e situações mentais que permitem que o antigo jogo com palavras e pensamentos resista à prova da crítica; e para esse fim devem ser exploradas, do modo mais hábil, todas as peculiaridades do vocabulário e todas as constelações do contexto de pensamentos. Talvez possamos, mais adiante, caracterizar o trabalho do chiste com uma propriedade determinada; por ora permanece sem explicação o modo como é feita essa escolha vantajosa para o chiste. A tendência e a função do chiste — proteger da crítica as conexões entre palavras e pensamentos que proporcionam prazer — já se manifestam no gracejo como sua característica mais essencial. Desde o princípio, a função do gracejo consiste em remover inibições internas e tornar novamente férteis fontes de prazer que estas haviam tornado inacessíveis; e veremos que ele permanecerá fiel a essa natureza durante todo o seu desenvolvimento.

Estamos agora em condições de indicar o lugar correto do fator do "sentido no absurdo" (cf. Introdução, p. 19), ao qual os especialistas atribuem tanto significado para a caracterização do chiste e a explicação do efeito prazeroso. Os dois pontos decisivos para deter-

IV. O MECANISMO DE PRAZER E A PSICOGÊNESE DO CHISTE

minar a natureza do chiste — sua tendência a realizar o jogo prazeroso e seu esforço para protegê-lo da crítica da razão — explicam sem mais por que o chiste singular, mesmo parecendo absurdo de um ponto de vista, de outro faz todo sentido, ou pelo menos parece admissível. De que maneira ele o faz, isso diz respeito ao trabalho do chiste; onde não o consegue, o chiste é rejeitado como "absurdo". Não precisamos, contudo, derivar o efeito prazeroso do chiste do conflito dos sentimentos que emergem, seja diretamente, seja pelo caminho da "estupefação e aclaramento", do sentido e do concomitante absurdo do chiste. Também não temos necessidade de examinar mais de perto a questão sobre como o prazer pode surgir da alternância entre o tomar-por-absurdo e o reconhecer-como-pleno-de-sentido o chiste. A psicogênese do chiste nos ensinou que o seu prazer vem do jogo com as palavras ou da liberação do absurdo, e que o seu sentido pretende apenas proteger esse prazer de sua remoção pela crítica.

Com isso, o problema da característica essencial do chiste já estaria resolvido no gracejo. Passemos agora ao desenvolvimento do gracejo até seu ponto mais elevado, no chiste tendencioso. O gracejo ainda nos apresenta a tendência de nos proporcionar prazer, e se contenta com o fato de seu enunciado não parecer absurdo ou inteiramente desprovido de conteúdo. Se esse enunciado é pleno de conteúdo e de valor, ele se transforma de gracejo em chiste. Um pensamento que seria digno do nosso interesse mesmo se expresso da forma mais simples possível é revestido agora de uma forma que tem, em si e por si, de despertar nosso prazer.⁴⁵ Temos de pensar que essa associação não foi decerto produzida despropositadamente, e vamos nos esforçar para adivinhar o propósito que estava por trás da formação do chiste. Uma observação já feita anteriormente, ainda que de passagem, nos fornecerá a pista. Observamos acima que um bom chiste produz uma prazerosa impressão de conjunto, por assim dizer, sem que estejamos em condições de saber imediatamente que parte do prazer se deve à forma chistosa, que parte ao excelente conteúdo intelectual (p. 132). Nós nos enganamos constantemente sobre essa divisão: uma hora superestimamos a qualidade do chiste em função de nossa admiração pelo pensamento nele contido, logo depois fazemos o contrário, superestimando o valor do pensamento devido ao prazer que a roupagem chistosa nos proporciona. Não sabemos o que nos dá prazer ou do que rimos. Essa incerteza de nosso juízo, que pode ser admitida como um fato, pode ter dado o motivo para a formação do chiste propriamente dito. O pensamento busca a roupagem chistosa porque através dela

---

45 Como um exemplo que permite reconhecer a diferença entre o gracejo e o autêntico chiste, tomemos a excelente resposta chistosa que um membro do "Ministério Burguês" austríaco [1868-70] deu à pergunta sobre a solidariedade do gabinete: "Como podemos *dar suporte* [*einstehen*] uns aos outros, se não podemos *suportar* [*ausstehen*] uns aos outros?". Técnica: uso do mesmo material com pouca modificação (antitética). O pensamento correto e preciso: "não há solidariedade sem empatia pessoal". A antítese da modificação (*einstehen/ausstehen*) corresponde à desunião afirmada pelo pensamento e lhe serve de exposição.

IV. O MECANISMO DE PRAZER E A PSICOGÊNESE DO CHISTE

chama a nossa atenção e pode parecer-nos mais significativo, mais importante; mas sobretudo porque essa roupagem seduz e confunde a nossa crítica. Somos inclinados a creditar ao pensamento aquilo que nos agradou na forma chistosa, e não somos mais inclinados a considerar incorreto aquilo que nos proporcionou prazer, pois assim desprezaríamos a fonte de um prazer. Se o chiste nos levou ao riso, isso quer dizer que uma disposição desfavorável à crítica se produziu em nós, pois em certo ponto sucumbimos àquele humor que no passado foi proporcionado pelo jogo, e que o chiste se esforçou com todos os seus recursos para restabelecer. Embora tenhamos estabelecido anteriormente que esse chiste deve ser caracterizado como inofensivo, e não ainda tendencioso, não podemos deixar de reconhecer que, estritamente falando, apenas o gracejo é desprovido de tendência, isto é, serve unicamente ao propósito de despertar prazer. A rigor, o chiste — mesmo que o conteúdo nele contido não tenha tendência, servindo, portanto, a um interesse intelectual meramente teórico — não é nunca desprovido de tendência; ele segue o segundo propósito de promover o pensamento aumentando-o e de assegurá-lo contra a crítica. Ele exprime aqui novamente a sua natureza original, contrapondo-se a um poder inibidor e limitador — neste caso o juízo crítico.

Esse primeiro uso do chiste a ir além da produção de prazer indica o caminho para outros usos. O chiste é agora reconhecido como um fator psíquico poderoso, cujo peso, a depender da escala em que for medido, pode ser decisivo. As grandes tendências e instintos da vida espiritual se servem dele para seus propósitos. O chiste que é originariamente desprovido de tendência, que começou como um jogo, entra *secundariamente* em relação com as tendências às quais, a longo prazo, nada que se forma na vida espiritual pode escapar. Já sabemos o que ele é capaz de fazer a serviço da tendência que desnuda, da tendência hostil, da cínica e da cética. No chiste obsceno, que teve origem na piada de baixo calão, o terceiro indivíduo, que a princípio atrapalha a situação sexual, é transformado em um camarada que, seduzido pela partilha do ganho de prazer, faz com que a mulher tenha de sentir-se envergonhada. Na tendência agressiva, o chiste usa o mesmo recurso para transformar os ouvintes, a princípio indiferentes, em cúmplices do ódio ou do desprezo, dando-se com isso ao inimigo um rebanho de opositores onde havia apenas um. No primeiro caso ele supera as inibições da vergonha e da cordialidade com o prêmio em prazer que oferece; no segundo, em contrapartida, confunde novamente o juízo crítico que poderia ter decidido a disputa. No terceiro e no quarto casos, a serviço das tendências cínica e cética, abala fortemente o respeito pelas instituições e verdades em que o ouvinte acreditava — por um lado fortalecendo o argumento, mas por outro cultivando um novo tipo de ataque. Onde o argumento procura trazer a crítica do ouvinte para o seu lado, o chiste se esforça para deixar essa crítica de lado. Não há dúvida de que o chiste escolheu o caminho psicologicamente mais eficaz.

IV. O MECANISMO DE PRAZER E A PSICOGÊNESE DO CHISTE

Nesse repasse das realizações do chiste tendencioso veio ao primeiro plano aquilo que é mais fácil de ver: o efeito do chiste sobre quem o escuta. Para compreendê-lo, são mais importantes as funções que o chiste realiza na vida psíquica daquele que o elabora, ou, para dizê-lo do único modo correto, daquele a quem ele ocorre. Já fizemos uma vez a proposta — e temos aqui a oportunidade de renová-la — de estudar os processos psíquicos do chiste tendo em vista que são partilhados por duas pessoas. Expressemos, por ora, a suposição de que o processo psíquico desencadeado pelo chiste no ouvinte será, na maioria dos casos, modelado a partir daquele que se dá no seu criador. Ao obstáculo externo que deve ser superado no ouvinte corresponde uma inibição interna naquele que faz o chiste. Ao menos a expectativa do obstáculo externo está dada neste último como uma representação inibidora. Em casos particulares, o obstáculo interno que é superado pelo chiste tendencioso é evidente; nos chistes do sr. N. (p. 148), por exemplo, podemos supor que tornam possível não apenas a fruição da agressão pelo ouvinte, por meio das injúrias, mas sobretudo a produção destas pelo sr. N. Entre os tipos de inibição interna ou supressão, um será particularmente interessante para nós, pois é o de maior alcance; ele é designado pelo nome "repressão" e reconhecido por sua função de impedir que cheguem à consciência as emoções a ele submetidas e também os derivados delas. Veremos que o próprio chiste tendencioso consegue liberar prazer dessas fontes submetidas à repressão. Se a superação de obstáculos externos pode ser referida às inibições e repressões internas do modo como indicamos acima, pode-se dizer que o chiste tendencioso exibe da maneira mais clara, entre todos os estágios de desenvolvimento do chiste, a principal característica do trabalho do chiste: liberar prazer pela eliminação de inibições. Ele fortalece as tendências a serviço das quais se coloca, proporcionando-lhes o auxílio de impulsos que eram mantidos suprimidos ou simplesmente se colocando a serviço de tendências suprimidas.

Podemos perfeitamente admitir que essas são as realizações do chiste tendencioso, mas é preciso ter em conta que não compreendemos de que modo ele consegue fazê-las. Seu poder consiste no ganho de prazer que ele retira das fontes do jogo com palavras e do absurdo liberado, e, se formos julgar conforme as impressões que tivemos dos gracejos não tendenciosos, será impossível considerar que o montante desse prazer seja tão grande que lhe possamos atribuir a força de suspender inibições e repressões enraizadas. Não se trata aqui, de fato, de um simples efeito de força, mas de uma situação mais complexa de liberação. Em vez de expor o longo desvio que me levou à descoberta dessa situação, tentarei apresentá-lo por um curto caminho sintético.

Em sua *Propedêutica à estética* (v. i, cap. v), G. T. Fechner estabeleceu o "princípio da cooperação ou intensificação estética", que apresentou nas seguintes palavras:

"A convergência não contraditória de determinantes de prazer que por si sós pouco realizam tem por resultado um prazer maior, frequentemente muito maior, do que o valor corres-

IV. O MECANISMO DE PRAZER E A PSICOGÊNESE DO CHISTE

pondente aos determinantes singulares, muito maior do que se poderia explicar pela soma dos efeitos singulares; uma convergência desse tipo pode inclusive obter um resultado positivo de prazer, e ultrapassar o limiar do prazer ali onde os fatores singulares são muito fracos para isso; mas têm de mostrar, em comparação com outros fatores, uma vantagem perceptível em termos de gratificação."[46]

Acredito que o tema do chiste não nos dá muita oportunidade de confirmar a correção desse princípio, que se mostra em muitas outras construções artísticas. O chiste nos ensinou uma outra coisa que tem afinidade com esse princípio: que no efeito conjunto de muitos fatores que despertam prazer não conseguimos indicar qual a parte que corresponde a cada um deles no resultado final (ver p. 132). Pode-se variar a situação admitida no princípio da cooperação, contudo, e chegar a uma série de questões sobre esses novos determinantes que mereceriam resposta. O que acontece, em geral, quando, em uma constelação, determinantes prazerosos se encontram com determinantes desprazerosos? Do que depende então o resultado, seja ele positivo ou negativo? O chiste tendencioso é um caso especial entre essas possibilidades. Há uma emoção ou impulso que gostaria de liberar prazer de uma determinada fonte, e que o faria se não encontrasse obstáculos; além disso, há um outro impulso que se contrapõe a essa emergência de prazer, inibindo-a ou reprimindo-a. Como mostra o

---

[46] P. 51 da segunda edição, Leipzig, 1897. Os grifos são de Fechner.

resultado, a força repressiva tem de ser em certo grau mais forte que a reprimida, que com isso, todavia, não é removida.

Suponhamos agora que entre em cena um segundo impulso, que gostaria de liberar prazer do mesmo processo, ainda que de outras fontes — um impulso, portanto, que opera no mesmo sentido que o reprimido. Qual pode ser o resultado nesse caso? Um exemplo nos orientará melhor do que essa esquematização. Digamos que haja o impulso de xingar certa pessoa; o sentimento de decoro e o cultivo estético, porém, estão de tal modo em seu caminho que o xingamento não pode ocorrer; se ele pudesse irromper, por exemplo, em virtude de uma mudança no ânimo ou nos afetos, essa irrupção da tendência ao insulto seria sentida posteriormente com desprazer. Assim, o xingamento não ocorre. Suponhamos a possibilidade, porém, de extrair um bom chiste do material de palavras e pensamentos que serviriam ao xingamento, ou seja, de liberar prazer de outras fontes que não sejam bloqueadas pela mesma repressão. Mas esse outro prazer não poderia ocorrer se o xingamento não fosse admitido; sendo ele admitido, contudo, a nova liberação de prazer permanece atrelada a ele. Nossa experiência com os chistes tendenciosos mostra que, em tais circunstâncias, a tendência reprimida pode, com a ajuda do prazer chistoso, receber a força para superar a inibição que, de outro modo, é mais forte que ela. Insulta-se porque com isso o chiste é possibilitado. Mas a gratificação obtida não é apenas aquela que o chiste proporciona; é incomparavelmente maior, é tão maior

IV. O MECANISMO DE PRAZER E A PSICOGÊNESE DO CHISTE

que o prazer do chiste que nos leva a supor que a tendência antes reprimida conseguiu emergir, talvez sem nenhuma perda. Tais são as circunstâncias em que mais vivamente se ri do chiste tendencioso.

Talvez possamos, pela investigação das condições do riso, formar uma ideia mais viva de como o chiste coopera para romper a repressão. Vemos já agora, porém, que o chiste tendencioso é um caso especial do princípio da cooperação. Uma possibilidade de emergência do prazer surge numa situação em que outra possibilidade de prazer está bloqueada, não podendo proporcionar prazer por si mesma; o resultado é uma geração de prazer muito maior que a própria possibilidade aí surgida. Esta última funcionou como uma espécie de *bônus de incentivo*; com a ajuda de uma pequena quantidade de prazer, obteve-se uma quantidade bem maior, que de outro modo seria muito difícil obter. Tenho boas razões para supor que esse princípio corresponde a um arranjo que vale para muitos âmbitos da vida espiritual, distantes uns dos outros, e considero oportuno descrever o prazer que ocasiona a grande liberação de prazer como um *prazer prévio*, e o princípio como um *princípio do prazer prévio*.

Podemos enunciar agora a fórmula do funcionamento do chiste tendencioso: usando o prazer prévio que é proporcionado pelo prazer do chiste, ele se coloca a serviço de tendências, a fim de, eliminado supressões e repressões, produzir um novo prazer. Se repassamos agora o seu desenvolvimento, podemos dizer que o chiste permaneceu fiel à sua natureza do início ao fim. Começa como um jogo para extrair prazer do livre uso de palavras e pensamentos. À medida que o fortalecimento da razão lhe proíbe esse jogo com palavras, considerado sem sentido, bem como o jogo com pensamentos, considerado absurdo, ele se transforma em gracejo para conservar essas fontes de prazer e poder extrair um novo prazer da liberação do absurdo. Como chiste propriamente dito, ainda desprovido de tendência, ele oferece a sua ajuda a alguns pensamentos e os fortalece contra os ataques do juízo crítico, contando aí com o princípio da troca das fontes de prazer; por fim, alia-se a grandes tendências em luta contra a repressão, a fim de suspender inibições internas conforme o princípio do prazer prévio. A razão, o juízo crítico, a repressão: eis os poderes contra os quais ele luta em sequência; ele conserva firmemente as fontes originais de prazer verbal e, pela eliminação de inibições, abre-se a novas fontes de prazer a partir do estágio do gracejo. O prazer que produz, seja agora um prazer de jogo ou de eliminação, pode ser sempre deduzido da economia em gasto psíquico, caso esta concepção não contradiga a natureza do chiste e se mostre fecunda em outras direções.[47]

---

[47] Os chistes de absurdo, que ainda não receberam a atenção devida em nossa exposição, merecem uma curta consideração suplementar.

PELA importância que nossa concepção atribui ao elemento do "sentido no absurdo", poder-se-ia esperar que todo chiste seja um chiste de absurdo. Mas isso não é necessário, já que apenas o jogo com pensamentos conduz inevitavelmente ao absurdo, ao passo que a outra fonte do prazer chistoso, o jogo com palavras, só dá essa impressão de forma ocasional e não provoca normalmente a crítica a ela vinculada. A dupla raiz do prazer chistoso — no jogo

IV. O MECANISMO DE PRAZER E A PSICOGÊNESE DO CHISTE

com palavras e no jogo com pensamentos, que corresponde à mais importante bipartição em chistes verbais e intelectuais — dificulta bastante a formulação precisa de proposições gerais sobre o chiste. O jogo com palavras proporciona um prazer evidente em decorrência dos fatores, acima listados, do reconhecimento etc., e, por conta disso, só está submetido à repressão em pequena medida. O jogo com pensamentos não pode ser motivado por esse prazer; ele sucumbe a uma repressão muito forte, e o único prazer que pode proporcionar é o prazer da inibição removida; pode-se dizer, por conseguinte, que o prazer chistoso mostra um núcleo de prazer lúdico original e um invólucro de prazer na remoção de inibições.
— Não percebemos, é claro, que o prazer no chiste de absurdo vem do fato de conseguirmos liberar um absurdo a despeito da repressão, ao passo que notamos facilmente que o jogo com palavras nos proporcionou prazer. — O absurdo que se conservou no chiste intelectual adquire secundariamente a função de aumentar nossa atenção através da estupefação, servindo como meio para fortalecer o efeito do chiste, mas apenas quando é muito evidente, de tal modo que a estupefação possa ficar à frente do entendimento por um claro instante. O absurdo no chiste pode, além disso, ser usado para expor um juízo contido no pensamento, como vimos nos exemplos das pp. 82 ss. Mas este também não é o significado primário do absurdo no chiste.

PODEMOS ligar aos chistes de absurdo uma série de produções análogas ao chiste para as quais não se tem um nome adequado, mas que podem fazer jus à designação "bobagem com aparência de chiste". Há muitas delas; quero destacar apenas duas como amostras: "Um homem está sentado à mesa e, depois que o peixe é servido, pega a maionese com as duas mãos, duas vezes, e a espalha nos cabelos. Percebendo que o vizinho o fita admirado, ele parece notar o próprio erro e se desculpa: 'Perdão. Achei que era espinafre'".

OU então: "'A vida é uma ponte suspensa', diz um. — 'Como assim?', replica o outro. — 'Sei lá eu?', responde aquele".

ESSES exemplos extremos têm o efeito de despertar a expectativa do chiste, de tal modo que nos esforçamos para encontrar um sentido oculto por trás do absurdo. Mas não encontramos nenhum: são um absurdo mesmo. Por um momento, o engano tornou possível liberar o prazer com o absurdo. Esses chistes não são inteiramente desprovidos de tendência; eles são "apanha-tolos", proporcionam certo prazer àquele que os conta, ao confundir e irritar o ouvinte. Este último atenua então sua irritação com a perspectiva de vir a contar um chiste desse gênero.

V. OS MOTIVOS DO CHISTE. O CHISTE COMO PROCESSO SOCIAL

Falar dos motivos do chiste pode parecer supérfluo, pois a intenção de obter prazer tem de ser reconhecida como motivo suficiente do trabalho do chiste. Mas não está excluída, por um lado, a possibilidade de que outros motivos também participem da produção do chiste; e, por outro lado, tem de ser levantada, em vista de certas experiências conhecidas, a questão de sua determinação subjetiva.

Dois fatos, sobretudo, tornam isso necessário. Embora o trabalho do chiste seja um excelente caminho para obter prazer dos processos psíquicos, vê-se, contudo, que nem todos os seres humanos são igualmente capazes de servir-se desse meio. O trabalho do chiste não está à disposição de todos, e em geral somente poucas pessoas o têm em abundância — das quais se diz, de maneira distintiva, que são espirituosas.* — "*Witz*" aparece aqui como uma capacidade peculiar, algo no nível das antigas "faculdades da alma", e se mostra, ao manifestar-se, bastante independente das outras — inteligência, fantasia, memória etc. Deve-se supor, portanto, que as mentes espirituosas são dotadas de disposições peculiares ou condições psíquicas que permitem ou favorecem o trabalho do chiste.

---

* "São espirituosas": *sie haben Witz*. A palavra *Witz* tem o sentido de "chiste", que é como a estamos traduzindo, mas também de "espirituosidade" ou "engenho".

Temo que não possamos ir muito longe na exploração dessa questão. Apenas conseguimos, aqui e ali, avançar da compreensão de um chiste específico para o conhecimento das condições subjetivas na alma de quem o criou. Por um mero acaso, justamente o exemplo de chiste com que começamos as nossas investigações sobre a sua técnica serve também aqui para que possamos vislumbrar suas condições subjetivas. Refiro-me ao chiste de Heine que também chamou a atenção de Heymans e Lipps:

> [...] sentei-me ao lado de Salomon Rothschild e ele me tratou como um semelhante, de modo bem *familionário*. ("Os banhos de Lucca".)

Heine colocou essas palavras na boca de um personagem cômico, Hirsch-Hyacinth, agente de loteria, pedicuro e fiscal em Hamburgo, valete de chambre do nobre barão Cristoforo Gumpelino (antes Gumpel). É evidente o prazer que o poeta encontra nessa sua criatura, pois dá sempre a palavra a Hirsch-Hyacinth e o faz exprimir-se da maneira mais divertida e franca, quase lhe emprestando a sabedoria prática de um Sancho Pança. É uma pena que Heine, que parece pouco inclinado à composição dramática, tenha logo abandonado essa deliciosa figura. Não são poucas as passagens em que temos a impressão de ver o próprio poeta, atrás de uma frágil máscara, falando através de Hirsch-Hyacinth, e logo chegamos à certeza de que esse personagem é apenas uma autoparódia do autor. Hirsch relata as razões

V. OS MOTIVOS DO CHISTE. O CHISTE COMO PROCESSO SOCIAL

pelas quais abandonou seu antigo nome a agora se chama Hyacinth. "Tenho a vantagem adicional", prossegue ele, "de que já tenho um 'H' em meu selo, e não preciso gravar um novo." Essa mesma economia, porém, foi feita pelo próprio Heine ao trocar, em seu batismo, seu prenome Harry por Heinrich. Ora, todos os que conhecem a história do poeta devem lembrar que Heine possuía em Hamburgo, para onde também aponta o personagem Hirsch-Hyacinth, um tio de mesmo nome que, como o homem rico da família, desempenhou o maior papel na sua vida. O tio se chamava... *Salomon*, exatamente como o velho Rothschild, que tratou o pobre Hirsch de modo tão familionário. O que parecia um mero gracejo na boca de Hirsch-Hyacinth mostra, se o transferimos ao sobrinho Harry-Heinrich, um pano de fundo de séria amargura. Afinal, ele pertencia à família, e sabemos que tinha o intenso desejo de se casar com a filha desse tio, mas a prima o rejeitou e o tio sempre o tratava de um modo algo "familionário", como um parente pobre. Os primos ricos de Hamburgo nunca tiveram muita consideração por ele. Lembro-me de uma história contada por uma velha tia minha, que havia entrado na família Heine pelo casamento: quando era ainda uma bela jovem, ela estava um dia sentada à mesa e tinha ao seu lado um moço, que lhe pareceu pouco atraente e a quem os demais tratavam com certo desdém; ela sentia que não devia tratá-lo de maneira mais amável. Somente muitos anos depois ela soube que esse primo negligente e negligenciado era o poeta Heinrich Heine. São muitos os sinais do quanto Heine sofreu com essa rejeição por seus parentes ricos, quando era jovem e depois. Foi do solo dessa emoção subjetiva, portanto, que brotou o chiste do "familionário".

Em muitos outros chistes desse grande satírico podemos suspeitar determinantes subjetivos semelhantes, mas não conheço outro exemplo em que se possa demonstrá-los de maneira tão convincente; e por isso é arriscado tentar dizer algo mais preciso sobre a natureza desses determinantes pessoais; além disso, ninguém estará disposto, em princípio, a recorrer a determinantes assim complicados para o surgimento de cada chiste. Tampouco nos chistes produzidos por outros homens famosos chegaremos mais facilmente à compreensão que buscamos; quando se descobre, por exemplo, que Lichtenberg era um homem fortemente hipocondríaco, com todos os tipos de excentricidades, tem-se talvez a impressão de que, com frequência, os determinantes subjetivos do trabalho do chiste não são distantes daqueles da doença neurótica. A grande maioria dos chistes, em especial os novos, que são feitos em torno dos acontecimentos do presente, circulam anonimamente; pode haver a curiosidade de saber que tipo de pessoa está na origem dessas produções. Caso se tenha a oportunidade de, como médico, conhecer uma das pessoas que, embora de resto pouco destacadas, são reconhecidas em seu círculo como piadistas e autores de muitos chistes bem-sucedidos, pode-se ter a surpresa de descobrir que essa mente chistosa é uma personalidade dividida e predisposta a doenças nervosas. A insuficiência dos documentos, porém, nos impedirá por certo de estabelecer essa constituição psiconeurótica como condição subjetiva regular ou necessária da construção de chistes.

Um caso mais transparente é novamente oferecido pelos chistes de judeus, que, como já mencionado, são feitos exclusivamente pelos próprios judeus, ao passo que as histórias de judeus de outras procedências quase nunca se elevam acima do nível das histórias cômicas ou do escárnio grosseiro (p. 160). A condição de a própria pessoa estar envolvida no chiste parece revelar-se aqui, assim como no chiste do "familionário" de Heine, e seu significado parece estar no fato de que a crítica ou agressão se tornam mais difíceis para a pessoa e só podem ser feitas por meio de desvios.

Outras condições ou fatores subjetivos que favorecem o trabalho do chiste estão menos envolvidos em obscuridade. Não raramente, os motivos que levam à produção de chistes inofensivos estão no ímpeto ambicioso a mostrar o próprio espírito, a expor-se, impulso [*Trieb*] que pode ser equiparado ao exibicionismo no âmbito sexual. A presença de numerosos instintos inibidos, cuja repressão conservou certo grau de instabilidade, fornecerá a disposição mais favorável à produção de chistes tendenciosos. Assim, componentes da constituição sexual de um ser humano podem, muito particularmente, aparecer como motivos da formação do chiste. Uma série de chistes obscenos permite concluir que por trás deles se esconde a inclinação ao exibicionismo de seu criador; quanto aos chistes tendenciosos agressivos, quem consegue fazê-los melhor são os indivíduos em cuja sexualidade se pode perceber um forte componente sádico, mais ou menos inibido ao longo da vida.

O segundo fato que nos leva a investigar os determinantes subjetivos do chiste é a experiência, universal e bem conhecida, de que ninguém pode se contentar em fazer um chiste apenas para si mesmo. O impulso de comunicar o chiste está inseparavelmente ligado ao trabalho do chiste; aliás, esse impulso é tão forte que com frequência se realiza negligenciando importantes considerações. Também no caso do cômico, comunicá-lo a outra pessoa dá prazer, ainda que não seja tão imperativo; pode-se ter prazer pelo simples fato de topar com algo cômico. No chiste, em contrapartida, somos forçados a comunicá-lo; o processo psíquico da formação do chiste não parece encerrado quando ele ocorre a alguém; resta algo, que completará o desconhecido processo de formação do chiste com sua comunicação a alguém.

Não podemos adivinhar, a princípio, em que se fundamenta o impulso de comunicar o chiste. Mas notamos neste uma outra propriedade, que o distingue novamente do cômico. Quando me ocorre algo cômico, eu mesmo posso rir francamente disso; também sinto prazer, em todo caso, quando, comunicando-o a outra pessoa, a levo a rir. Do chiste que me ocorreu, que eu fiz, não posso rir eu mesmo, apesar da evidente satisfação que sinto com ele. É possível que a minha necessidade de comunicá-lo a outra pessoa esteja de algum modo ligada a esse efeito de riso do chiste, que me é vetado, mas se manifesta nos outros.

V. OS MOTIVOS DO CHISTE. O CHISTE COMO PROCESSO SOCIAL

Por que, então, eu não rio do meu próprio chiste? E qual é aí o papel do outro?

Comecemos pela última questão. No cômico são consideradas, em geral, duas pessoas: além de mim mesmo, a pessoa na qual descubro o elemento cômico; se objetos me parecem cômicos, isso acontece por meio de uma espécie de personificação que não é rara em nossa vida ideativa. Essas duas pessoas, o eu e a pessoa-objeto, são suficientes para o processo cômico; uma terceira pessoa pode aparecer, mas não é requerida. Enquanto jogo com as próprias palavras e pensamentos, o chiste dispensa a pessoa-objeto num primeiro momento, mas já no estágio preliminar do *gracejo*, quando conseguiu assegurar o jogo e o absurdo contra a objeção da razão, ele exige outra pessoa a quem possa comunicar o seu resultado. Mas esta segunda pessoa do chiste não corresponde à pessoa-objeto, e sim à terceira pessoa, ao "outro" do cômico. Parece que no gracejo é transferida à outra pessoa a decisão sobre se o trabalho chistoso cumpriu a sua tarefa, como se o eu não estivesse seguro do seu juízo a respeito. Também o chiste inofensivo, que reforça o pensamento, precisa do outro para testar se atingiu seu propósito. Se o chiste é feito a serviço de tendências desnudantes ou hostis, ele pode ser descrito como um processo psíquico envolvendo três pessoas — que são as mesmas do cômico, mas com um papel distinto para a terceira pessoa: o processo psíquico do chiste se completa entre a primeira pessoa, o eu, e a terceira, a pessoa estranha; e não, como no cômico, entre o eu e a pessoa-objeto.

Também na terceira pessoa o chiste esbarra em condições subjetivas que podem tornar inatingível o objetivo de despertar prazer. Como nos lembra Shakespeare,

> *A jest's prosperity lies in the ear*
> *of him that hears it, never in the tongue*
> *of him that makes it* [...]
> [O sucesso de um gracejo está no ouvido
> De quem o escuta, jamais na língua
> De quem o faz (...)].
>
> (*Love's labours lost*, v, 2)

Quem está tomado por um ânimo ligado a pensamentos sérios não é a pessoa apropriada para confirmar que o gracejo foi bem-sucedido em salvar o prazer verbal. Ele tem de estar ele próprio numa disposição de ânimo bem-humorada, ou ao menos indiferente, para ser a terceira pessoa do gracejo. O mesmo obstáculo se coloca para o chiste inofensivo e para o tendencioso; no último, porém, aparece como um novo obstáculo a oposição à tendência a que o chiste pretende servir. A prontidão para rir de um excelente chiste obsceno pode não se estabelecer se o desnudamento visa uma pessoa próxima e muito estimada pela terceira pessoa; numa assembleia de padres e pastores ninguém ousaria mencionar a comparação feita por Heine entre os ministros católicos e protestantes e os pequenos comerciantes e vendedores de uma grande loja; e numa reunião de alguns amigos do meu adversário, as mais chistosas invectivas que eu dirigisse contra ele não seriam recebidas como chistes, mas como ataques, e não despertariam prazer, mas raiva entre os ouvintes. Algum grau de inclinação, uma certa indiferença, a ausência de elementos que possam despertar sentimentos contrários à tendência do chiste, é uma condição indispensável para que a terceira pessoa colabore na conclusão do processo do chiste.

Ali onde estão ausentes tais obstáculos para o efeito do chiste é que aparece o fenômeno que interessa à nossa investigação: o prazer proporcionado pelo chiste se mostra mais claramente na terceira pessoa do que no seu criador. Devemos nos contentar em dizer "mais claramente" quando estaríamos inclinados a perguntar se o prazer do ouvinte não é mais intenso que o de seu autor, pois, como é compreensível, faltam-nos os meios para medir e comparar os dois. Vemos, porém, que o ouvinte demonstra prazer com um riso explosivo, depois de a primeira pessoa apresentar-lhe o chiste com uma expressão geralmente contida. Se passo adiante um chiste que ouvi, devo, para não estragar o seu efeito, comportar-me ao contá-lo como aquele que o inventou. Coloca-se então a questão sobre se podemos, a partir dessas condições para que o chiste desperte o riso, extrair conclusões a respeito do processo psíquico na construção do chiste.

Não podemos ter a intenção, é claro, de levar aqui em consideração tudo aquilo que foi afirmado e publicado acerca da natureza do riso. A frase com que Dugas, um discípulo de Ribot, abre seu livro *Psychologie du rire* (1902) serve para afastar-nos de tal proposta:

> *"Il n'est pas de fait plus banal et plus étudié que le rire; il n'en est pas qui ait eu le don d'exciter davantage la curiosité du vulgaire et celle des philosophes, il n'en est pas sur le quel on ait recueilli plus d'observations et bati plus de théories, et avec cela il n'en est pas qui demeure plus inexpliqué; on serait tenté de dire avec les sceptiques qu'il faut être content de rire et de ne pas chercher à savoir pourquoi on rit, d'autant que peut-être la réflexion tue le rire, et qu'il serait alors contradictoire qu'elle en découvrît les causes."*

[Não há fato mais banal e mais estudado que o riso; não há nenhum que tenha despertado maior curiosidade entre as pessoas comuns e os filósofos; não há nenhum sobre o qual se tenham catalogado mais observações e construído mais teorias; e, apesar disso, não há nenhum que tenha permanecido tão inexplicado — a tal ponto que somos tentados a dizer, com os céticos, que devemos nos contentar em rir e não procurar saber por que rimos, pois a reflexão talvez mate o riso, e seria então contraditório ela descobrir suas causas.]

Em contrapartida, não deixaremos escapar a oportunidade de usar, para os nossos propósitos, uma concepção sobre o mecanismo do riso que se encaixa muito bem em nosso modo de pensar. Refiro-me à tentativa de explicar o riso empreendida por H. Spencer em seu ensaio "Physiology of laughter" [Fisiologia do riso].[48]

---

48 Spencer, H. "The physiology of laughter" (publicado pela primeira vez em *Macmillans Magazine*, mar. 1860). In: *Essays*, 2 v., 1901.

V. OS MOTIVOS DO CHISTE. O CHISTE COMO PROCESSO SOCIAL

Segundo Spencer, o riso é um fenômeno de descarga da excitação mental e uma prova de que a aplicação psíquica dessa excitação topou subitamente com um obstáculo. A situação psicológica que resulta no riso é por ele descrita nas seguintes palavras: *"Laughter naturally results only when consciousness is unawares transferred from great things to small — only when there is what we may call a* descending *incongruity"* [O riso só se dá, naturalmente, quando a consciência é transferida, de maneira imprevista, das coisas grandes para as pequenas — quando há aquilo que podemos chamar de uma incongruência *descendente*].[49]

Em um sentido bem próximo, autores franceses (como Dugas) caracterizam o riso como uma *"détente"*, uma

---

49 Diversos pontos dessa definição exigiriam um exame aprofundado numa investigação sobre o prazer cômico, o que já foi empreendido por outros autores e, de qualquer modo, não cabe aqui. — Spencer não me parece ter sido feliz na explicação de por que a descarga toma justamente aqueles caminhos cuja excitação produz o quadro somático do riso. Eu gostaria de oferecer uma única contribuição ao tema da explicação fisiológica do riso, ou seja, da derivação ou interpretação das ações musculares características do riso — um tema que desde Darwin foi exaustivamente tratado, mas nunca resolvido definitivamente. Pelo que sei, a careta consistente em recuar os cantos da boca, que é característica do sorriso, aparece pela primeira vez no bebê quando ele, satisfeito e saciado, adormece e larga o peito. Ela é um autêntico movimento expressivo, já que corresponde à decisão de não receber mais alimento, como que dizendo "foi o suficiente", ou antes, "mais do que o suficiente". Esse sentido original da saciedade prazerosa pode ter dado ao sorriso, que é o fenômeno de fundo do riso, a sua relação posterior com os processos prazerosos de descarga.

manifestação de distensão; e também a fórmula de A. Bain — *"Laughter a relief from restraint"*. [Riso, um alívio da restrição] — parece-me bem menos distante da concepção de Spencer do que muitos autores querem nos fazer crer.

Em todo caso, sentimos a necessidade de modificar o pensamento de Spencer e de, em parte, precisar as ideias nele contidas, e, em parte, alterá-las. Nós diríamos que o riso surge quando um montante de energia psíquica, usado antes para o investimento de certos caminhos psíquicos, se tornou inutilizável e, assim, pode ser livremente descarregado. Temos clareza quanto à "má impressão" que podemos causar ao fazê-lo, mas ousaremos citar, em nossa defesa, uma frase da obra de Lipps *Komik und Humor* [1898], da qual se podem extrair esclarecimentos que vão além da comicidade e do humor: "No fim das contas, os problemas psicológicos particulares nos levam a ir tão fundo na psicologia que, no limite, nenhum problema psicológico pode ser tratado isoladamente" (p. 71). Os conceitos de "energia psíquica", "descarga" e o tratamento da energia psíquica como uma quantidade se tornaram habituais em meu pensamento desde que comecei a lidar filosoficamente com os fatos da psicopatologia; e já em minha *Interpretação dos sonhos* (1900) procurei, de maneira similar a Lipps, apresentar os processos psíquicos inconscientes em si, e não os conteúdos conscientes, como o que é "propriamente eficiente na psique".[50] Apenas quando falo em "investi-

---

50 Cf. a seção "Über die psychische Kraft..." [Sobre a força psíquica...], no capítulo VIII do livro citado de Lipps (ver também a

mento de caminhos psíquicos" pareço me afastar das analogias habituais em Lipps. Foram minhas descobertas sobre a capacidade de deslocamento da energia psíquica em certas vias de associação e a conservação praticamente indestrutível dos traços dos processos psíquicos que de fato me sugeriram buscar esse tipo de imagem para o desconhecido. Para evitar mal-entendidos, devo acrescentar que não estou tentando proclamar que as células e fibras, ou os sistemas neuronais que hoje tomam seus lugares, são esses caminhos psíquicos, ainda que estes tenham de poder ser representados, de uma maneira que ainda não pode ser indicada, por elementos orgânicos do sistema nervoso.

Segundo a nossa conjectura, portanto, no riso são dadas as condições para que uma soma de energia psíquica até então usada para o investimento seja livremente descarregada; e uma vez que o riso — não todo riso, é verdade, mas certamente o riso com o chiste — é um sinal de prazer, nós nos inclinaremos a relacionar esse prazer à suspensão do investimento que havia até então. Se vemos que o ouvinte do chiste ri, e o seu criador não

---

Interpretação dos sonhos, VIII): "É válida, portanto, a proposição geral: os fatores da vida psíquica não são os conteúdos da consciência, mas os processos psíquicos inconscientes em si. A tarefa da psicologia tem de ser então, se ela não quiser apenas descrever conteúdos da consciência, a de inferir a natureza desses processos inconscientes a partir da constituição dos conteúdos da consciência e de seus vínculos temporais. A psicologia tem de ser uma teoria desses processos. Mas essa psicologia logo descobrirá que há várias particularidades desses processos que não são representadas nos conteúdos correspondentes da consciência" (p. 123).

pode rir, isso deve significar que no ouvinte é suspenso e descarregado um gasto de investimento, enquanto na formação do chiste há obstáculos à suspensão ou à possibilidade de descarga. Dificilmente podemos caracterizar melhor o processo psíquico que ocorre no ouvinte, na terceira pessoa do chiste, do que enfatizando que ele compra o prazer do chiste com um gasto próprio muito pequeno. Ele lhe é dado de presente, por assim dizer. As palavras do chiste que ele escuta fazem surgir nele, necessariamente, aquela representação ou conexão de pensamentos a que também nele se contrapunham obstáculos internos tão grandes. Ele teria que despender um esforço próprio para produzi-las espontaneamente como primeira pessoa, um gasto psíquico ao menos tão grande quanto as forças correspondentes da inibição, supressão ou repressão delas. Ele economizou esse gasto psíquico; conforme nossa discussão anterior (p. 170), diríamos que o seu prazer corresponde a essa economia. Segundo o que descobrimos sobre o mecanismo do riso, diríamos antes que devido à introdução, pela percepção auditiva, da representação proibida, o investimento de energia aplicado na inibição se tornou subitamente supérfluo, foi suspenso e, assim, pode ser descarregado pelo riso. Ambas as explicações coincidem no essencial, já que o gasto economizado corresponde justamente à inibição tornada supérflua. Mas a última é mais ilustrativa, pois nos autoriza a dizer que o ouvinte do chiste ri com o montante de energia psíquica que foi liberado pela suspensão do investimento de inibição; ele ri esse montante, por assim dizer.

V. OS MOTIVOS DO CHISTE. O CHISTE COMO PROCESSO SOCIAL

Se a pessoa em que o chiste se forma não pode rir, isso aponta, como ainda agora dizíamos, para uma diferença, em relação ao processo na terceira pessoa, que diz respeito ou à suspensão do investimento de inibição, ou à possibilidade da sua descarga. Mas o primeiro desses dois casos não corresponde à realidade, como veremos agora. O investimento de inibição também precisa ter sido suspenso na primeira pessoa, pois, do contrário, não teria havido um chiste cuja formação envolvia justamente superar esse obstáculo. Também seria impossível que a primeira pessoa sentisse o prazer do chiste que derivamos justamente da suspensão da inibição. Somente nos resta, portanto, o outro caso: ainda que sinta prazer, a primeira pessoa não pode rir porque a possibilidade de descarga está comprometida. Este comprometimento da possibilidade de descarga, que é uma condição para o riso, pode resultar do fato de que o investimento de energia liberado foi imediatamente direcionado para outro uso endopsíquico. É bom que nos tenhamos dado conta dessa possibilidade; logo daremos mais atenção a ela. Mas na primeira pessoa do chiste pode haver outra circunstância conduzindo ao mesmo resultado. Pode ser que, apesar da suspensão do investimento de inibição, nenhum montante de energia capaz de ser exteriorizado tenha sido liberado. Pois na primeira pessoa ocorre um trabalho do chiste que tem de corresponder a um certo montante de novo gasto psíquico. A primeira pessoa fornece ela própria, portanto, a força que suspende a inibição; disso resulta certamente um ganho de prazer para ela — no caso do chiste tendencioso um prazer bem considerável — pois o prazer preliminar obtido com o trabalho do chiste se incumbe da suspensão de inibições ulteriores; mas o gasto com o trabalho do chiste é subtraído a cada caso do ganho com a suspensão da inibição, um gasto que não ocorre no ouvinte do chiste. Em apoio disso, observe-se ainda que o chiste pode perder o seu efeito de riso mesmo na terceira pessoa, caso esta tenha que despender algum esforço intelectual. As alusões de um chiste têm de ser evidentes, as omissões têm de ser facilmente preenchidas; se o interesse intelectual consciente é despertado, o efeito do chiste se torna, em regra, impossível. Aqui reside uma importante diferença entre o chiste e o enigma. Pode ser que a constelação psíquica durante o trabalho do chiste não seja, em geral, favorável à livre descarga do que foi ganho. Não estamos provavelmente em condições, a esta altura, de ter uma compreensão mais profunda; a primeira parte do nosso problema — por que a terceira pessoa ri — foi mais bem resolvida do que a outra — por que a primeira pessoa não ri.

De qualquer modo, se nos ativermos a essas concepções sobre os determinantes do riso e o processo psíquico que ocorre na terceira pessoa, vemo-nos em condições de esclarecer satisfatoriamente toda uma série de particularidades do chiste que são conhecidas, mas não foram compreendidas. Se um montante de energia de investimento capaz de ser descarregado deve ser liberado na terceira pessoa, várias condições têm de ser satisfeitas ou são desejáveis para favorecer o processo. 1) É preciso assegurar que a terceira pessoa realmente efetive esse

V. OS MOTIVOS DO CHISTE. O CHISTE COMO PROCESSO SOCIAL

gasto de energia. 2) É preciso impedir que, uma vez liberada, essa energia encontre outro uso psíquico, a não ser o de estar disponível para a descarga motora. 3) Só pode ser vantajoso que o investimento a ser liberado seja antes fortalecido e intensificado na terceira pessoa. Para servir a todos esses propósitos há certos recursos do trabalho do chiste que podemos classificar como técnicas secundárias ou auxiliares.

A primeira dessas condições estabelece uma das propriedades da terceira pessoa que a tornam apta a ser ouvinte do chiste. Ela tem de possuir com a primeira pessoa, definitivamente, uma compatibilidade psíquica tal que chegue a apresentar as mesmas inibições internas que foram superadas pelo trabalho do chiste na primeira. Quem é dado a piadas de baixo calão não poderá extrair prazer de um chiste sutil de desnudamento; as agressões do sr. N. não encontrarão nenhuma compreensão junto a pessoas incultas habituadas a dar vazão ao seu prazer grosseiro. Cada chiste demanda assim seu próprio público, e rir dos mesmos chistes é uma prova de grande compatibilidade psíquica. Chegamos aqui a um ponto, aliás, que nos permite compreender melhor o processo que ocorre na terceira pessoa. Ela tem de poder produzir em si, de forma habitual, a mesma inibição que o chiste superou na primeira pessoa, de modo que, tão logo escute o chiste, a prontidão para essa inibição seja despertada compulsiva ou automaticamente. Essa prontidão para a inibição, que devemos entender como um gasto efetivo de energia análogo à mobilização no âmbito militar, será reconhecida, ao mesmo tempo, como supérflua ou atrasada, e, portanto, descarregada pelo riso *in statu nascendi*.[51]

A segunda condição para a produção da livre descarga — que um outro uso da energia liberada seja impedido — aparece como a mais importante de longe. Ela oferece a explicação teórica para a incerteza do sucesso do chiste quando os pensamentos expressos por ele despertam no ouvinte representações fortemente excitantes: se ao processo do chiste será dada ou recusada a atenção é algo que dependerá da compatibilidade ou contradição entre as tendências do chiste e a série de pensamentos predominante no ouvinte. É de interesse teórico ainda maior, contudo, uma sequência de técnicas auxiliares do chiste que servem claramente ao propósito de afastar a atenção do ouvinte do processo chistoso, de modo a deixar este último correr automaticamente. Digo "automaticamente", e não "inconscientemente", de maneira intencional, pois a última caracterização seria enganosa. Aqui se trata apenas de manter o maior investimento de atenção afastado do processo psíquico enquanto o chiste é ouvido; e a utilidade dessas técnicas auxiliares nos permite supor, com razão, que é justamente esse investimento de atenção que tem a maior participação no controle e reutilização da energia de investimento liberada.

Não parece nem um pouco fácil evitar o uso endopsíquico de investimentos que se tornaram supérfluos,

---

51 A noção do *status nascendi* foi empregada por Heymans (*Zeitschrift für Psychologie* [Revista de psicologia], XI) em um contexto diferente.

V. OS MOTIVOS DO CHISTE. O CHISTE COMO PROCESSO SOCIAL

já que, em nossos processos intelectuais, estamos sempre deslocando tais investimentos de um caminho para o outro sem perder a sua energia por algum tipo de descarga. O chiste se serve aqui do seguinte recurso. Primeiramente, ele busca a expressão mais curta possível, de modo a oferecer menos alvos para a atenção. Em segundo lugar, observa a condição de ser facilmente compreensível (cf. acima); tão logo exigisse o trabalho intelectual de escolher entre vários caminhos de pensamento, ele colocaria em perigo o efeito do chiste não apenas pelo inevitável esforço mental, mas também por despertar a atenção. Além disso, ele se vale da artimanha de desviar a atenção, oferecendo-lhe, na expressão do chiste, algo que a captura, de modo que enquanto isso a liberação do investimento de inibição e sua descarga se realizem sem entraves. Já as omissões na verbalização do chiste atendem a esse propósito; elas estimulam a preencher as lacunas e, desse modo, conseguem desviar a atenção do processo do chiste. É como se a técnica do enigma, que atrai a atenção, fosse aqui colocada a serviço do trabalho do chiste. Ainda mais efetivas são as construções de fachada, que já encontramos em vários grupos de chistes tendenciosos (cf. pp. 151 ss.). As fachadas silogísticas satisfazem de maneira excepcional o propósito de capturar a atenção dando-lhe uma tarefa. Enquanto começamos a considerar o que pode estar errado com a resposta, já estamos rindo; nossa atenção foi surpreendida, a descarga do investimento de inibição liberado foi efetuada. O mesmo vale para os chistes de fachada cômica, em que a comicidade auxilia a técnica do chiste. Uma fachada cômica estimula o efeito do chiste de vários modos: não apenas possibilita o automatismo do processo chistoso pela captura da atenção, mas também facilita a descarga através do chiste, ao promover antes uma descarga através do cômico. A comicidade opera aqui exatamente como um prazer preliminar sedutor, e assim compreendemos por que muitos chistes podem prescindir por completo do prazer preliminar gerado pelos demais recursos do chiste, servindo-se apenas do cômico como prazer prévio. Entre as técnicas do chiste propriamente ditas, são sobretudo o deslocamento e a representação pelo absurdo que, à parte suas outras funções, promovem o desvio de atenção desejável para o transcurso automático do processo chistoso.[52]

---

[52] Usando um exemplo de chiste de deslocamento, eu gostaria de abordar outra interessante característica da técnica do chiste. A genial atriz Gallmeyer teria respondido certa vez à indesejada pergunta "Qual sua idade?", "em tom de Margarida [do *Fausto*] e olhos timidamente abaixados" com a resposta "Em Brünn". Isto é simplesmente um modelo de deslocamento: questionada sobre sua idade, ela responde informando seu local de nascimento, antecipando assim a pergunta seguinte e dando a entender que quer pular a primeira pergunta. E, no entanto, sentimos que a natureza do chiste não se exprime aqui de maneira pura. O objetivo de pular a pergunta é bem claro, o deslocamento é inteiramente óbvio. Nossa atenção compreende de imediato que se trata aqui de um deslocamento intencional. Nos outros chistes de deslocamento, este é velado, nossa atenção é capturada pelo esforço de identificá-lo. No chiste (p. 80) em que "O que vou fazer em Pressburg às 6h30 da manhã?" serve de resposta à recomendação de um cavalo, o deslocamento também salta aos olhos, mas, em compensação, o seu absurdo tem um efeito

V. OS MOTIVOS DO CHISTE. O CHISTE COMO PROCESSO SOCIAL

Já intuímos, e perceberemos melhor mais adiante, que com a condição do desvio da atenção descobrimos um traço do processo psíquico no ouvinte do chiste que não é secundário. Em conexão com ele podemos compreender outras coisas. Primeiramente, por que quase nunca sabemos do que rimos no chiste, mas podemos determiná-lo por meio de uma investigação analítica. Esse riso é justamente o resultado de um processo automático que só foi possível pelo afastamento de nossa atenção consciente. Em segundo lugar, passamos a compreender a peculiaridade do chiste de somente manifestar todo o seu efeito no ouvinte quando é novo para ele, aparecendo-lhe como uma surpresa. Essa particularidade do chiste, que explica o seu caráter efêmero e suscita a produção constante de novos chistes, deriva evidentemente do fato de que é da natureza de uma surpresa ou ataque súbito não poder funcionar uma segunda vez. Numa repetição do chiste, a atenção é direcionada, pela lembrança que emerge, para a primeira vez que

---

perturbador sobre a atenção, ao passo que na entrevista da atriz captamos de imediato o sentido do deslocamento. [Acrescentado em 1912:] As chamadas *adivinhas* [*Scherzfragen*] se distinguem do chiste por outras razões, ainda que, de resto, se sirvam das melhores técnicas. Eis um bom exemplo de uma adivinha que usa a técnica do deslocamento: "O que é, o que é? Um canibal que comeu o pai e a mãe?" — "*Um* órfão." — "E se ele também tivesse comido todos os seus demais parentes?" — "*O único herdeiro.*" — "E onde é que um monstro assim ainda encontra simpatia?" — "*No dicionário, sob a letra S.*". Adivinhas não são chistes propriamente ditos, porque as respostas chistosas que demandam não podem ser adivinhadas como as alusões, omissões etc. do chiste.

o ouvimos. Partindo disso, chegamos a entender o impulso de contar o chiste que ouvimos a outros que não o conheçam. Provavelmente recuperamos uma parte do prazer, que se perdeu por ele não ser mais novo para nós, quando vemos o chiste proporcioná-lo ao novo ouvinte. E um motivo análogo deve ter levado o criador do chiste a contá-lo a alguém.

Como fatores que favorecem, embora não mais como condições do processo do chiste, apresento em terceiro lugar aqueles recursos técnicos auxiliares do trabalho do chiste que servem para elevar o montante de energia a ser descarregado, ampliando desse modo o efeito do chiste. É verdade que em geral eles também aumentam a atenção dispensada ao chiste, mas ao mesmo tempo tornam inócua a influência desta, ao capturá-la e inibir sua mobilidade. Tudo o que suscita interesse e estupefação opera nessas duas direções, ou seja, sobretudo o absurdo, e também o contrário, o "contraste das representações" — que alguns autores quiseram definir como a característica essencial do chiste, mas que eu vejo apenas como um meio de reforçar o seu efeito. Todo elemento de estupefação suscita no ouvinte aquele estado de distribuição de energia que Lipps designou como "represamento psíquico"; e ele também tem razão em assumir que, quanto maior o represamento anterior, mais forte a "descarga". É verdade que a concepção de Lipps não se refere explicitamente ao chiste, e sim ao cômico em geral; mas pode muito bem acontecer que a descarga do chiste, que suprime um investimento de inibição, seja igualmente elevada às alturas pelo represamento.

V. OS MOTIVOS DO CHISTE. O CHISTE COMO PROCESSO SOCIAL

Começa a ficar claro para nós que a técnica do chiste é determinada por dois tipos de tendências: aquelas que possibilitam a formação do chiste na primeira pessoa e aquelas que devem garantir ao chiste o maior efeito possível de prazer na terceira pessoa. Semelhante à de Jano, a dupla face do chiste, que assegura o seu ganho original de prazer contra o ataque da racionalidade crítica, pertence à primeira tendência, junto com o mecanismo do prazer prévio; a complicação posterior da técnica, pelas condições analisadas neste capítulo, ocorre por se tomar em consideração a terceira pessoa do chiste. O chiste é, assim, um malandro dúplice, que serve a dois senhores ao mesmo tempo. Tudo o que visa o ganho de prazer no chiste é calculado para a terceira pessoa, como se obstáculos internos insuperáveis na primeira pessoa atrapalhassem esse ganho. Tem-se toda a impressão, assim, de que a terceira pessoa é indispensável à consumação do processo chistoso. À medida, porém, que adquiríamos um claro discernimento da natureza desse processo na terceira pessoa, suspeitamos que o processo correspondente na primeira pessoa ainda estava envolto em obscuridade. Por que não podemos rir de um chiste que nós mesmos tenhamos feito? Por que somos levados a contar o nosso chiste aos demais? Dessas duas questões, a resposta à primeira nos escapou até o momento. Podemos apenas supor que entre os dois fatos a serem esclarecidos existe uma conexão interna e que somos forçados a comunicar nosso chiste aos demais *porque* não podemos rir dele nós mesmos. A partir do que descobrimos sobre as condições para o ganho e descarga de prazer na terceira pessoa, podemos extrair a conclusão de que na primeira pessoa as condições para a descarga estão ausentes e as condições para o ganho são satisfeitas apenas parcialmente. Não devemos excluir a hipótese, portanto, de que suplementamos o nosso prazer ao alcançar o riso, que é possível, pelo desvio da impressão produzida na pessoa que foi levada ao riso. Assim, nós rimos como que *"par ricochet"* [por tabela], conforme a expressão de Dugas. O riso faz parte das expressões de estados psíquicos altamente contagiosas; se levo o outro ao riso ao contar o meu chiste, sirvo-me dele para despertar meu próprio riso, e pode-se realmente observar que quem contou o chiste, com uma expressão a princípio séria, se junta aos demais com um riso moderado. A comunicação do meu chiste ao outro serviria então a diversos propósitos: primeiramente, para me dar a certeza objetiva do sucesso do trabalho do chiste; em segundo lugar, para que eu complemente meu próprio prazer com o efeito reverso do outro sobre mim; em terceiro lugar — na repetição de um chiste que não produzi eu mesmo — para compensar a perda de prazer devida à ausência de novidade.

Ao final dessa discussão sobre os processos psíquicos do chiste, na medida em que se dão entre duas pessoas, podemos lançar um olhar retrospectivo sobre o fator da parcimônia, que nos pareceu significativo para a compreensão psicológica do chiste desde o nosso primeiro esclarecimento sobre sua técnica. A concepção mais imediata, mas também mais simplista dessa parcimônia — que se trataria de evitar o gasto psíquico,

V. OS MOTIVOS DO CHISTE. O CHISTE COMO PROCESSO SOCIAL

limitando ao máximo o uso das palavras e produzindo conexões entre pensamentos —, é algo que já há muito abandonamos. Já dizíamos a nós mesmos então: ser conciso, lacônico, não é ainda ser chistoso. A brevidade do chiste é um tipo especial de brevidade, justamente a "chistosa". O ganho original de prazer, acarretado pelo jogo com palavras e pensamentos, dizia certamente respeito à mera parcimônia no gasto; mas, com a transformação do jogo em chiste, também a tendência a poupar teve de mudar seus objetivos, pois o que se economizava com o uso das mesmas palavras ou evitando uma nova combinação de pensamentos era muito pouco frente aos enormes gastos de nossa atividade pensante. Podemos comparar a economia psíquica com a gestão de uma empresa. Enquanto o movimento desta é muito pequeno, o mais importante, evidentemente, é gastar pouco no total e limitar ao máximo os custos administrativos. A parcimônia ainda diz respeito ao valor total das despesas. Mais tarde, quando o negócio cresce, a importância dos custos administrativos diminui; não importa quão alto é o montante de gastos, desde que o movimento e o lucro possam crescer o suficiente. Conter os gastos seria mesquinho e mesmo prejudicial à empresa. Mas seria incorreto supor que em meio a gastos enormes não haveria espaço para economizar. O senso de economia do chefe se voltará para o corte de gastos específicos, e ele se sentirá satisfeito quando puder gerir com custos menores a mesma atividade que antes ocasionava grandes despesas, ainda que a economia pareça pequena em relação ao montante total de gastos. De modo inteiramente análogo, a economia nos detalhes segue sendo, em nosso complexo negócio psíquico, uma fonte de prazer — como podem nos mostrar acontecimentos do cotidiano. Quem costumava iluminar o quarto com uma lâmpada de gás e agora passou à luz elétrica sentirá, por um longo tempo, um claro sentimento de prazer ao acender a luz elétrica — um tempo tão longo quanto durar, nesse momento, a lembrança das complexas providências que eram necessárias para acender a lâmpada de gás. Do mesmo modo, as economias em gasto psíquico de inibição proporcionadas pelo chiste, pequenas se comparadas ao gasto psíquico total, seguem sendo uma fonte de prazer para nós porque com elas economizamos um gasto que estamos habituados a fazer, e que também desta vez estávamos prontos a fazer. O fato de o gasto ser esperado, de estarmos preparados para ele, é um fator que passa claramente ao primeiro plano.

Uma economia localizada, como a que acabamos de considerar, não deixará de nos proporcionar um prazer momentâneo, mas não trará um alívio duradouro se o que foi aí economizado puder ser empregado em outra parte. É somente quando essa outra aplicação puder ser evitada que a economia específica se transforma novamente num alívio geral do gasto psíquico. Assim, com uma maior compreensão dos processos psíquicos do chiste, o elemento do alívio toma o lugar da economia. Ele proporciona claramente um maior sentimento de prazer. Na primeira pessoa do chiste, o processo gera prazer pela remoção da inibição, pela diminuição

V. OS MOTIVOS DO CHISTE. O CHISTE COMO PROCESSO SOCIAL

do gasto local; mas ele parece não alcançar repouso enquanto não obtém, pela mediação da terceira pessoa, alívio geral através da descarga.

C. PARTE TEÓRICA

VI. A RELAÇÃO DO CHISTE COM O SONHO E O INCONSCIENTE

Ao final do capítulo que se ocupou de revelar a técnica do chiste, afirmamos (p. 127) que os processos de condensação com e sem formação substitutiva, de deslocamento, representação por absurdo e pelo oposto, representação indireta etc., que vimos fazerem parte da produção do chiste, mostram enorme concordância com os processos do "trabalho do sonho"; e nos propusemos a, por um lado, estudar mais cuidadosamente essas semelhanças e, por outro, investigar o elemento comum ao chiste e ao sonho que elas parecem indicar. A realização dessa comparação nos seria bastante facilitada se pudéssemos supor como conhecido um dos objetos da comparação — o "trabalho do sonho". Mas será provavelmente melhor se não fizermos essa suposição; tive a impressão de que a minha *Interpretação dos sonhos*, publicada em 1900, suscitou mais "estupefação" do que "aclaramento" entre os colegas de profissão, e sei que outros círculos de leitores ficaram satisfeitos em reduzir o conteúdo do livro a uma fórmula ("satisfação do desejo") que pode ser facilmente lembrada e comodamente mal utilizada.

Continuando, porém, a me ocupar dos problemas ali tratados, para o que minha atividade médica de psicoterapeuta oferece muitas oportunidades, não topei com nada que exigisse uma mudança ou melhoria de meus pensamentos a respeito, podendo esperar com tranquilidade, portanto, até o momento em que a compreensão dos meus leitores tenha me alcançado, ou que uma crítica penetrante me convença dos erros fundamentais de minha posição. Com vistas à comparação com o chiste, retomarei aqui, de maneira concisa, o essencial sobre o sonho e o trabalho do sonho.

Conhecemos o sonho a partir da lembrança que ele nos deixa após acordarmos, que geralmente parece fragmentária. Ele é, então, um tecido de impressões sensíveis, em geral visuais (mas também de outros tipos), que nos deram a ilusão de uma vivência e às quais podem ter se mesclado processos de pensamento (o "saber", no sonho) e manifestações de afetos. O que assim lembramos como sonho eu denomino *"conteúdo manifesto do sonho"*. Com frequência ele é inteiramente absurdo e confuso, às vezes é uma coisa ou a outra; mas mesmo quando é totalmente coerente, como em alguns pesadelos, ele se contrapõe à nossa vida psíquica como algo estranho, cuja origem não podemos explicar. A explicação para essas características do sonho foi buscada até aqui nele mesmo, vendo-se nelas indícios de uma atividade desordenada, dissociada e, por assim dizer, "adormecida" dos elementos nervosos.

Em vez disso, mostrei que o estranho conteúdo "manifesto" do sonho pode ser normalmente compreendido como a transcrição mutilada e modificada de certas construções psíquicas corretas, que merecem o nome de *"pensamentos latentes do sonho"*. Chegamos a conhecê-las decompondo o conteúdo manifesto do sonho em suas partes, sem levar em conta o seu eventual sentido aparente, e depois seguindo os fios de associação que partem de cada um dos elementos então isolados. Estes se entrelaçam e confluem, por fim, num tecido de pensamentos que não apenas são inteiramente corretos, mas podem ser facilmente encaixados no contexto conhecido de nossos processos mentais. No curso dessa "análise", o conteúdo do sonho terá perdido todas aquelas peculiaridades que estranhávamos; se queremos que a análise seja bem-sucedida, no entanto, precisamos, durante o seu transcurso, repelir firmemente as objeções críticas que sempre serão levantadas contra a reprodução das várias associações intermediárias.

Da comparação entre o conteúdo manifesto do sonho que lembramos e os pensamentos latentes do sonho assim descobertos resulta o conceito de "trabalho do sonho". Será designado como trabalho do sonho todo o conjunto de processos transformadores que levaram os pensamentos latentes do sonho para o sonho manifesto. Agora se liga ao trabalho do sonho a sensação de estranheza que o sonho despertava antes em nós.

A realização do trabalho do sonho pode, contudo, ser assim descrita: um tecido em geral muito complexo de pensamentos, que se formou durante o dia e não foi levado a termo — um resíduo diurno —, conserva também durante a noite o montante de energia que requereu — o interesse — e ameaça perturbar o sono. Este resíduo diurno é transformado pelo trabalho onírico em um sonho e tornado inofensivo para o sono. Para fornecer um suporte ao trabalho do sonho, o resíduo diurno tem de ser capaz de formar um desejo, uma condição que não é difícil de satisfazer. O desejo que surge dos pensamentos do sonho forma o estágio preliminar e, depois, o núcleo do sonho. A experiência resultante das análises — não a teoria do sonho — nos diz que na criança um desejo qualquer que ficou do estado de vigília consegue engendrar um sonho que se revela concatenado e rico de sentido, mas que em geral é breve e reconhecido facilmente como "satisfação do desejo". No adulto, parece ser uma condição universalmente válida para o desejo produtor do sonho que ele seja estranho ao pensamento consciente, ou seja, um desejo reprimido, ou então que possa ser reforçado por fatores desconhecidos pela consciência. Sem supor o inconsciente no sentido acima exposto eu não saberia dar prosseguimento à teoria do sonho nem interpretar o material encontrado nas análises dos sonhos. O sonho resulta, pois, da ação desse desejo inconsciente sobre o material adequado à consciência nos pensamentos do sonho. Esse material é como que baixado para o inconsciente, ou, dito de maneira mais precisa, submetido a um tratamento que é habitual e característico no nível dos processos inconscientes. Até aqui só conhecemos as características do pensamento inconsciente e suas diferenças em relação ao pensamento "pré-consciente", capaz de consciência, a partir justamente dos resultados do "trabalho do sonho".

Uma teoria de novo tipo, que não é simples e contradiz os hábitos de pensamento, dificilmente poderia ganhar clareza numa exposição concisa. Assim, tudo o que posso querer com essas considerações é remeter ao tratamento mais detalhado do inconsciente em minha

VI. A RELAÇÃO DO CHISTE COM O SONHO E O INCONSCIENTE

Interpretação dos sonhos e aos trabalhos de Lipps, que me parecem altamente significativos. Sei que quem se acha sob a influência de uma boa formação filosófica acadêmica, ou depende remotamente de algum dos chamados sistemas filosóficos, rejeita a suposição do "inconsciente psíquico" no sentido em que eu e Lipps o tomamos, e busca provar sua impossibilidade a partir da definição do psíquico. Mas as definições são convencionais e podem ser modificadas. Minha experiência tem me mostrado com frequência que as pessoas que contestam o inconsciente como algo absurdo ou impossível não tiraram suas impressões das fontes de onde brotou, ao menos para mim, a necessidade de reconhecê-lo. Esses adversários do inconsciente nunca presenciaram o efeito de uma sugestão pós-hipnótica, e o que lhes transmiti como exemplos, extraídos de minhas análises de neuróticos não hipnotizados, deixou-os bastante surpresos. Eles jamais compreenderam a ideia de que o inconsciente é algo que realmente não conhecemos, mas que somos forçados a admitir por conclusões necessárias; sempre o entenderam como algo capaz de tornar-se consciente, algo em que não se pensava no momento, que não estava no "foco da atenção". Também nunca tentaram se convencer da existência de tais pensamentos inconscientes em sua própria vida psíquica mediante a análise de um sonho próprio, e, se eu tentava convencê-los por essa via, recebiam suas próprias associações com espanto e confusão. Tive também a impressão de que a suposição do "inconsciente" é atrapalhada por resistências essencialmente afetivas, baseadas no fato de que ninguém quer conhecer o seu inconsciente, quando o mais cômodo é simplesmente negar sua possibilidade.

Assim, o trabalho do sonho, ao qual retorno após esse excurso, submete o material de pensamentos apresentado no modo optativo a uma elaboração inteiramente própria. Primeiro ele dá o passo do optativo ao presente do indicativo, substituindo um "ah, se fosse assim..." por um "é assim". Este "é assim" é destinado à representação alucinatória, aquilo que designei como a "regressão" do trabalho do sonho; o caminho dos pensamentos às imagens perceptuais ou, querendo-se falar nos termos da topologia ainda desconhecida do aparelho psíquico — que não deve ser entendida em sentido anatômico —, da região das formações de pensamento à região das percepções sensíveis. É nesse caminho, cuja direção é inversa ao curso de desenvolvimento das complicações psíquicas, que os pensamentos do sonho adquirem forma visível; produz-se uma situação plástica, enfim, que é o núcleo da "imagem do sonho" manifesta. Para atingir essa representabilidade sensível, os pensamentos do sonho têm de passar por transformações profundas em sua expressão. Mas, enquanto os pensamentos estão sendo reconvertidos em imagens sensíveis, aparecem neles novas modificações, das quais algumas podem ser compreendidas como necessárias, e outras são surpreendentes. Como efeito colateral necessário da regressão, compreende-se que quase todas as relações no interior dos pensamentos, relações que os articularam, são perdidas no sonho manifesto. O trabalho do sonho somente aceita para representação, por

VI. A RELAÇÃO DO CHISTE COM O SONHO E O INCONSCIENTE

assim dizer, o material cru das ideias, não as relações dos pensamentos entre si; ou ao menos conserva a liberdade de ignorar estas últimas. Em contrapartida, há outro aspecto do trabalho do sonho que não podemos derivar da regressão, da reconversão em imagens sensíveis, e é justamente aquele que nos importa para a analogia com a formação dos chistes. Durante o trabalho do sonho, o material dos pensamentos oníricos passa por uma extraordinária concentração ou *condensação*. O ponto de partida desta última são as similaridades que, por acaso ou em função do conteúdo, se encontram no interior dos pensamentos do sonho; como elas não são, em geral, suficientes para uma condensação ampla, no trabalho do sonho são criadas similaridades novas, artificiais e fugidias, e para este fim são empregadas, de preferência, até mesmo palavras em cujo som diferentes significados se encontram. As similaridades recém-criadas pela condensação entram no conteúdo manifesto do sonho como representantes dos pensamentos oníricos, de tal modo que um elemento do sonho corresponde a um ponto nodal, uma junção para os pensamentos oníricos, e, em relação a estes últimos, pode ser descrito em geral como "sobredeterminado". O fato da condensação é a parte do trabalho do sonho que pode ser reconhecida com mais facilidade; basta comparar o relato escrito de um sonho com a transcrição dos pensamentos oníricos obtidos pela análise para formar uma boa impressão da amplitude da condensação onírica.

É menos fácil convencer-se da segunda grande modificação operada pelo trabalho onírico sobre os pensamentos do sonho, daquele processo que denominei *deslocamento onírico*. Ele se exprime no fato de que no sonho manifesto é central, e aparece com grande intensidade sensível, aquilo que era periférico e secundário nos pensamentos do sonho; e vice-versa. O sonho aparece assim deslocado em relação aos pensamentos oníricos, e é justamente por esse deslocamento que ele parece estranho e incompreensível para a vida psíquica desperta. Para que tal deslocamento ocorresse, tinha de ser possível que a energia de investimento fosse livremente transferida das representações importantes para as não importantes, o que no pensamento normal, capaz de tornar-se consciente, só pode dar a impressão de um "erro de raciocínio".

Transformação em algo representável, condensação e deslocamento são as três grandes operações que podemos atribuir ao trabalho do sonho. Uma quarta, que foi talvez tratada muito brevemente na *Interpretação dos sonhos*, não importa aqui para os nossos propósitos. Num desenvolvimento consequente das ideias da "topologia do aparelho psíquico" e da "regressão" — e somente um tal desenvolvimento tornaria válidas essas hipóteses de trabalho — seria necessário tentar determinar em que estágios da regressão acontecem as diferentes transformações dos pensamentos oníricos. Essa tentativa ainda não foi empreendida com seriedade; mas ao menos do deslocamento se pode dizer com segurança que ele deve se dar no material dos pensamentos enquanto este se acha no estágio dos processos inconscientes. A condensação terá provavelmente de ser imaginada como um

VI. A RELAÇÃO DO CHISTE COM O SONHO E O INCONSCIENTE

processo que se estende por todo o percurso até chegar à região perceptual, mas em geral teremos de nos satisfazer com a suposição de que todas as forças que tomam parte na formação do sonho atuam simultaneamente. Dada a moderação que se deve compreensivelmente observar no tratamento de tais problemas, e tendo em vista as objeções de princípio que se poderiam levantar em relação a esse modo de colocá-los — objeções que não discutiremos aqui —, eu arriscaria afirmar que o processo do trabalho onírico que prepara o sonho pode ser situado na região do inconsciente. No total, portanto, haveria três estágios a diferenciar, grosso modo, na formação do sonho: primeiramente, a transposição dos resíduos diurnos pré-conscientes para o inconsciente, para a qual devem ter contribuído as condições do estado do sono; em seguida, o trabalho do sonho propriamente dito no inconsciente; e, em terceiro lugar, a regressão do material do sonho, assim trabalhado, à percepção — que é como o sonho se torna consciente.

Das forças que tomam parte na formação do sonho, podem ser reconhecidas as seguintes: o desejo de dormir, o investimento de energia que permanece nos resíduos diurnos após o seu rebaixamento pelo estado do sono, a energia psíquica do desejo inconsciente formador do sonho, e a força opositora da "censura", que predomina na vigília e não é inteiramente removida durante o sonho. A tarefa da formação do sonho consiste sobretudo em superar a inibição da censura, e justamente essa tarefa é realizada pelos deslocamentos da energia psíquica no material dos pensamentos oníricos.

Recordemos agora o que nos levou a pensar nos sonhos durante a investigação dos chistes. Vimos que a natureza e o efeito do chiste estão ligados a certas formas de expressão, a recursos técnicos, entre os quais os mais evidentes são os diversos modos da condensação, deslocamento e representação indireta. Mas já conhecíamos como peculiaridades do trabalho do sonho processos que conduzem aos mesmos resultados: condensação, deslocamento e representação indireta. Essa coincidência não deveria nos levar à conclusão de que o trabalho do chiste e o trabalho do sonho têm de ser idênticos em ao menos um ponto essencial? Em suas características mais fundamentais, o trabalho do sonho está, segundo entendo, desvendado para nós; dos processos psíquicos do chiste, a parte que se acha oculta para nós é justamente aquela que podemos comparar ao trabalho do sonho: o processo da formação do chiste na primeira pessoa. Não deveríamos ceder então à tentação de reconstruir esse processo por analogia com o trabalho do sonho? Alguns traços do sonho são tão estranhos ao chiste que não poderíamos transpor para a formação do chiste nem mesmo a parte que lhes corresponde no trabalho do sonho. A regressão dos pensamentos à percepção certamente não se encontra no chiste; mas os outros dois estágios da formação do sonho, a descida de um pensamento pré-consciente para o inconsciente e a elaboração inconsciente, nos darão, se supusermos que ocorrem na formação do chiste, exatamente o resultado que podemos observar no chiste. Adotemos como hipótese, então, que esse é o caminho pelo qual o chiste se

VI. A RELAÇÃO DO CHISTE COM O SONHO E O INCONSCIENTE

forma na primeira pessoa. *Um pensamento pré-consciente é deixado, por um momento, à elaboração inconsciente, e o resultado é logo captado pela percepção consciente.*

Antes, porém, de examinar essa proposição em detalhe, consideremos uma objeção que pode ameaçar nossa premissa. Partimos do fato de que as técnicas do chiste apontam para os mesmos processos que conhecemos como peculiaridades do trabalho do sonho. Ora, é fácil objetar a isso que não teríamos descrito as técnicas do chiste como condensação, deslocamento etc., e não teríamos chegado a coincidências tão amplas nos meios de representação do chiste e do sonho, se o conhecimento prévio do trabalho do sonho não tivesse influenciado nossa concepção da técnica do chiste, de modo que, no fundo, apenas achamos confirmadas nos chistes as expectativas com que os abordamos a partir dos sonhos. Essa gênese da concordância não seria uma garantia segura de sua existência para além de nosso pré-conceito. E, de fato, as noções de condensação, deslocamento e representação indireta não foram apresentadas como formas de expressão do chiste por nenhum outro autor. Esta seria uma objeção possível, mas nem por isso justificada. Pode bem ser também que o aprimoramento de nossa abordagem pelo conhecimento do trabalho do sonho tenha sido indispensável para reconhecer a real concordância. A decisão quanto a isso dependerá de saber se um exame crítico pode provar em exemplos particulares que tal compreensão da técnica do chiste é forçada, e que em seu favor outras concepções, mais plausíveis e profundas, foram preteridas, ou se ele terá de admitir que as expectativas criadas na abordagem do sonho realmente se confirmam no chiste. Minha opinião é que não devemos temer esse exame crítico, e que o nosso procedimento de redução (ver p. 36) nos mostrou de maneira confiável quais as formas de expressão em que as técnicas do chiste deviam ser buscadas. Que tenhamos dado a essas técnicas nomes que já antecipavam o resultado da concordância entre a técnica do chiste e o trabalho do sonho, isto é algo a que tínhamos direito, e não foi mais do que uma simplificação facilmente justificável.

Há outra objeção que não atinge tão duramente a nossa posição, mas que talvez não possa ser refutada com o mesmo rigor. Poder-se-ia dizer que essas técnicas do chiste, tão adequadas aos nossos propósitos, merecem de fato reconhecimento, mas não esgotam todas as técnicas possíveis do chiste, ou aquelas que são adotadas na prática. Nós teríamos apenas, influenciados pelo modelo do trabalho do sonho, escolhido as técnicas do chiste compatíveis com ele e deixado de lado outras, que não teriam demonstrado a presença dessa coincidência generalizada. Eu não ousaria realmente afirmar que consegui esclarecer, no que diz respeito à sua técnica, todos os chistes em circulação, e por isso deixo aberta a possibilidade de que minha enumeração das técnicas do chiste possa apresentar várias lacunas; mas não excluí propositalmente de consideração nenhum tipo de técnica que se tornou claro para mim, e posso defender a afirmação de que os mais frequentes, importantes e característicos recursos técnicos do chiste não escaparam à minha atenção.

VI. A RELAÇÃO DO CHISTE COM O SONHO E O INCONSCIENTE

O chiste possui ainda outra característica que se encaixa satisfatoriamente em nossa compreensão do trabalho do chiste derivada do sonho. Costuma-se dizer que "fazemos" um chiste, mas suspeitamos que, na verdade, nos comportamos aí de outro modo do que quando emitimos um juízo ou fazemos uma objeção. O chiste tem, de maneira destacada, a natureza de algo que nos "ocorre" involuntariamente. Um minuto antes, digamos, não sabemos ainda o chiste que faremos, e que só precisará ser dotado de palavras. Pressentimos antes algo indefinível, que eu compararia a uma ausência, um súbito abandono da tensão intelectual — e o chiste surge então de um golpe só, em geral ao mesmo tempo que sua roupagem. Vários dos recursos do chiste também encontram aplicação fora dele na expressão de pensamentos, como, por exemplo, nas metáforas e alusões. Eu posso querer fazer intencionalmente uma alusão. Tenho então, primeiramente, a expressão direta de meu pensamento na mente (no ouvido interno), mas me sinto inibido por escrúpulos apropriados à situação, quase me convenço de substituir a expressão direta por alguma forma de expressão indireta e, então, produzo a alusão; mas a alusão que surge desse modo, formada sob o meu contínuo controle, não é jamais chistosa, por mais útil que seja. Em contrapartida, a alusão chistosa aparece sem que eu possa seguir os estágios preparatórios em meu pensamento. Não pretendo dar muita importância a esse procedimento; ele dificilmente será decisivo, mas concorda o suficiente com a nossa suposição de que na formação do chiste abandonamos momentaneamente um curso de pensamento, que então emerge do inconsciente como um chiste.

Os chistes também exibem um comportamento peculiar no que toca à associação. Frequentemente não estão à disposição da nossa memória quando os queremos, e às vezes aparecem como que involuntariamente, em lugares do nosso curso de pensamento onde não entendemos a sua aparição. Trata-se novamente de pequenos traços, mas sempre indicando sua origem no inconsciente.

Procuremos juntar agora as características do chiste que podem ser relacionadas à sua formação no inconsciente. Entre elas se destaca a peculiar brevidade do chiste, uma característica que não é de fato essencial, mas extremamente distintiva. Quando a encontramos pela primeira vez, ficamos inclinados a ver nela uma expressão de tendências parcimoniosas, mas deixamos essa concepção de lado devido a óbvias objeções. Ela nos parece agora muito mais um sinal da elaboração inconsciente que o pensamento do chiste experimentou. A condensação, que corresponde a ela no sonho, não pode, com efeito, ser associada a nenhum outro fator senão a localização no inconsciente; e temos de supor que as condições para essa condensação, ausentes no pré-consciente, são dadas no processo inconsciente de pensamento.[53] É de esperar que no processo

---

53 Além do trabalho do sonho e da técnica do chiste, também pude demonstrar que a condensação é um processo regular e pleno de significado em outro fenômeno psíquico, no mecanismo do

VI. A RELAÇÃO DO CHISTE COM O SONHO E O INCONSCIENTE

de condensação alguns dos elementos a ele submetidos sejam perdidos, ao passo que outros, tomando para si a energia de investimento daqueles, sejam fortalecidos ou superfortalecidos pela condensação. A brevidade do chiste seria, portanto, como aquela do sonho, um fenômeno secundário necessário das condensações que em ambos acontecem, nos dois casos um resultado do processo de condensação. É também a essa origem que a brevidade do chiste deve a sua natureza especial, que não conseguimos descrever melhor, mas que sentimos ser muito forte.

Compreendemos anteriormente (p. 178) um resultado da condensação — o uso múltiplo do mesmo material, o jogo de palavras, a semelhança sonora — como economia localizada, e deduzimos dessa economia o prazer que o chiste inofensivo produz; depois, vimos que o propósito original do chiste consiste em obter das palavras tal ganho de prazer, algo que lhe era permitido no estágio do jogo, mas foi bloqueado pela crítica racional no curso do desenvolvimento intelectual. Agora nos decidimos pela suposição de que tais condensações, que servem à técnica do chiste, surgem automaticamente, sem um propósito particular, durante o processo de pensamento no inconsciente. Não temos aí duas concepções diversas do mesmo fato, aparente-

---

esquecimento normal (não tendencioso). Impressões singulares colocam dificuldades para o esquecimento; outras impressões, de algum modo análogas, são esquecidas quando condensadas a partir de seus pontos de contato. A confusão entre impressões análogas é um dos estágios preliminares do esquecimento.

mente incompatíveis? Não creio. São certamente duas concepções diversas, e precisam ser compatibilizadas, mas não se contradizem. Uma é apenas alheia à outra, e, quando tivermos estabelecido uma relação entre elas, teremos provavelmente avançado um passo em nosso conhecimento. Que tais condensações sejam fontes de ganho de prazer é perfeitamente compatível com a pressuposição de que acham facilmente no inconsciente as condições para o seu surgimento; pelo contrário, nós vemos a motivação para o mergulho no inconsciente na circunstância de que a condensação portadora de prazer, de que o chiste necessita, produz-se ali com facilidade. Também outros dois fatores, que à primeira vista parecem inteiramente alheios um ao outro e como que aproximados por um indesejado acaso, podem ser reconhecidos, num exame mais aprofundado, como intimamente conectados e até mesmo de natureza igual. Refiro-me às duas proposições: de que, por um lado, o chiste podia produzir essas condensações prazerosas durante o seu desenvolvimento no estágio do jogo, ou seja, na infância da razão; e de que em estágios mais avançados, por outro lado, ele realiza a mesma operação pelo mergulho do pensamento no inconsciente. O infantil é, com efeito, a fonte do inconsciente; os processos inconscientes do pensamento não são senão aqueles produzidos única e simplesmente na infância. O pensamento que mergulha no inconsciente com vistas à formação do chiste está apenas procurando pelo velho lar de seu jogo primitivo com as palavras. O pensar é recolocado por um momento no estágio infantil, a fim

VI. A RELAÇÃO DO CHISTE COM O SONHO E O INCONSCIENTE

de apoderar-se novamente da fonte infantil de prazer. Se já não o soubéssemos pela pesquisa na psicologia das neuroses, seríamos levados pelo chiste à suspeita de que a peculiar elaboração inconsciente não é outra coisa senão o tipo infantil do trabalho do pensamento. Apenas não é fácil captar na criança esse pensamento infantil, com as peculiaridades que ele conserva no inconsciente do adulto, porque ele é geralmente corrigido *in statu nascendi*, por assim dizer. Mas numa série de casos isso acontece, e então rimos sempre da "tolice infantil". Em geral, toda descoberta desse inconsciente produz em nós um efeito "cômico".[54]

As características desses processos inconscientes de pensamento são mais fáceis de compreender nas manifestações dos doentes em alguns distúrbios psíquicos. É muito provável que, seguindo a hipótese do velho Griesinger, estivéssemos em condições de compreender os delírios dos doentes mentais e interpretá-los como mensagens, se não lhes colocássemos as exigências do pensamento consciente e, em vez disso, quiséssemos tratá-los com nossa arte interpretativa, como os sonhos.[55] E

---

[54] Muitos de meus pacientes neuróticos em tratamento psicanalítico testemunham regularmente, através do riso, que a análise conseguiu mostrar de maneira fiel, à sua percepção consciente, o material inconsciente oculto, e eles então riem, mesmo quando o conteúdo do que foi desvelado não o justifica de modo algum. A condição para que isso aconteça, em todo caso, é que eles tenham chegado perto o bastante desse material inconsciente para captá-lo depois que o médico o adivinhou e o apresentou a eles.

[55] Nisso não devemos esquecer de levar em conta a deformação causada pela censura, que é atuante também na psicose.

também já destacamos que no sonho há o "retorno da vida psíquica ao ponto embrionário".⁵⁶

Ao tratar dos processos de condensação, discutimos tão detalhadamente o significado da analogia entre chiste e sonho que agora podemos ser mais breves. Sabemos que os deslocamentos no trabalho do sonho apontam para a influência da censura do pensamento consciente; e, por conta disso, estaremos inclinados a supor, ao encontrarmos o deslocamento nas técnicas do chiste, que uma força inibidora também desempenha um papel na formação do chiste. De modo inteiramente geral já sabemos que é esse o caso; em um estado de ânimo normal, o empenho do chiste em ganhar o velho prazer no absurdo ou o velho prazer nas palavras é inibido pela objeção da razão crítica, que tem de ser superada a cada caso particular. Mas no modo como o trabalho do chiste soluciona essa tarefa se mostra uma diferença profunda entre o chiste e o sonho. No trabalho do sonho a solução dessa tarefa se dá habitualmente por deslocamentos, pela escolha de representações que estão longe o suficiente das representações contestadas para poder romper a censura, mas que são derivadas destas últimas, cujo investimento psíquico tomaram para si por transferência completa. Por isso os deslocamentos nunca faltam nos sonhos e são muito mais abrangentes; devem ser contados entre os deslocamentos não somente os desvios do curso do pensamento, mas também todos os tipos de representação indireta, em espe-

---

56 *A interpretação dos sonhos* [cap. VII, início da seção E].

VI. A RELAÇÃO DO CHISTE COM O SONHO E O INCONSCIENTE

cial a substituição de um elemento significativo, mas ofensivo, por um que é indiferente, mas parece inócuo para a censura, relacionando-se ao primeiro como uma alusão muito distante — substituição por um simbolismo, uma imagem, algo pequeno. Não se pode negar que partes dessa representação indireta já aparecem no pensamento pré-consciente do sonho, como, por exemplo, a representação por símbolos e analogias, pois, do contrário, o pensamento nem sequer chegaria ao estágio de expressão pré-consciente. É verdade que representações indiretas desse tipo, e alusões cuja relação ao que se quer realmente dizer são fáceis de descobrir, são meios de expressão aceitos e muito usados também no nosso pensamento consciente. Mas o trabalho do sonho exagera ilimitadamente a aplicação desse recurso da representação indireta. Qualquer tipo de conexão é bom o suficiente, sob a pressão da censura, para a substituição pela alusão; é admitido o deslocamento de um elemento para qualquer outro. Algo particularmente claro, e característico do trabalho do sonho, é a substituição das associações internas (semelhança, conexão causal etc.) pelas chamadas associações externas (simultaneidade, contiguidade espacial, semelhança sonora).

Todos esses meios de deslocamento também aparecem como técnicas do chiste, mas, quando aparecem, mantêm-se em geral nos limites que são traçados para a sua aplicação no pensamento consciente, e podem estar inteiramente ausentes, ainda que o chiste precise normalmente solucionar um problema de inibição. Podemos compreender essa menor participação dos deslocamentos no trabalho do chiste se nos lembrarmos de que, de modo muito geral, o chiste tem à sua disposição uma outra técnica com que pode livrar-se da inibição; na verdade, descobrimos que nada seria mais característico dele do que justamente essa técnica. Pois o chiste não cria compromissos como o sonho; ele não evita a inibição, insistindo antes em conservar inalterado o jogo com a palavra ou com o absurdo, mas se limita a escolher casos em que esse jogo ou esse absurdo possa parecer ao mesmo tempo aceitável (gracejo) ou rico em sentido (chiste), graças à ambiguidade das palavras e à diversidade das relações entre os pensamentos. Nada distingue melhor o chiste de todas as outras elaborações psíquicas do que essa dualidade e duplicidade, e ao menos quanto a isso a maioria dos autores se aproximou do conhecimento do chiste pela ênfase no "sentido no absurdo".

Dado o predomínio absoluto no chiste dessa técnica peculiar de superar suas inibições, poder-se-ia achar supérfluo que ele ainda se sirva da técnica do deslocamento em casos particulares. Acontece que, por um lado, certas técnicas desse tipo permanecem valiosas como objetivos e fontes de prazer para o chiste, caso, por exemplo, do deslocamento propriamente dito (desvio do pensamento), que partilha a natureza do absurdo; e, por outro lado, não se deve esquecer que o chiste em seu estágio mais elevado, o chiste tendencioso, tem com frequência de superar dois tipos de inibição — a que se contrapõe a ele e a que se contrapõe à sua tendência (p. 144) — e as alusões e os deslocamentos são os recursos mais apropriados para tornar possível esta última tarefa.

VI. A RELAÇÃO DO CHISTE COM O SONHO E O INCONSCIENTE

O uso abundante e irrestrito da representação indireta, dos deslocamentos e em especial das alusões no trabalho do sonho tem uma consequência que mencionarei não devido à sua importância, mas por ter sido a minha motivação subjetiva para ocupar-me do problema do chiste. Se relatamos a análise de um sonho a alguém que não conhece ou não está habituado ao assunto, descrevendo, portanto, os peculiares caminhos das alusões e deslocamentos, tão repugnantes para o pensamento desperto, e dos quais o trabalho do sonho se serviu, o leitor é submetido a uma impressão desconfortável — ele diz que essas interpretações são *"witzig"* [engenhosas, espirituosas], mas obviamente não as vê como chistes bem-sucedidos, e sim como forçados e de certo modo contrários às regras do chiste. Tal impressão é agora fácil de explicar: deve-se ao fato de que o trabalho do sonho emprega os mesmos recursos que o chiste, mas na utilização deles ultrapassa os limites que o chiste respeita. Logo veremos também que o chiste, devido ao papel da terceira pessoa, está ligado a uma certa condição que não se aplica ao sonho.

Entre as técnicas que são comuns ao chiste e ao sonho, a representação pelo oposto e o uso do absurdo têm certo interesse. A primeira está entre aos recursos mais efetivos do chiste, tal como pudemos ver, entre outros, nos exemplos dos "chistes de exagero" (p. 104). De resto, a representação pelo oposto não consegue, como a maioria das demais técnicas do chiste, escapar à atenção consciente; quem tenta colocar o trabalho chistoso em atividade da maneira mais intencional possível — caso do piadista habitual — costuma descobrir logo que é mais fácil responder a uma afirmação com um chiste sustentando o seu oposto e deixando que a inspiração do momento elimine a provável objeção a esse oposto através de uma mudança do significado. Talvez a representação pelo oposto deva esse privilégio à circunstância de constituir o germe de outro modo prazeroso de expressão do pensamento, que pode ser compreendido sem que precisemos solicitar o inconsciente. Refiro-me à *ironia*, que se aproxima bastante do chiste e é contada entre os subtipos da comicidade. Sua natureza consiste em enunciar o oposto do que se quer comunicar ao outro, mas poupando-lhe a contradição ao lhe dar a entender — pelo tom de voz, por gestos auxiliares, por pequenos sinais estilísticos (quando se trata de uma apresentação escrita) — que na verdade se quer dizer o contrário do enunciado. A ironia só é utilizável quando o outro está preparado para ouvir o oposto, de modo que não lhe falte a inclinação a contradizer. Em virtude dessa condição, a ironia corre facilmente o risco de não ser entendida. Para a pessoa que a emprega, ela tem a vantagem de permitir contornar facilmente as dificuldades das expressões diretas, como, por exemplo, nas invectivas; no ouvinte ela desperta o prazer cômico, provavelmente por estimulá-lo a um esforço em contradizer que imediatamente é reconhecido como desnecessário. Essa comparação do chiste com um gênero do cômico que lhe é próximo pode fortalecer a nossa suposição de que a relação com

VI. A RELAÇÃO DO CHISTE COM O SONHO E O INCONSCIENTE

o inconsciente é aquilo peculiar ao chiste, o que talvez o separe também do cômico.[57]

No trabalho do sonho cabe à representação pelo oposto um papel ainda maior do que no chiste. O sonho não apenas gosta de apresentar dois contrários no mesmo produto misto; ele também transforma uma coisa extraída dos pensamentos oníricos em seu oposto — tão frequentemente que o trabalho de interpretação é muito dificultado. "A princípio não sabemos se um elemento que admite o oposto está presente de modo positivo ou negativo nos pensamentos oníricos."[58]

Devo salientar que esse fato está longe de ser compreendido. Mas ele parece indicar uma importante característica do pensamento inconsciente, no qual, com toda a probabilidade, não há um processo comparável ao "juízo". Em lugar da rejeição pelo juízo, o que se encontra no inconsciente é a "repressão". A repressão pode ser corretamente descrita como o estágio intermediário entre o reflexo de defesa e a condenação pelo julgamento.[59]

---

57 A característica da comicidade que é descrita como a sua "secura" também se baseia na separação entre o enunciado e os gestos que o acompanham (no sentido mais amplo).
58 *A interpretação dos sonhos* [cap. VI, seção C].
59 Esse comportamento da relação entre opostos no inconsciente, bastante curioso e ainda insuficientemente conhecido, deve ter importância para a compreensão do "negativismo" dos neuróticos e doentes mentais. (Cf. os dois últimos trabalhos sobre isso: Bleuler, "Über die negative Suggestibilität" [Sobre a sugestionabilidade negativa]. In: *Psychiatrisch-Neurologische Wochenschrift* [Semanário psiquiátrico-neurológico], 1904; e Gross, O., "Zur Differentialdiagnostik negativistischer Phänomene" [Sobre o diagnóstico

A falta de sentido, o absurdo, que aparece com tanta frequência nos sonhos e atraiu para eles tanto desprezo imerecido, nunca surge por acaso, pela mistura aleatória de elementos ideativos; pode-se demonstrar, isto sim, que são sempre admitidos intencionalmente pelo trabalho do sonho e destinam-se a representar uma crítica amarga e uma contradição desdenhosa no interior dos pensamentos do sonho. Assim, o absurdo do conteúdo onírico substitui o juízo "é um absurdo" nos pensamentos do sonho. Em minha *Interpretação dos sonhos* dei grande ênfase a essa demonstração porque acreditei que era o modo mais acertado de combater o erro de achar que o sonho não é um fenômeno psíquico, um erro que obstrui o caminho para o conhecimento do inconsciente. Vimos agora (solucionando certos chistes tendenciosos, pp. 83 ss.) que o absurdo é utilizado no chiste com os mesmos objetivos de representação. Sabemos também que uma fachada absurda no chiste é particularmente apropriada para aumentar o dispêndio psíquico no ouvinte e, assim, ampliar também o montante a ser liberado para descarga pelo riso. Além disso, porém, não nos esqueçamos de que o absurdo é um fim em si mesmo no chiste, já que a intenção de readquirir o velho prazer com o absurdo está entre os motivos do trabalho do chiste. Há outros caminhos para reconquistar o absurdo

---

diferencial dos fenômenos negativistas], ibid.; e também meu artigo "Über den Gegensinn der Urworte" [Sobre o sentido antitético das palavras primitivas]. In: *Jahrbuch der Psychoanalyse* [Anuário da psicanálise], II, 1910.)

VI. A RELAÇÃO DO CHISTE COM O SONHO E O INCONSCIENTE

e dele extrair prazer; a caricatura, o exagero, a paródia e o burlesco se servem dele e assim criam o "absurdo cômico". Se submetermos essas formas de expressão a uma análise similar à que aplicamos ao chiste, veremos que nenhuma delas pode ser explicada recorrendo a processos inconscientes no sentido em que os entendemos. Compreendemos agora também por que a característica de "*witzig*" pode ser acrescentada, como um ingrediente extra, à caricatura, ao exagero, à paródia: é a diversidade do "cenário psíquico"[60] que o possibilita.

Creio que haver situado o trabalho do chiste no sistema do inconsciente se tornou bem mais valioso para nós, depois que nos abriu a compreensão para o fato de que as técnicas a que o chiste se atém não são, por outro lado, um bem exclusivamente seu. Várias dúvidas que tivemos de deixar de lado quando começávamos a investigar essas técnicas encontram agora uma solução adequada. Assim, merece ainda mais a nossa consideração a dúvida segundo a qual a inegável relação do chiste com o inconsciente seria válida apenas para certas categorias do chiste tendencioso, ao passo que nós estamos prontos a estendê-la a todos os tipos e estágios de desenvolvimento do chiste. Não podemos nos furtar a examinar essa objeção.

É seguro supor que o chiste se forma no inconsciente quando se trata de chistes a serviço de tendências inconscientes ou fortalecidas pelo inconsciente, ou seja, na

---

60 Uma expressão de G. T. Fechner que se tornou importante para a minha concepção.

maioria dos chistes "cínicos". A tendência inconsciente atrai então para si, no inconsciente, o pensamento pré-consciente, para ali dar-lhe outra forma — um processo para o qual o estudo da psicologia das neuroses mostrou numerosas analogias. Nos outros tipos de chistes tendenciosos, nos chistes inofensivos e nos gracejos essa força de atração parece estar ausente, de modo que a relação do chiste com o inconsciente é posta em questão.

Tomemos agora o caso da expressão chistosa de um pensamento, dotado de certo valor em si mesmo, que emerge no contexto de um curso de pensamentos. Para que ele se torne um chiste, é evidentemente necessário que haja uma escolha entre as possíveis formas de expressão, de modo a encontrar-se justamente aquela que traz consigo o ganho de prazer com as palavras. Sabemos pela nossa auto-observação que essa escolha não é feita pela atenção consciente; mas será certamente beneficiada se o investimento do pensamento pré-consciente for rebaixado a inconsciente, pois, como aprendemos ao observar o trabalho do sonho, no inconsciente as vias de conexão que partem das palavras são tratadas do mesmo modo que as conexões entre as coisas. O investimento inconsciente oferece condições muito mais favoráveis para a escolha da expressão. Além disso, podemos imediatamente supor que a possibilidade de expressão que inclui o ganho de prazer com as palavras exerce um efeito de atração para baixo, sobre a verbalização ainda hesitante do pensamento pré-consciente, similar ao que a tendência inconsciente exerceu no primeiro caso. No caso mais simples do gracejo, podemos

VI. A RELAÇÃO DO CHISTE COM O SONHO E O INCONSCIENTE

imaginar que uma intenção, sempre alerta para alcançar o ganho de prazer com as palavras, se apodera da oportunidade oferecida no pré-consciente para, segundo o esquema conhecido, também arrastar para o inconsciente o processo de investimento.

Eu gostaria muito que me fosse possível, por um lado, apresentar mais claramente esse ponto decisivo da minha concepção do chiste e, por outro lado, fortalecê-lo com argumentos persuasivos. Mas não se trata aqui, na verdade, de um fracasso duplo, senão de um mesmo e único fracasso. Não posso oferecer uma apresentação mais clara porque não tenho outras provas para a minha concepção. Ela brotou do estudo da técnica e da comparação com o trabalho do sonho, e somente disso; percebi então que ela é, no conjunto, otimamente adequada às peculiaridades do chiste. Trata-se, pois, de uma concepção inferida; se com essa inferência não se chega a um domínio conhecido, mas sim a um que é estranho e novo para o pensamento, chama-se à conclusão uma "hipótese" e não se admite, com razão, que a relação da hipótese com o material de onde foi inferida valha como "prova". Ela só é tida como "provada" quando também se chegou a ela por outros caminhos e se pode mostrar que é o ponto nodal de outras conexões. Mas essa prova não é possível no nosso conhecimento dos processos inconscientes, um conhecimento que mal começou. Sabendo que estamos em um solo jamais explorado, contentemo-nos em, a partir do nosso ponto de observação, lançar uma simples e estreita passarela em direção ao inexplorado.

Não construiremos muita coisa sobre essa base. Se colocarmos os diferentes estágios do chiste em relação com as disposições psíquicas favoráveis a eles, poderemos dizer que o *gracejo* brota de um ânimo alegre, que parece caracterizar-se por uma inclinação a reduzir os investimentos psíquicos. Ele já emprega todas as técnicas características do chiste e preenche a sua condição fundamental pela escolha de um material verbal, ou de uma conexão de pensamentos, que satisfazem tanto as exigências para o ganho de prazer como as da crítica racional. Concluiremos que o rebaixar do investimento de pensamento ao estágio inconsciente, facilitado pelo ânimo alegre, já se encontra no gracejo. No *chiste inofensivo*, mas ligado à expressão de um pensamento valioso, não há essa ajuda do ânimo; precisamos supor aqui uma *aptidão pessoal*, que se manifesta na facilidade com que o investimento pré-consciente é abandonado e, por um momento, trocado pelo investimento inconsciente. Nisso, uma tendência sempre à espreita para renovar o ganho de prazer original do chiste atua atraindo para baixo a ainda vacilante expressão pré-consciente do pensamento. No ânimo alegre, a maioria das pessoas é capaz de produzir gracejos; são poucas aquelas em que a aptidão para o chiste existe independentemente do ânimo. Por fim, o estímulo mais poderoso para o trabalho do chiste é a presença de tendências fortes que alcançam até o inconsciente e que constituem uma aptidão especial para a produção de chistes, podendo explicar-nos por que as condições subjetivas para o chiste são frequentemente preenchidas em pessoas neuróticas.

VI. A RELAÇÃO DO CHISTE COM O SONHO E O INCONSCIENTE

Sob a influência de tendências fortes, até os ordinariamente inaptos podem se tornar espirituosos.

Com esta última contribuição para uma explicação, ainda que hipotética, do trabalho do chiste na primeira pessoa, nosso interesse no chiste, estritamente falando, vê-se esgotado. Resta-nos apenas fazer uma breve comparação do chiste com o sonho, que é mais conhecido, com a expectativa prévia de que duas funções psíquicas tão distintas, à parte a única semelhança já analisada, nos mostrarão apenas diferenças. A principal diferença está em seu comportamento social. O sonho é um produto psíquico inteiramente associal; ele nada tem a comunicar a outro indivíduo; surgindo no interior de uma pessoa, como compromisso entre forças psíquicas nela conflitantes, ele permanece incompreensível para essa pessoa mesma e, por isso, não tem interesse algum para uma outra. O sonho não apenas não precisa dar valor à inteligibilidade, mas precisa até mesmo se guardar de ser compreendido, pois do contrário seria destruído; ele só pode existir disfarçado. Por isso ele pode servir-se livremente do mecanismo que domina os processos inconscientes do pensamento, até o ponto de uma deformação irrecuperável. O chiste, em contrapartida, é a mais social de todas as funções psíquicas que visam o ganho de prazer. Frequentemente ele necessita de três pessoas e requer, para se completar, a participação de um segundo indivíduo nos processos psíquicos por ele desencadeados. Portanto, ele tem de sujeitar-se à condição da inteligibilidade, pode recorrer à deformação por condensação e deslocamento, possível no inconsciente, apenas na medida em que ela seja recuperada pelo entendimento da terceira pessoa. Além disso, os dois — chiste e sonho — cresceram em regiões inteiramente distintas da vida psíquica, e devem ser situados em partes do sistema psicológico muito distantes uma da outra. O sonho é sempre um desejo, por mais irreconhecível que se tenha tornado; o chiste é um jogo que se desenvolveu. Apesar de toda a sua nulidade prática, o sonho mantém relação com os grandes interesses da vida; ele busca satisfazer as nossas necessidades pelos desvios regressivos das alucinações, e deve sua aceitação à única necessidade que é ativa durante o estado noturno: a necessidade de dormir. O chiste, por outro lado, busca extrair um pequeno ganho de prazer da mera atividade, isenta de necessidades, do nosso aparelho psíquico; e mais tarde busca apanhar esse prazer, como um ganho colateral, durante a atividade do aparelho, chegando assim, *secundariamente*, a funções não desprovidas de importância, voltada para o mundo exterior. O sonho serve sobretudo para nos poupar do desprazer, e o chiste, para adquirirmos prazer; mas todas as nossas atividades psíquicas convergem nesses dois objetivos.

VII. O CHISTE E AS VARIEDADES DO CÔMICO

[1]

Nós nos aproximamos dos problemas do cômico de uma maneira inusual. Pareceu-nos que o chiste, que em geral é considerado uma subespécie do cômico, oferecia peculiaridades suficientes para ser abordado diretamente, e, assim, evitamos sua relação com a categoria mais abrangente do cômico na medida em que foi possível, sem deixar de colher algumas pistas úteis sobre o cômico ao longo do caminho. Descobrimos sem dificuldades que o cômico se comporta socialmente de uma maneira diversa do chiste. Ele pode contentar-se com apenas duas pessoas: uma que encontra o que é cômico, outra na qual ele é encontrado. A terceira pessoa, a quem ele é comunicado, fortalece o processo cômico, mas nada acrescenta de novo a ele. No chiste essa terceira pessoa é indispensável para que se complete o processo gerador de prazer; a segunda, em contrapartida, pode estar ausente quando não se tratar de um chiste tendencioso, agressivo. O chiste é criado, o cômico é encontrado — sobretudo em pessoas, e somente por extensão em objetos, situações etc. Sabemos, acerca do chiste, que não são pessoas desconhecidas, mas os nossos próprios processos de pensamento que guardam em si as fontes do prazer que será promovido. Aprendemos, além disso, que o chiste consegue eventualmente reabrir fontes do cômico que se tornaram inacessíveis, e que o cômico muitas vezes serve ao chiste como fachada, substituindo o prazer prévio que, de outro modo, seria produzido pela técnica que conhecemos (p. 218). Nada disso indica exatamente relações muito simples entre o chiste e o cômico. Por outro lado, os problemas do cômico se mostraram tão complicados, e tão bem-sucedidos em desafiar todos os esforços que os filósofos fizeram até aqui para solucioná-los, que não podemos ter a expectativa de dominá-los como que num ataque surpresa, abordando-os a partir do chiste. Além disso, para a investigação do chiste dispusemos de um instrumento de que os demais ainda não se haviam servido: o conhecimento do trabalho do sonho. Para investigar o cômico não temos à disposição uma vantagem similar, e devemos ter presente, portanto, que não descobriremos nada sobre a natureza do cômico que já não tenhamos visto no chiste — na medida em que este pertence à categoria do cômico e traz em sua própria natureza, modificados ou não, certos traços dele.

O gênero do cômico que mais se aproxima do chiste é o *ingênuo* [*naif*]. Como o cômico, o ingênuo é em geral encontrado, e não, como o chiste, criado; e, de fato, o ingênuo jamais pode ser criado, ao passo que no cômico puro também aparece o tornar cômico, a provocação da comicidade. O cômico ingênuo tem de acontecer, sem a nossa intervenção, nas falas e ações de outras pessoas, que ocupam o lugar da *segunda* pessoa no cômico ou no chiste. O ingênuo surge quando alguém desconsidera inteiramente uma inibição porque ela não está presente nele; portanto, quando ele parece superá-la sem esforço algum. Uma condição para o

VII. O CHISTE E AS VARIEDADES DO CÔMICO

efeito do ingênuo é sabermos que tal pessoa não possui essa inibição, pois do contrário não a denominamos ingênua, mas insolente, e não rimos dela, sentimo-nos indignados. O efeito do ingênuo é irresistível e parece simples para o entendimento. Ao ouvir a fala ingênua, um dispêndio de inibição que costumamos fazer torna-se subitamente inutilizável e é descarregado pelo riso; nisso não é necessário um desvio da atenção, talvez porque a supressão da inibição acontece diretamente, não por meio de uma operação induzida. Comportamo-nos aí de maneira análoga à terceira pessoa do chiste, que é presenteada com a economia da inibição sem esforço próprio.

Após as percepções sobre a gênese das inibições, que adquirimos ao acompanhar o desenvolvimento do jogo em chiste, não devemos nos admirar que o ingênuo seja encontrado sobretudo nas crianças e, por extensão, em adultos pouco cultivados, que podemos descrever como infantis no que diz respeito à sua formação intelectual. As falas ingênuas são naturalmente melhores para uma comparação com o chiste do que as ações ingênuas, já que a fala, e não os atos, é a forma habitual de expressão do chiste. É significativo, com efeito, que as falas ingênuas, como as das crianças, possam ser facilmente designadas como "chistes ingênuos". A concordância entre o chiste e a ingenuidade, bem como as razões de suas diferenças, ficarão mais claras em alguns exemplos.

"Uma menina de três anos e meio avisa seu irmão: 'Não coma muito disso, senão você vai ficar doente e tem que tomar bubicamento'. 'Bubicamento?', pergunta a mãe, 'o que é isso?' 'Quando eu estava doente', explica-se a criança, 'também tive de tomar medicamento [*Medizin*].'" A criança acha que o recurso prescrito pelo médico chama-se "medi-camento" [*Mädi-zin*] quando se destina a uma menina [*Mädi*], e conclui que deve chamar-se "bubi-camento" quando destinado a um menino [*Bubi*]. Isso é formado como um chiste verbal que trabalha com a técnica da semelhança sonora, e poderia até, é verdade, ser apresentado como um verdadeiro chiste, caso em que lhe teríamos dispensado, contra a vontade, um pequeno riso. Como exemplo de ingenuidade, ele nos parece extraordinário e nos faz rir alto. Mas o que estabelece aqui a diferença entre o chiste e o ingênuo? Evidentemente, não é nem a verbalização nem a técnica, que são as mesmas em ambas as possibilidades, mas um aspecto que, à primeira vista, está bem distante de ambos. Trata-se apenas de saber se acreditamos que o falante pretendeu fazer um chiste, ou que ele — uma criança — queria, de boa-fé e baseado em seu saber incompleto, chegar a uma conclusão séria. Somente este último é um caso de ingenuidade. Notamos aqui pela primeira vez que a outra pessoa se colocou no processo psíquico da que produz a fala ingênua.

A análise de um segundo exemplo confirmará essa percepção. Um casal de irmãos — uma menina de doze anos e um menino de dez — encena no terraço, para o tio e a tia, uma peça de teatro composta por eles mesmos. A cena apresenta uma cabana à beira-mar. No primeiro ato, os atores-dramaturgos, um pobre pescador e sua boa mulher, queixam-se dos tempos difíceis e do pouco dinheiro. O homem decide navegar em seu barco pelo vasto oceano, para buscar riquezas em outra parte, e, após a terna despedida de ambos, a cortina é cerrada. O segundo ato se passa alguns anos depois. O pescador retorna rico, com um grande saco de dinheiro, e conta à mulher, que o encontra ansiosa em frente à cabana, como tudo correu bem lá fora. A mulher o interrompe orgulhosa: "Também não fiquei à toa nesse meio-tempo", e abre a cabana, onde doze grandes bonecas parecem dormir como crianças no chão... Nesse ponto da peça, os atores são interrompidos por uma explosão de riso dos espectadores, a qual não conseguem entender. Eles fitam confusos os queridos parentes, que até então haviam se comportado adequadamente e prestado atenção na peça. O que está por trás desse riso é a suposição dos espectadores de que os jovens autores ainda não sabem nada sobre a geração de crianças e, por isso, podem acreditar que uma mulher se orgulharia dos rebentos nascidos durante a longa ausência do homem, e que este se juntaria a ela na alegria. Mas o que os autores produziram com base nessa falta de conhecimento pode ser designado como sem sentido, absurdo.

Um terceiro exemplo nos mostrará mais uma técnica, que conhecemos ao estudar os chistes, a serviço do ingênuo. Uma "francesa"* foi contratada como preceptora para uma menina, mas não agradou a ela. Assim que a nova empregada deixa o recinto, a pequena solta a sua crítica: "E ela se diz francesa! Talvez ela se chame as-

---

* Como se denominava, na Áustria, uma preceptora francesa.

sim porque um dia se deitou ao lado de um francês!". Isso poderia ter sido um chiste razoável — duplo sentido com ambiguidade ou alusão ambígua — se a criança tivesse ideia do possível duplo sentido. Na verdade, ela apenas transferiu para a desconhecida de que não gostou uma afirmação jocosa que ouvira com frequência. ("E dizem que isso é ouro! Talvez tenha algum dia ficado ao lado do ouro.") Devido a essa falta de conhecimento da criança, que tanto altera o processo psíquico dos ouvintes compreensivos, a sua fala se torna ingênua. Em decorrência dessa condição, no entanto, pode haver uma ingenuidade enganadora; pode-se supor na criança uma ignorância que já não existe, e as crianças costumam se fingir de ingênuas para gozar de uma liberdade que não lhes seria concedida de outro modo.

Com esses exemplos é possível elucidar a posição que o ingênuo ocupa entre o chiste e o cômico. O ingênuo (na fala) coincide com o chiste na forma verbal e no conteúdo: ele produz um uso equivocado da palavra, um absurdo ou uma obscenidade. Mas o processo psíquico na primeira pessoa, que no chiste oferecia tanto de interessante e enigmático, desaparece aqui por completo. A pessoa ingênua acredita ter empregado de maneira normal e simples o seu meio de expressão e o curso do pensamento, e nada sabe de uma segunda intenção; ela também não extrai nenhum ganho de prazer da produção da fala ingênua. Todas as características do ingênuo só existem na compreensão da pessoa ouvinte, que coincide com a terceira pessoa do chiste. Além disso, a pessoa que produz a fala ingênua o faz

VII. O CHISTE E AS VARIEDADES DO CÔMICO

sem nenhum esforço; a técnica complicada, que no chiste se destina a enfraquecer a inibição criada pela crítica racional, desaparece nessa pessoa, pois ela não possui ainda essa inibição, pode formular o absurdo e a obscenidade diretamente e sem compromisso. Nessa medida, o ingênuo é um caso-limite do chiste, que se produz quando a quantidade dessa censura é reduzida a zero na fórmula da construção do chiste.

Se uma condição da efetividade do chiste era que duas pessoas estivessem sob inibições ou resistências internas praticamente iguais, pode-se então perceber, como condição para o ingênuo, que uma pessoa tenha inibições que a outra não possui. Na pessoa dotada de inibições reside a compreensão do ingênuo; é somente nela que acontece o ganho de prazer trazido pelo ingênuo; e estamos próximos de adivinhar que esse prazer surge da remoção de inibições. Como o prazer do chiste tem a mesma origem — um núcleo de prazer verbal e com o absurdo e um envoltório de prazer com a remoção de inibições e o alívio de gasto psíquico —, essa relação similar à inibição explica o parentesco interno do ingênuo com o chiste. Em ambos o prazer surge através da remoção de uma inibição interna. Mas o processo psíquico na pessoa receptora (com a qual nosso eu normalmente coincide no ingênuo, ao passo que no chiste também podemos nos colocar no lugar da pessoa que o produz) é tão mais complexo no ingênuo quanto é mais simples, em comparação com o chiste, na pessoa que o produz. Na pessoa receptora, a fala ingênua ouvida tem, por um lado, de funcionar como um chiste, algo de que justamente os nossos exemplos deram testemunho, pois, como no chiste, a remoção da censura é possibilitada pelo mero esforço de escutar. Mas apenas uma parte do prazer produzido pelo ingênuo é explicada desse modo, e mesmo essa parte se vê ameaçada em outros casos, como, por exemplo, na escuta de uma obscenidade ingênua. Poder-se-ia reagir a uma obscenidade ingênua com a mesma indignação que se levanta contra a verdadeira obscenidade, caso um outro aspecto do ingênuo não nos poupasse dessa indignação e, ao mesmo tempo, fornecesse a parte mais importante do prazer com o ingênuo.

Esse outro aspecto nos é dado pela já mencionada condição de que, para reconhecer o ingênuo, precisamos ter conhecimento da ausência da inibição interna na pessoa que o produziu. É somente quando isso está assegurado que rimos em vez de nos indignarmos. Levamos em conta, portanto, o estado psíquico da pessoa que produziu a fala ingênua, situamo-nos nesse estado e procuramos compreendê-lo, comparando-o com o nosso. Desse colocar-se no lugar do outro e dessa comparação resulta uma economia de gasto que descarregamos pelo riso.

Poder-se-ia preferir a explicação mais fácil: ao considerar que a pessoa não precisou superar nenhuma inibição, nossa indignação se torna supérflua; o riso aconteceria, portanto, à custa da indignação economizada. Para manter-me distante dessa compreensão, que em geral nos induz ao erro, quero fazer uma distinção mais apurada entre dois casos que anteriormente apresentei unidos. O ingênuo que se apresenta a nós pode ser ou da natureza do chiste, como em nossos exemplos, ou da natureza do obsceno, do repugnante em geral, o que acontecerá sobretudo quando se expressa não como fala, mas como ação. Este último caso é realmente capcioso; poder-se-ia supor, com relação a ele, que o prazer surge da indignação economizada e transformada. Mas o primeiro caso é mais esclarecedor. A fala ingênua, como no exemplo do "bubicamento", pode funcionar em si como um chiste menor e não dar margem à indignação; é certamente o caso mais raro, mas também o mais puro e de longe o mais ilustrativo. Assim que pensamos que a menina, com toda a seriedade e sem segundas intenções, tomou as sílabas "medi", em "medicamento", como idênticas à sua designação, *"Mädi"*, o prazer sofre um aumento no ouvinte que nada tem a ver com o prazer do chiste. Considerando agora o que foi dito de dois pontos de vista — primeiro como se deu na criança, e depois como se daria em nós — descobrimos nessa comparação que a criança encontrou uma identidade entre as palavras e superou uma barreira que existe para nós, e então a coisa continua como se disséssemos: "Se você quer compreender o que foi dito, pode economizar o que gastaria para manter de pé essa barreira". O gasto liberado nessa comparação é a fonte do prazer com o ingênuo, e é descarregado pelo riso; ele é certamente o mesmo que teríamos transformado em indignação, se isso não fosse excluído pelo fato de entendermos a pessoa producente, e, nesse caso, também pela natureza do que foi dito. Porém, se tomamos o caso do chiste ingênuo como modelo para o outro caso, do repugnante ingênuo, vemos que também aqui a economia na inibição pode proceder diretamente da comparação, que não precisamos supor uma indignação incipiente que é sufocada, e que esta última corresponde apenas a um outro emprego do gasto liberado, um emprego contra o qual eram exigidos no chiste complexos dispositivos de proteção.

Essa comparação e essa economia de gasto no ato de colocar-se no processo mental da pessoa producente só podem ter importância para o ingênuo se não se aplicarem apenas a ele. De fato, surge em nós a suspeita de que esse mecanismo, inteiramente estranho ao chiste, seja uma parte, e talvez a parte essencial, do processo psíquico do cômico. Desse ponto de vista — é certamente o aspecto mais importante do ingênuo — o ingênuo se apresenta, portanto, como uma variedade do cômico. Nos nossos exemplos de falas ingênuas, o que se acrescenta ao prazer do chiste é o prazer "cômico". Quanto a este, estaríamos inclinados a supor, de maneira bem geral, que ele surge do gasto economizado na comparação das manifestações de um outro com as nossas. Como aqui, no entanto, nos vemos diante de ideias muito abrangentes, encerremos antes a apreciação do ingênuo. O ingênuo seria, portanto, uma variedade do cômico, na medida em que o seu prazer procede da diferença de gasto que surge na tentativa de entender o outro, e ele se aproximaria do chiste pela condição de que o gasto economizado na comparação tem de ser um gasto de inibição.[61]

---

61 Identifiquei aqui, em todos os casos, o ingênuo com o cômico ingênuo, o que certamente não é sempre admissível. Mas é sufi-

VII. O CHISTE E AS VARIEDADES DO CÔMICO

Assinalemos ainda, brevemente, algumas concordâncias e diferenças entre os conceitos a que chegamos agora e aqueles que já há muito são mencionados na psicologia do cômico. O colocar-se no lugar do outro, o querer entender o outro, não são evidentemente outra coisa senão o "empréstimo cômico" que desde Jean Paul desempenha um papel na análise do cômico; a "comparação" do próprio processo mental com o do outro corresponde ao "contraste psicológico", para o qual encontramos finalmente um lugar, depois de não saber o que fazer com ele no chiste. Na explicação do prazer cômico, porém, nos afastamos de muitos autores para os quais o prazer brota do ir e vir da atenção entre as ideias contrastantes. Não poderíamos compreender semelhante mecanismo de prazer; apontamos para o fato de que na comparação dos contrastes se verifica uma diferença de gasto que, se não recebe outro emprego, se torna passível de descarga e, assim, vira uma fonte de prazer.[62]

É somente com hesitação que ousamos abordar o

---

ciente para os nossos propósitos estudar as características do ingênuo no "chiste ingênuo" e na "obscenidade ingênua". Um maior aprofundamento pressuporia a intenção de elucidar a natureza do cômico com base nisso.

62 Bergson (*Le Rire* [O riso], 1904) também rejeita com bons argumentos (p. 99) esse tipo de derivação do prazer cômico, que foi indiscutivelmente influenciada pelo esforço de fazer uma analogia com o riso de quem está recebendo cócegas. — Em um nível inteiramente diverso se situa a explicação do prazer cômico de Lipps, que, em harmonia com sua concepção do cômico, seria algo "inesperadamente pequeno".

problema do cômico propriamente dito. Seria presunçoso esperar que nossos esforços pudessem trazer contribuições decisivas para solucioná-lo, depois que os trabalhos de toda uma série de pensadores extraordinários não conseguiram produzir uma explicação inteiramente satisfatória. Não pretendemos outra coisa, com efeito, senão desenvolver um pouco mais, no âmbito do cômico, aqueles pontos de vista que se revelaram tão valiosos para o estudo do chiste.

O cômico se apresenta, antes de tudo, como um achado involuntário nas relações sociais dos seres humanos. Ele se encontra nas pessoas, mais especificamente em seus movimentos, formas, ações e traços característicos; originalmente, é provável, apenas nas suas propriedades físicas, e mais tarde também nas psicológicas, bem como em sua maneira de externá-las. Por um modo muito usual de personificação, também os animais e objetos inanimados se tornam cômicos. Mas o cômico pode ser desvinculado da pessoa quando se reconhece a condição sob a qual ela parece cômica. Assim surge o cômico da situação, e saber disso abre a possibilidade de tornar uma pessoa cômica deliberadamente, colocando-a em situações nas quais essas condições do cômico se prendem a seus atos. A descoberta de que se tem o poder de tornar alguém cômico abre o caminho para um inimaginável ganho de prazer cômico e dá origem a uma técnica extremamente sofisticada. E, assim como é possível tornar o outro cômico, é igualmente possível tornar cômico a si próprio. Os recursos que servem para tornar alguém cômico são: a colocação da pessoa em situações

VII. O CHISTE E AS VARIEDADES DO CÔMICO

cômicas, a imitação, o disfarce, o desmascaramento, a caricatura, a paródia, o travestimento etc. Obviamente, essas técnicas podem ser colocadas a serviço de tendências hostis e agressivas. Pode-se tornar uma pessoa cômica para fazê-la parecer desprezível e tirar-lhe qualquer pretensão à dignidade e à autoridade. Mesmo, porém, que tal propósito esteja habitualmente na base do tornar cômico, isso não constitui necessariamente o sentido do cômico espontâneo.

Esse desordenado panorama das ocorrências do cômico já nos mostra que devemos lhe atribuir um âmbito de origem muito extenso e que não podemos esperar, no caso dele, condições tão específicas como, por exemplo, no caso do ingênuo. Para chegar à condição válida para o cômico, o mais importante é a escolha do ponto de partida; escolheremos o cômico dos movimentos, por nos lembrarmos de que a apresentação teatral mais primitiva, a pantomima, se serve dele para nos fazer rir. A resposta a por que rimos dos movimentos dos palhaços seria que eles nos parecem exagerados e despropositados. Rimos de um gasto absolutamente excessivo. Procuremos essa condição fora do cômico criado artificialmente, ou seja, ali onde ele pode ser encontrado isento de propósito. Os movimentos das crianças não nos parecem cômicos, muito embora elas corram e saltem desordenadamente. É cômico, em contrapartida, quando uma criança que está aprendendo a escrever imita com a língua os movimentos da caneta; vemos nesses movimentos secundários um gasto supérfluo de movimento, que nós economizaríamos ao desenvolver a mesma atividade. De maneira igual, também nos adultos nos parecem cômicos outros movimentos secundários, ou mesmo meros movimentos de expressão desnecessariamente aumentados. São casos inteiramente puros dessa variedade do cômico os movimentos do jogador de boliche que, depois de soltar a bola, segue seu movimento como se continuasse a controlá-lo; também são cômicas todas as caretas que exageram as expressões normais de emoção, mesmo quando acontecem involuntariamente, como nas pessoas que sofrem da dança de são vito (coreia reumática); os movimentos apaixonados de um regente moderno parecerão igualmente cômicos para quem não entende de música e não compreende a sua necessidade. E também brotam desse cômico dos movimentos o cômico das formas corpóreas e traços faciais, quando são percebidos como se fossem o resultado de um movimento exagerado e despropositado. Olhos esbugalhados, um nariz pontudo descendo até a boca, orelhas de abano, uma corcunda: é provável que tudo isso só nos pareça cômico porque imaginamos os movimentos que teriam sido necessários para produzir esses traços — o nariz, as orelhas e as outras formas corpóreas são representados como mais móveis do que realmente são. É sem dúvida cômico quando alguém consegue mexer as orelhas, e seria certamente mais cômico ainda se alguém pudesse fazer o nariz subir ou descer. Uma boa parte do efeito cômico que os animais exercem sobre nós vem da percepção de movimentos seus que não podemos imitar.

Mas de que modo chegamos ao riso quando reconhecemos os movimentos de alguém como exagerados e despropositados? Pela via da comparação, acredi-

VII. O CHISTE E AS VARIEDADES DO CÔMICO

to eu, entre o movimento observado no outro e o que eu teria realizado em seu lugar. Os dois elementos da comparação precisam, naturalmente, ser medidos pelo mesmo padrão, e esse padrão é meu gasto de inervação, ligado à representação do movimento num caso e no outro. Esta afirmação demanda uma explicação e um maior desenvolvimento.

O que estamos relacionando aqui é, de um lado, o gasto psíquico em uma certa representação e, de outro, o conteúdo disso que é representado. Nossa afirmação implica que o primeiro não é em geral e em princípio independente do último, o conteúdo da representação, e, em particular, que representar algo grande exige um gasto maior do que representar algo pequeno. Enquanto se tratar apenas da representação de movimentos de diferentes dimensões, a fundamentação teórica de nossa proposição e sua prova pela observação não deveriam nos trazer grandes dificuldades. Veremos que, nesse caso, uma propriedade da representação coincide de fato com uma propriedade da coisa representada, ainda que em geral a psicologia nos previna contra essa confusão.

Adquiri a representação de um movimento de determinada grandeza ao realizá-lo ou imitá-lo, e nessa ação aprendi um padrão para esse movimento em minhas sensações de inervação.[63]

---

63 A lembrança desse gasto de inervação constituirá a parte principal da representação desse movimento, e sempre haverá modos de pensar em minha vida psíquica nos quais a representação será formada somente por esse gasto. Em outros contextos pode acontecer, é verdade, a substituição desse elemento por outro, como,

Agora, quando percebo um movimento semelhante, maior ou menor, em outra pessoa, o caminho mais seguro para compreendê-lo — na apercepção — será imitá-lo, podendo então decidir, pela comparação, em qual movimento o meu gasto foi maior. Esse impulso à imitação certamente aparece quando percebemos movimentos. Na realidade, porém, não pratico a ação de imitar, do mesmo modo como não soletro por ter aprendido a ler soletrando. Em vez de imitar o movimento usando meus músculos, eu o represento por meio das lembranças dos gastos em movimentos similares. O representar ou "pensar" se distingue do agir ou realizar sobretudo porque desloca muito menos energia de investimento e impede que o gasto principal seja efetivado. De que modo, porém, o fator quantitativo — a maior ou menor grandeza — do movimento percebido é expresso na representação? E se não está presente, em uma representação composta de qualidades, uma noção da quantidade: como posso então diferenciar as representações de movimentos de dimensões distintas, e fazer a comparação de que aqui se trata?

A fisiologia nos indica aqui o caminho, ensinando-nos que, mesmo durante o representar, há inervações dirigindo-se aos músculos, embora elas correspondam a um gasto bem modesto. Agora, porém, é muito razoá-

---

por exemplo, pelas representações visuais do objetivo do movimento ou pela representação verbal; e em certos tipos de pensamento abstrato será suficiente um signo, em vez do conteúdo completo da representação.

VII. O CHISTE E AS VARIEDADES DO CÔMICO

vel assumir que esse gasto de inervação que acompanha o representar seja empregado para figurar o fator quantitativo da representação, e que, quando se representa um grande movimento, ele é maior do que quando se trata de um pequeno. A representação do movimento maior seria aqui, portanto, efetivamente a maior, isto é, a representação acompanhada de um gasto maior.

Ora, a observação mostra, de forma direta, que os seres humanos estão habituados a exprimir os atributos de grandeza e pequenez de seus conteúdos representativos por meio de gastos diversos, numa espécie de *mímica da representação*.

Quando uma criança ou um homem do povo, ou o membro de certas raças, está comunicando ou descrevendo algo, pode-se ver facilmente que ele não se contenta em tornar sua representação clara para o ouvinte por meio da escolha de palavras claras, mas também representa o conteúdo dela em seus movimentos expressivos; vincula a apresentação mímica à verbal. Ele caracteriza sobretudo as quantidades e intensidades. "Uma alta montanha", e ele então levanta a mão sobre a cabeça; "um pequeno anão", e ele a aproxima do solo. Se tiver abandonado o hábito de retratar com as mãos, ele o fará então com a voz, e quando tiver se controlado também com relação a esta, podemos apostar que ao descrever algo grande ele abrirá bem os olhos, e ao descrever algo pequeno os manterá entreabertos. Não são os seus afetos que ele assim exprime, mas efetivamente o conteúdo do que está representando.

Devemos supor, então, que essa necessidade de mímica é despertada somente pelas exigências da comunicação, enquanto boa parte desse modo de exposição escapa à atenção do ouvinte? Acredito antes que essa mímica, mesmo quando pouco vivaz, exista independentemente de qualquer comunicação, que se apresente quando a pessoa está representando algo apenas para si mesma, imaginando algo vivamente; e essa pessoa exprime "grande" e "pequeno" em seu corpo do mesmo modo como o faz durante a fala — pelo menos nas modificações da inervação de seus traços faciais e órgãos sensoriais. Posso conceber inclusive que a inervação somática correspondente ao conteúdo do que é representado foi o princípio e a origem da mímica para fins de comunicação; ela só precisava, com efeito, ser aumentada, tornada perceptível pelos outros, para servir a esse propósito. Se defendo a visão de que à "expressão das emoções", reconhecida como efeito secundário de processos psíquicos, deveria ser acrescentada essa "expressão do conteúdo da representação", tenho bem claro que as minhas observações sobre as categorias de grande e pequeno não esgotam o tema. Eu mesmo poderia acrescentar uma série de coisas sobre isso antes que chegássemos aos fenômenos de tensão pelos quais uma pessoa indica fisicamente a concentração de sua atenção e o nível de abstração em que se acha seu pensamento. Considero o assunto importante, e acredito que investigar a mímica da representação em outros domínios da estética seria tão útil quanto é aqui para compreender o cômico.

Para retornar então à comicidade dos movimentos,

VII. O CHISTE E AS VARIEDADES DO CÔMICO

reitero que a percepção de um determinado movimento é acompanhada pelo impulso de representá-lo mediante certo gasto de energia. Assim, no "querer compreender" esse movimento, na sua apercepção, realizo um certo gasto e me comporto nesse ponto do processo psíquico exatamente como se eu me colocasse no lugar da pessoa observada. É provável, porém, que eu ao mesmo tempo capte o objetivo desse movimento e possa, com base em experiências pregressas, estimar a medida de gasto que é requerida para alcançar tal objetivo. Faço aí abstração da pessoa observada e me comporto como se eu mesmo quisesse alcançar o objetivo do movimento. Essas duas atividades de representação resultam numa comparação do movimento observado com o meu próprio. Num movimento exagerado e despropositado da outra pessoa, o meu gasto extra para entendê-lo é declarado supérfluo *in statu nascendi*, como que inibido no momento em que está sendo posto em movimento, e liberado para outro uso, eventualmente para ser descarregado pelo riso. Seria desse tipo, se outras condições favoráveis estiverem presentes, a origem do prazer com o movimento cômico: um gasto de inervação tornado inaplicável, como um excesso, na comparação com o meu próprio movimento.

Notamos agora que precisamos prosseguir nossas análises em duas direções diferentes: primeiro, para estabelecer as condições para a descarga do excesso; em segundo lugar, para examinar se os outros casos do cômico podem ser compreendidos de maneira semelhante à do cômico dos movimentos.

Passemos primeiro à última tarefa e tomemos em

consideração, depois do cômico do movimento e da ação, o cômico que é encontrado nas funções intelectuais e traços de personalidade do outro.

Podemos tomar o absurdo cômico, tal como é produzido por candidatos ignorantes em exames, como modelo do gênero; é certamente mais difícil dar um exemplo simples dos traços de personalidade. Não devemos nos confundir quanto ao fato de que o absurdo e a burrice, que com tanta frequência produzem efeito cômico, nem sempre são percebidos como cômicos, do mesmo modo como numa ocasião podemos rir das mesmas características que em outras vezes nos parecem desprezíveis ou odiosas. Mas esse fato, do qual não devemos nos esquecer, apenas indica que, para se obter o efeito cômico, outras condições têm de ser levadas em conta além da comparação que conhecemos — condições que podemos perceber em outro contexto.

O cômico que se acha nas características intelectuais e psíquicas do outro é novamente, como é óbvio, o resultado de uma comparação entre ele e o meu eu, mas, estranhamente, de uma comparação que na maioria das vezes gerou resultado oposto ao do caso do movimento ou ação cômica. Neste último caso, era cômico quando o outro havia despendido mais energia do que eu acreditava que usaria; no caso da função psíquica, pelo contrário, é cômico quando o outro se poupou de um gasto que considero indispensável, pois o absurdo e a burrice são deficiências da função. No primeiro caso, rio porque ele tornou as coisas mais difíceis para si; no segundo, porque as tornou mais fáceis. Aparentemente, portanto, o que importa para o efeito cômico é somente a diferença quantitativa entre os dois gastos de investimento — o da "empatia" e o do Eu — e não qual dos dois essa diferença favorece. Mas esta peculiaridade, que a princípio confunde o nosso juízo, desaparece quando se leva em conta que o nosso desenvolvimento pessoal rumo a um nível cultural mais elevado envolve a diminuição de nosso trabalho muscular e o aumento de nosso trabalho intelectual. Pela elevação de nosso gasto intelectual conseguimos reduzir o gasto em movimento para a mesma operação, um êxito cultural de que nossas máquinas dão testemunho.[64]

Inscreve-se numa explicação consistente, portanto, que nos pareça cômica a pessoa que, em comparação conosco, gasta muito em suas operações físicas e muito pouco nas psíquicas, e não se deve excluir a hipótese de que em ambos os casos o nosso riso é a expressão da superioridade, percebida com prazer, que nos atribuímos frente a essa pessoa. Se a relação se inverte nos dois casos, e o gasto somático do outro é considerado menor, e o psíquico maior do que o nosso, então já não rimos, mas nos surpreendemos e nos admiramos.[65]

A origem aqui analisada do prazer cômico, na comparação da outra pessoa com o meu próprio eu — na diferença entre o gasto por empatia e o gasto próprio —,

---

64 "O que não se tem na cabeça", diz o provérbio, "é preciso ter nas pernas" [*Was man nicht im Kopfe hat, muss man in den Beinen haben*].
65 Essa contradição que perpassa as condições do cômico — ora o muito, ora o pouco parecem ser a fonte do prazer cômico — não contribuiu pouco para embaralhar o problema. Cf. Lipps, op. cit., p. 47.

é provavelmente a mais importante em termos genéticos. Mas ela certamente não é a única. Aprendemos em algum momento a deixar de lado essa comparação entre o outro e o eu e a considerar a diferença geradora de prazer por um ângulo apenas, seja o da empatia, seja o dos processos no próprio eu, gerando assim a prova de que o sentimento de superioridade não tem uma relação essencial com o prazer cômico. Mas uma comparação é indispensável para o surgimento desse prazer; descobrimos que essa comparação se dá entre dois gastos de investimento seguindo-se rapidamente um ao outro e relativos à mesma operação, os quais são ou produzidos em nós mesmos pela via da empatia com o outro, ou encontrados em nossos próprios processos psíquicos independentemente de tal relação. O primeiro caso, em que a outra pessoa ainda desempenha um papel — ainda que não em comparação com o nosso eu —, se dá quando a diferença dos gastos de investimento, geradora de prazer, é produzida por influências externas que podemos sintetizar como a "situação", razão pela qual essa espécie de cômico também pode ser denominada *cômico de situação*. As características da pessoa que proporciona o cômico não são o mais importante aqui; nós rimos ainda que reconheçamos que teríamos de fazer o mesmo nessa situação. Estamos extraindo o cômico da relação do ser humano com o mundo exterior, que com frequência é mais forte que ele e também é representado, no tocante aos processos psíquicos do ser humano, pelas convenções e demandas da sociedade, e mesmo por suas próprias necessidades físicas. Um típico caso

VII. O CHISTE E AS VARIEDADES DO CÔMICO

desta última espécie se dá quando alguém, envolvido em uma atividade que demanda todas as suas forças intelectuais, é subitamente perturbado por uma dor ou uma necessidade de defecar. O contraste que a diferença cômica nos proporciona, pela via da empatia, se dá entre o elevado interesse que ele mostra na atividade intelectual antes da perturbação e o interesse mínimo que sobra depois dela. A pessoa que nos oferece essa diferença é novamente cômica, aos nossos olhos, como uma figura inferior; mas ela só é inferior em comparação com o seu próprio eu anterior, e não em comparação conosco, pois sabemos que não poderíamos nos comportar de outro modo no mesmo caso. É digno de nota, contudo, que apenas possamos considerar cômica essa inferioridade humana através da empatia, ou seja, no outro, ao passo que nós mesmos, em situações iguais ou similares, teríamos somente sentimentos penosos. Provavelmente, só mantendo afastados de nossa pessoa tais sentimentos penosos podemos fruir como prazerosa a diferença resultante da comparação entre os investimentos que mudam.

A outra fonte do cômico, que encontramos nas modificações de nossos próprios investimentos, está em nossas relações com o futuro, que estamos habituados a antecipar com nossas representações que envolvem expectativa.* Suponho que um gasto quantitativamente determinado está sempre na base de cada representação

---

* "Representações que envolvem expectativa": *Erwartungsvorstellungen*.

com expectativa, e que em caso de decepção ele se vê diminuído em certa medida; e remeto aqui novamente às observações anteriores sobre a "mímica da representação". Parece-me mais fácil, porém, demonstrar o gasto de investimento efetivamente mobilizado nos casos de expectativa. Numa série de casos, é bastante evidente que movimentos preparatórios dão expressão à expectativa; a princípio, em todos os casos em que o acontecimento esperado demanda minha capacidade motora, e em que esses preparativos podem ser quantitativamente determinados com facilidade. Se estou esperando uma bola que me foi lançada, coloco meu corpo em um estado de tensão que deve prepará-lo para o impacto da bola, e os movimentos excessivos que faço, caso a bola lançada se mostre muito fácil, tornam-me cômico para os espectadores. Eu me deixei levar, pela expectativa, a um gasto excessivo de movimento. O mesmo acontece quando, por exemplo, vou pegar de uma cesta uma fruta que imagino ser pesada e, para minha decepção, ela é oca, uma imitação feita de cera. O movimento rápido de minha mão, ao levantar a fruta, revela que preparei uma inervação excessiva para essa finalidade, e os outros riem de mim. Há pelo menos um caso, inclusive, em que o gasto na expectativa pode ser medido diretamente através de um experimento fisiológico com animais. Nos experimentos de Pavlov sobre secreção de saliva, são mostrados diferentes alimentos a cães em que foi colocada uma fístula para a saliva, e as quantidades de saliva secretada oscilam conforme as condições do experimento reforçam ou decepcionam a

VII. O CHISTE E AS VARIEDADES DO CÔMICO

expectativa dos cães de receberem o alimento que foi mostrado.

Mesmo quando o evento esperado faz demandas apenas a meus órgãos sensoriais, e não à minha capacidade motora, posso supor que a expectativa se manifesta em certo gasto motor para o tensionamento dos sentidos, para evitar outras impressões não esperadas; e posso, em geral, compreender a atitude de atenção como uma operação motora que equivale a um certo gasto. Além disso, posso pressupor que a atividade preparatória da expectativa não será independente da grandeza da impressão esperada, e que representarei o grande ou o pequeno mimicamente, através de um gasto preparatório menor ou maior, tal como nos casos da comunicação e do pensamento sem expectativa. É verdade que o gasto na expectativa será composto de vários elementos, e que mesmo na minha decepção vários fatores terão de ser considerados — não apenas se o que ocorre é sensorialmente maior ou menor do que o esperado, mas também se é digno do grande interesse que depositei na sua expectativa. Desse modo, sou levado a considerar, além do gasto na representação do grande e do pequeno (a mímica de representação), o gasto no tensionamento da atenção (gasto na expectativa) e ainda, em outros casos, o gasto na abstração. Mas esses outros tipos de gasto podem ser facilmente reduzidos ao gasto na representação do grande e do pequeno, já que, de fato, o mais interessante, o mais sublime e mesmo o mais abstrato nada mais são do que casos especiais do maior, particularmente qualificados. Se, além disso, levarmos em conta que, segundo Lipps e outros, o contraste *quantitativo* — e não o qualitativo — deve ser considerado a fonte principal do prazer cômico, ficaremos inteiramente satisfeitos por termos escolhido o cômico dos movimentos como ponto de partida de nossa investigação.

Desenvolvendo a proposição kantiana de que "o cômico é uma expectativa que deu em nada", Lipps fez a tentativa, no livro que citamos aqui repetidamente, de derivar o prazer cômico, de modo bastante geral, da expectativa. Apesar dos muitos resultados instrutivos e valiosos que essa tentativa trouxe à luz, eu gostaria de acompanhar a crítica, externada por outros autores, de que Lipps compreendeu muito estreitamente o âmbito de origem do cômico, e só pôde submeter os fenômenos deste à sua fórmula à custa de uma forte coerção.

[2]

Os seres humanos não se contentaram em fruir o cômico onde toparam com ele na experiência, mas se esforçaram para produzi-lo intencionalmente; e aprendemos mais sobre a natureza do cômico quando estudamos os recursos que servem para tornar cômico. Antes de tudo, alguém pode produzir o cômico em sua própria pessoa para divertir os outros — fingindo ser desastrado ou burro, por exemplo. A pessoa cria o cômico como se fosse realmente assim, preenchendo a condição da comparação que conduz à diferença no gasto; mas não se torna ridícula ou desprezível com isso, podendo até, em certas circunstâncias, atrair admiração. O sentimento de superioridade não se manifesta no outro se ele sabe que

VII. O CHISTE E AS VARIEDADES DO CÔMICO

a pessoa está apenas fingindo; e isso fornece uma nova prova da independência que, em princípio, o cômico guarda em relação ao sentimento de superioridade.

Um recurso que serve para tornar outra pessoa cômica é colocá-la em situações nas quais, devido à dependência humana das relações externas, em particular dos fatores sociais, ela se torna cômica sem que importem suas características pessoais; trata-se, portanto, de explorar o cômico de situação. Essa colocação de alguém numa situação cômica pode ser real (*a practical joke*) — esticar a perna para a pessoa tropeçar, parecendo desastrada; fazê-la parecer burra, explorando sua ingenuidade; convencê-la de algo absurdo etc. — ou pode ser fictícia, criada numa fala ou num jogo. Algo que auxilia a agressividade, a cujo serviço o tornar cômico costuma ser empregado, é o fato de o prazer cômico ser independente da realidade da situação cômica, de modo que qualquer pessoa está sujeita, sem defesa, à possibilidade de ser tornada cômica.

Mas há outros meios de tornar cômico que merecem um tratamento especial, e que, em parte, também revelam novas fontes do prazer cômico. Aqui se inclui, por exemplo, a *imitação*, que proporciona um prazer extraordinário ao ouvinte e torna seu objeto cômico mesmo sem precisar exagerá-lo de maneira caricatural. É bem mais fácil explicar o efeito cômico da *caricatura* do que o da mera imitação. A caricatura, a paródia e o travestimento, bem como a sua contrapartida prática, o desmascaramento, dirigem-se contra pessoas e objetos que aspiram a autoridade e respeito, e que, em algum sentido, são *sublimes*. Trata-se de procedimentos de degradação [*Herabsetzung*],* na feliz expressão da língua alemã.⁶⁶ O sublime é algo grande em sentido figurado, psíquico, e eu gostaria de fazer, ou antes renovar, a suposição de que ele é representado, como o somaticamente grande, por um gasto maior de energia. Não é preciso muita observação para verificar que, quando falo em algo sublime, minha voz tem outra inervação, minhas feições se modificam e toda a minha expressão corporal procura entrar em sintonia com a dignidade do que estou me representando. Eu me imponho uma coerção solene, não muito diferente do modo como me comportaria na presença de uma personalidade sublime, um monarca ou um príncipe da ciência. Dificilmente errarei se supuser que essa outra inervação da mímica de representação corresponde a um aumento de gasto. O terceiro caso desse aumento de gasto ocorre quando me entrego a pensamentos abstratos, em vez das representações concretas e plásticas habituais. Ora, se os procedimentos de degradação do sublime de que falávamos permitem representá-lo como algo usual, perante o qual

---

*O verbo que corresponde a esse substantivo, *herabsetzen*, significa "pôr para baixo, depreciar".
66 *Degradation* [em inglês no original]. A. Bain (*The emotions and the will* [As emoções e a vontade], 2ª ed., 1865, p. 248) diz: "*The occasion of the Ludicrous is the degradation of some person or interest, possessing dignity, in circumstances that excite no other strong emotion*" [A ocasião para o ridículo é a degradação de uma pessoa ou interesse que possui dignidade em circunstâncias que não suscitam nenhuma outra forte emoção].

não preciso guardar a compostura, em cuja presença ideal posso ficar "à vontade", para usar a fórmula militar, então eles me poupam o gasto maior da coerção solene, e a comparação desse modo de representação, suscitado pela empatia, com o que era até aqui habitual e tenta instalar-se simultaneamente, cria de novo a diferença de gasto que pode ser descarregada pelo riso.

Como é sabido, a *caricatura* produz a degradação realçando um traço único do objeto sublime, em si mesmo cômico, que passaria despercebido se visto na figura como um todo. Com o seu isolamento, pode ser obtido um efeito cômico que se estende a todo o objeto em nossa memória. A condição para isso é que a presença do próprio sublime não nos prenda a uma disposição de reverência. Quando esse traço cômico despercebido falta na realidade, a caricatura não hesita em criá-lo pelo exagero de um traço que não é cômico em si mesmo. Mais uma vez, é indicativo da origem do prazer cômico que o efeito da caricatura não seja essencialmente prejudicado por esse falseamento da realidade.

A *paródia* e o *travestimento* obtêm a degradação do sublime de outro modo: eles quebram a unidade entre as características conhecidas das pessoas e suas falas e ações, substituindo ou as pessoas sublimes ou suas manifestações por versões inferiores. Eles se distinguem aí da caricatura, mas não pelo mecanismo da produção do prazer cômico. O mesmo mecanismo vale ainda para o *desmascaramento*, que só aparece quando alguém obteve respeito e autoridade mediante a fraude, e estes devem ser-lhe retirados na realidade. Tivemos contato com o efeito cômico do desmascaramento através de alguns exemplos de chistes, como aquela história da nobre mulher gritando "*Ah, mon Dieu*" nas primeiras dores do parto, e o médico deixa para prestar-lhe assistência somente depois que ela grita "Ai, aai, aaai". Agora que conhecemos as características do cômico, não podemos contestar que essa história constitui realmente um exemplo de desmascaramento cômico e não faz jus a ser chamada de chiste. Ela só lembra o chiste pela encenação e pelo recurso técnico da "representação por algo mínimo", no caso o grito que oferece a indicação suficiente. Ainda assim, se nossa sensibilidade linguística é chamada a decidir, ela não se opõe a chamar essa história de chiste. Isso pode ser explicado se refletirmos que o uso linguístico não parte da compreensão científica da natureza do chiste que nós conquistamos ao longo desta laboriosa investigação. Já que uma das funções do chiste é tornar fontes ocultas do prazer cômico novamente acessíveis (p. 148), todo artifício que traga à luz uma comicidade não evidente pode, numa frouxa analogia, ser denominado um chiste. Isso vale sobretudo para o desmascaramento, mas também para outros métodos do tornar cômico.[67]

Como "*desmascaramento*" também se pode considerar aqueles procedimentos para tornar cômico que

---

[67] "Assim, denomina-se chiste, em geral, toda evocação consciente e habilidosa do cômico, seja o cômico de contemplação, seja o cômico de situação. Naturalmente, também não podemos empregar aqui esse conceito de chiste" (Lipps, op. cit., p. 78).

VII. O CHISTE E AS VARIEDADES DO CÔMICO

já conhecemos, que degradam a dignidade do indivíduo chamando a atenção para a sua fragilidade humana geral, e em particular para a dependência que suas funções psíquicas têm das necessidades físicas. O desmascaramento se torna então equivalente à advertência: este ou aquele, que eram admirados como semideuses, não passam de seres humanos como eu e você. Incluem-se aqui, além disso, todos os esforços para desvelar o monótono automatismo psíquico por trás da riqueza e aparente liberdade das realizações psíquicas. Tomamos contato com exemplos de "desmascaramentos" desse tipo nos chistes de casamenteiro, e já então ficamos em dúvida sobre se tínhamos razão em contar essas histórias entre os chistes. Podemos agora decidir com grande segurança que a anedota do eco — que reforça todas as afirmações do casamenteiro e, no final, também a sua admissão de que a noiva tinha uma corcunda, com a exclamação "E que corcunda!" — é, em essência, uma história cômica, um exemplo de desmascaramento do automatismo psíquico. Mas a história cômica serve aqui apenas como fachada: para alguém que queira captar o sentido oculto das anedotas de casamenteiro, o conjunto permanece um chiste muito bem encenado. Quem não vai tão longe detém-se na história cômica. Algo semelhante vale para outro chiste de casamenteiro, daquele que, para rebater uma objeção, acaba por admitir a verdade ao desabafar: "Quem emprestaria algo a essa gente?" — um desmascaramento cômico como fachada para um chiste. Mas seu caráter chistoso é aqui ainda mais evidente, pois a fala do casamenteiro é ao mesmo tempo uma representação pelo oposto. Querendo provar que aquelas pessoas são ricas, ele acaba por provar que elas não são ricas, mas sim muito pobres. O chiste e o cômico se combinam aqui e nos ensinam que o mesmo enunciado pode ser ao mesmo tempo chistoso e cômico.

Aproveitaremos com prazer a oportunidade de voltar do cômico de desmascaramento ao chiste, já que nossa verdadeira tarefa é esclarecer a relação entre o chiste e o cômico, e não determinar a natureza do cômico. Assim, ao lado do caso da descoberta do automatismo psíquico — em que nosso senso para descobrir se algo é cômico ou chistoso nos deixou na mão — elencamos outro em que o chiste e o cômico também se confundem: o caso dos chistes absurdos. Nossa investigação nos mostrará afinal, contudo, que neste segundo caso a convergência do chiste e do cômico pode ser deduzida em termos teóricos.

Ao analisar as técnicas do chiste vimos que tolerar modos de pensamento que são usuais no inconsciente, e que no consciente só podem ser julgados como "falhas de raciocínio", é o recurso técnico de muitos chistes cujo caráter chistoso nos era incerto, de modo que ficamos inclinados a classificá-los simplesmente como histórias cômicas. Não conseguíamos chegar a uma decisão quanto a nossas dúvidas, pois a princípio não conhecíamos a natureza essencial do chiste. Mais tarde, seguindo a analogia com o trabalho do sonho, encontramos esta última no compromisso estabelecido pelo trabalho chistoso entre a crítica racional e o impulso a não renunciar ao antigo prazer com as palavras e o absurdo.

VII. O CHISTE E AS VARIEDADES DO CÔMICO

O que apareceu então como compromisso — quando o início pré-consciente do pensamento foi entregue por um instante à elaboração inconsciente — satisfazia às duas exigências em todos os casos, mas estava sujeito à crítica de várias formas e tinha de aceitar vários dos seus julgamentos. Ora o chiste conseguia, sub-repticiamente, assumir a forma de um enunciado insignificante mas aceitável, ora se infiltrava na expressão de um pensamento valioso; em casos-limite do compromisso, porém, ele desistia de satisfazer a crítica e aparecia perante ela como completo absurdo, atendo-se às fontes de prazer a seu alcance e não temendo provocar a oposição da crítica, pois podia confiar que o ouvinte saberia corrigir pela elaboração inconsciente a deformação de sua expressão, restituindo-lhe o sentido.

Em que casos, então, o chiste aparecerá à crítica como absurdo? Sobretudo quando ele se servir daqueles modos de pensar que são usuais no inconsciente e proibidos no pensar consciente, ou seja, as falhas de raciocínio. Certos modos de pensar do inconsciente são, com efeito, preservados também no consciente, como é o caso, por exemplo, de vários tipos de representação indireta, alusão etc., ainda que seu uso consciente esteja submetido a maiores limitações. Com essas técnicas o chiste provocará pouca ou nenhuma objeção por parte da crítica; mas ele só obtém esse sucesso quando se serve também, como técnica, daquele recurso de que o pensamento consciente já não quer saber. O chiste ainda pode evitar a objeção quando oculta a falha de raciocínio empregada, vestindo-a com uma aparência de lógica como na história da torta e do licor, do salmão com maionese e outras similares. Se, no entanto, ele deixa de ocultar a falha de raciocínio, é certo que haverá repreensão da crítica.

Mas nesse caso há outra coisa que pode ajudar o chiste. As falhas de raciocínio que ele utiliza para a sua técnica, como modos de pensar do inconsciente, aparecem à crítica — ainda que não regularmente — como cômicas. Permitir conscientemente os modos de pensar inconscientes, rejeitados como errôneos, é um recurso para despertar o prazer cômico, e isso é fácil de entender, já que ele certamente requer um gasto maior para produzir um investimento pré-consciente do que para permitir um inconsciente. Quando, ao ouvir o pensamento que foi como que formado no inconsciente, nós o comparamos à sua versão corrigida, obtemos como resultado a diferença de gasto da qual surge o prazer cômico. Um chiste que se serve de tal falha de raciocínio como técnica, e que por isso parece absurdo, pode ter ao mesmo tempo, portanto, um efeito cômico. Se não percebemos o chiste, o que nos resta é novamente a historinha cômica.

A história do caldeirão emprestado que tinha um buraco no momento da devolução — em que o indivíduo respondeu que, primeiro, não tomara emprestado nenhum caldeirão; depois, que ele já tinha um buraco no momento do empréstimo; e, por fim, que o devolvera em perfeitas condições, sem buraco nenhum (p. 91) — é um bom exemplo de efeito cômico puro obtido pela permissão do modo de pensar inconsciente. Justamente essa supressão recíproca de pensamentos, dos quais cada qual é muito bem fundamentado, não existe no inconsciente. Em conformidade com isso, o sonho, em que os modos de pensar do inconsciente se tornam manifestos, também não conhece o "ou-ou",[68] mas apenas um simultâneo "lado-a-lado". Naquele exemplo de sonho da minha *Interpretação dos sonhos* que, apesar de sua complexidade, escolhi como modelo para o trabalho interpretativo,[69] procuro me livrar da objeção de que não consegui eliminar as dores de uma paciente pelo tratamento psíquico. Eis minhas razões: 1) ela própria é culpada de sua doença, já que não quis adotar minha solução; 2) suas dores são de origem orgânica e, portanto, não me dizem respeito; 3) suas dores estão ligadas à sua condição de viúva, pela qual não sou responsável; 4) suas dores foram causadas por uma injeção com seringa suja, que outra pessoa lhe aplicou. Todos esses motivos se acham um ao lado do outro, como se um não excluísse o outro. Eu devia ter trocado o "e" do sonho por um "ou-ou", a fim de escapar à objeção de ser absurdo.

Uma história cômica semelhante seria esta: numa vila húngara, um ferreiro havia cometido um crime cuja pena era de morte, mas o prefeito decidiu mandar para a forca, em vez do ferreiro, um alfaiate, pois havia dois alfaiates instalados na vila, mas nenhum outro ferreiro, e alguém devia ser enforcado. Esse desloca-

---

68 No máximo, isso é colocado pelo narrador do sonho como interpretação.
69 Op. cit. [cap. II, últimas páginas].

mento da pessoa do culpado para uma outra contradiz evidentemente todas as leis da lógica consciente, mas não o modo de pensar do inconsciente. Não hesito em chamar de cômica essa história, mas foi a do caldeirão que incluí entre os chistes. Reconheço que também esta última seria mais apropriadamente caracterizada como "cômica" do que como chistosa. Mas agora entendo por que meu sentimento, que costuma ser seguro, pode me deixar em dúvida se essa história é cômica ou chistosa. Trata-se de um caso em que não consigo decidir conforme o sentimento, ou seja, quando a comicidade surge pela revelação de modos de pensar exclusivos do inconsciente. Uma história desse tipo pode ser ao mesmo tempo cômica e chistosa; mas ela produzirá em mim o efeito de um chiste, mesmo que seja meramente cômica, pois a utilização das falhas de raciocínio do inconsciente me lembra o chiste, exatamente como antes (p. 286) as manobras para descobrir o cômico que se encontrava oculto.

Devo me esforçar por deixar claro esse ponto tão delicado de meus argumentos — a relação entre o chiste e o cômico — e, por isso, vou complementar o que já disse com algumas proposições negativas. Primeiramente, posso chamar a atenção para o fato de que o caso aqui tratado da coincidência do chiste com o cômico não é idêntico ao anterior. Trata-se de uma diferenciação sutil, mas que pode ser estabelecida com segurança. No caso anterior o cômico brotava da revelação do automatismo psíquico. Esse está longe de ser exclusivo do inconsciente e não tem um papel importante entre as técnicas do chis-

VII. O CHISTE E AS VARIEDADES DO CÔMICO

te. O desmascaramento só entra em relação com o chiste ocasionalmente, ao servir outra técnica do chiste como, por exemplo, a representação pelo oposto. No caso em que se admite o modo de pensar inconsciente, porém, a coincidência do chiste com o cômico é necessária, pois o mesmo recurso que é empregado na primeira pessoa do chiste, como técnica de liberação de prazer, gera, por sua própria natureza, prazer cômico na terceira pessoa.

Poderíamos cair na tentação de generalizar este último caso, e buscar a relação do chiste com o cômico no fato de que o efeito do chiste sobre a terceira pessoa ocorre segundo o mecanismo do prazer cômico. Mas certamente não é disso que se trata: o contato com o cômico não se aplica de modo algum a todos os chistes, nem mesmo à maior parte deles; na maioria dos casos o chiste e o cômico devem antes ser claramente separados. Sempre que o chiste consegue escapar à aparência do absurdo, portanto na maior parte dos chistes de duplo sentido e de alusão, o efeito sobre o ouvinte não lembra em nada o cômico. Pode-se fazer o teste nos exemplos apresentados anteriormente ou em alguns novos, que agora apresento:

Telegrama de felicitação pelo septuagésimo aniversário de um jogador: "*Trente et quarante*". (Divisão de palavras com alusão.)

Hevesi, descrevendo certa vez o processo de fabricação do tabaco: "As folhas levemente amareladas... eram *banhadas em um molho* e *molhadas nesse banho* [*in eine Beize getunkt und in dieser Tunke gebeizt*]". (Múltiplo uso do mesmo material.)

Madame de Maintenon era chamada de Madame de *Maintenant* ["agora", em francês]. (Modificação do nome.)

O prof. Kästner diz a um príncipe, que está na frente de um telescópio durante uma demonstração: "Meu príncipe, sei bem que sois *durchläuchtig* (ilustre), mas não sois *durchsichtig* (transparente)".

O conde Andrássy era chamado de *Ministro do Belo Exterior*.*

Poder-se-ia crer também que ao menos todos os chistes com fachada de absurdo parecem cômicos e, portanto, têm de produzir efeito cômico. Mas lembro aqui apenas que tais chistes, com frequência, têm outro efeito sobre o ouvinte, podendo provocar estupefação ou a inclinação a rejeitá-los (cf. nota à p. 196). O que importa, portanto, é se o absurdo do chiste parece mais um absurdo cômico ou um mero absurdo comum, vulgar — algo que ainda não investigamos. Assim, mantemos a conclusão de que o chiste, por sua própria natureza, deve ser distinguido do cômico, somente coincidindo com ele, por um lado, em certos casos especiais e, por outro, na tendência de obter prazer de fontes intelectuais.

No curso dessas investigações sobre as relações entre o chiste e o cômico revelou-se para nós a diferença que devemos enfatizar como a mais significativa e que, ao mesmo tempo, aponta para uma das principais características psicológicas do cômico. Tivemos de localizar

---

* O conde Gyula Andrássy (1823-90) era ministro do Exterior do Império Austro-Húngaro e se vestia com muito apuro.

a fonte do prazer do chiste no inconsciente; não temos motivo para atribuir a mesma localização ao cômico. Todas as análises que desenvolvemos até aqui indicam antes que a fonte do prazer cômico é a comparação de dois gastos que temos de atribuir ao pré-consciente. O chiste e o cômico se distinguem sobretudo na localização psíquica; *o chiste é, por assim dizer, a contribuição para o cômico do âmbito do inconsciente.*

[3]

Não precisamos nos desculpar por essa digressão, já que, afinal, foi a relação do chiste com o cômico que nos impeliu a investigar este último. Já está mais do que na hora, porém, de retornar ao nosso tema anterior, o tratamento dos recursos que servem para tornar algo ou alguém cômico. Começamos discutindo a caricatura e o desmascaramento porque podemos extrair de ambos algumas conexões para a análise da comicidade da *imitação*. Geralmente a imitação aparece ligada à caricatura, o exagero de certos traços que de outro modo passariam despercebidos, e também traz consigo a característica da degradação. Mas a sua natureza não parece esgotar-se aí; é inegável que ela representa uma fonte extraordinariamente fértil de prazer cômico, já que rimos particularmente da fidelidade da imitação. Não é fácil oferecer aqui uma explicação satisfatória, a menos que se adote o ponto de vista de Bergson,[70] que

---

70 Bergson, H. *Le Rire. Essai sur la signification du comique* [O riso. Ensaio sobre o significado do cômico], 3ª ed. Paris, 1904.

aproxima o cômico da imitação do cômico que revela o automatismo psíquico. Bergson acredita que tem efeito cômico tudo o que, em uma pessoa viva, faz lembrar um mecanismo inanimado. Sua fórmula para isso é: *"mécanisation de la vie"* [mecanização da vida]. Ele explica o cômico da imitação vinculando-o a um problema que Pascal colocou nos seus *Pensées*: por que rimos da comparação entre dois rostos, dos quais nenhum é engraçado em si? "O ser vivo nunca deve, segundo a nossa expectativa, repetir-se de maneira inteiramente igual. Onde encontramos essa repetição, supomos sempre um mecanismo por trás desse ser vivo." Quando vemos dois rostos excessivamente parecidos, pensamos em duas cópias feitas a partir do mesmo molde ou em algum procedimento semelhante de produção mecânica. Em poucas palavras, a causa do riso nesses casos seria a divergência do que é vivo em relação ao inanimado; ou, pode-se dizer, a degradação do ser vivo em inanimado (op. cit., p. 35). Se admitimos essa sedutora explicação de Bergson, não será difícil acomodar sua posição à nossa própria fórmula. Tendo aprendido pela experiência que cada ser vivo é diferente do outro e exige algum esforço para entendê-lo, sentimo-nos decepcionados se uma coincidência perfeita ou uma imitação enganosa tornam desnecessário um novo esforço. A mesma fórmula também cobriria todos os casos tratados por Bergson como rigidez (*raideur*) cômica: hábitos profissionais, ideias fixas e expressões repetidas a cada oportunidade. Todos esses casos seriam fruto da comparação do gasto na expectativa com o gasto necessário

VII. O CHISTE E AS VARIEDADES DO CÔMICO

para entender o que permaneceu igual, em que a maior expectativa se apoia na observação da plasticidade e diversidade individual do ser vivo. A fonte do prazer cômico na imitação não seria, portanto, a comicidade da situação, mas a comicidade da expectativa.

Como em geral derivamos o prazer cômico de uma comparação, isso nos obriga a investigar também o próprio cômico da comparação, pois é ele, afinal, que serve como meio para tornar algo ou alguém cômico. Nosso interesse por essa questão aumentará se nos lembrarmos de que também no caso das analogias o nosso "sentimento" para decidir se algo é um chiste ou apenas algo cômico costuma nos deixar na mão (ver p. 117).

O tema certamente mereceria mais atenção do que somos capazes de lhe dar a partir de nosso interesse. A principal coisa que indagamos sobre uma analogia é se é pertinente, se chama a atenção para uma coincidência efetivamente existente entre dois objetos distintos. O prazer original na redescoberta do mesmo (Groos, p. 93) não é o único motivo que favorece o uso da metáfora; também é preciso que a metáfora possa ser aplicada de modo a facilitar o trabalho intelectual, ou seja, quando se compara, como em geral acontece, o menos conhecido com o mais conhecido, o abstrato com o concreto, e essa comparação permite esclarecer o que é mais estranho e difícil. A cada uma dessas comparações, em especial a do abstrato com o concreto, estão ligadas uma certa degradação e uma certa economia de gasto na abstração (no sentido de uma mímica representativa), mas isso não basta, naturalmente, para que o caráter do cômico apareça de forma nítida. Ela não aparece súbita, mas gradativamente, a partir do prazer de alívio proporcionado pela comparação; há muitos casos que apenas esbarram no cômico, deixando-nos em dúvida quanto a se têm ou não o caráter cômico. A comparação se torna indubitavelmente cômica quando aumenta a diferença do nível de gasto na abstração entre os dois elementos comparados, quando algo sério e estranho, principalmente de natureza intelectual ou moral, é posto em comparação com algo banal e inferior. O prazer de alívio mencionado há pouco e a contribuição das condições da mímica representativa podem talvez explicar a passagem gradativa que ocorre na comparação, determinada por relações quantitativas, do prazeroso em geral ao cômico. Creio que evitarei mal-entendidos ao enfatizar que o prazer cômico na analogia não deriva do contraste entre os dois elementos da comparação, mas da diferença entre os dois gastos na abstração. Quando se afirma que algo desconhecido e de difícil apreensão — abstrato, intelectualmente sublime, de fato — coincide com algo inferior e familiar, que não exige nenhum gasto com a abstração para ser representado, esse algo desconhecido é ele mesmo desmascarado como algo inferior. A comicidade da comparação se reduz, portanto, a um caso de degradação.

A comparação pode, como vimos antes, ser chistosa sem nenhum traço de cômico — quando, com efeito, evita a degradação. Assim, a comparação da verdade com uma tocha que não pode ser carregada em meio a uma multidão sem queimar a barba de alguém é pu-

VII. O CHISTE E AS VARIEDADES DO CÔMICO

ramente chistosa, já que toma no sentido pleno uma expressão desbotada ("a tocha da verdade"), e não é de modo algum cômica, pois, embora seja um objeto concreto, a tocha não deixa de ter uma certa nobreza. Mas uma comparação pode muito bem ser tão chistosa quanto cômica, e uma coisa independentemente da outra, quando auxilia determinadas técnicas do chiste, como, por exemplo, a unificação ou a alusão. Assim, a comparação de Nestroy entre as memórias e uma "loja" (p. 123) é ao mesmo tempo cômica e chistosa — cômica devido à extraordinária degradação sofrida pelo conceito psicológico na comparação com uma loja, e chistosa porque quem faz a comparação é um ajudante de vendedor, produzindo uma inesperada unificação entre a psicologia e sua atividade profissional. As linhas de Heine — "Até que me saltaram todos os botões das calças da paciência" — parecem apenas, a princípio, um excelente exemplo de uma comparação cômica degradante; num exame mais detido, porém, é preciso reconhecer também o seu caráter chistoso, já que a comparação, como recurso da alusão, toca o âmbito do obsceno e, assim, permite liberar o prazer com este. Por uma coincidência que nada tem de fortuita, o mesmo material dá origem a um ganho de prazer que é simultaneamente cômico e chistoso; ainda que as condições de um favoreçam o aparecimento do outro, essa comparação é perturbadora para o "sentimento" com que devemos decidir se se trata aqui de um chiste ou de algo cômico — e somente uma investigação atenta, isenta da predisposição para certo prazer, pode nos levar a uma decisão.

Por mais tentadora que seja a ideia de investigar os determinantes íntimos do ganho de prazer cômico, o autor deve ter em mente que nem a sua formação prévia nem a sua profissão cotidiana o autorizam a estender suas investigações para muito além da esfera do chiste, e precisa reconhecer que justamente o tema da comparação cômica o faz perceber a sua incompetência.

Assim, de bom grado lembramos que muitos autores não reconhecem a aguda diferença conceitual e factual entre o chiste e o cômico a que fomos levados, e simplesmente apresentam o chiste como o "cômico da fala" ou "das palavras". Para testar essa visão vamos tomar dois exemplos de cômico da fala, um intencional e outro involuntário, e compará-los com o chiste. Já observamos anteriormente que nos acreditamos perfeitamente capazes de distinguir a fala cômica da fala chistosa.

"Com um garfo e muito esforço
a mãe o retirou do ensopado."

Isso é meramente cômico. Tomemos a frase de Heine sobre as quatro castas da população de Göttingen:

"Estudantes, professores, filisteus e asnos."

Isso é deliciosamente chistoso.

Como modelo de comicidade intencional da fala, tomarei o "Wippchen", de Stettenheim.* Diz-se que Stettenheim é chistoso porque possui, em elevado grau, a habilidade de provocar o cômico. A graça que se "tem", por oposição à graça que se "inventa", é, de fato, deter-

---

* Julius Stettenheim (1831-1916) foi um conhecido jornalista berlinense.

VII. O CHISTE E AS VARIEDADES DO CÔMICO

minada de maneira precisa por essa capacidade. É inegável que as cartas de Wippchen, o correspondente de Bernau, também são chistosas porque contêm chistes de todos os tipos, entre eles alguns genuinamente bem-sucedidos (como "solenemente despidos", sobre um desfile de selvagens); mas o que empresta a essas produções o seu caráter próprio não são esses chistes separados, e sim a comicidade da fala que deles transborda abundantemente. "Wippchen" é por certo uma figura originalmente concebida como satírica, uma modificação do Schmock de G. Freytag, um desses sujeitos incultos que usam e abusam do acervo cultural da nação; mas a satisfação do autor com os efeitos cômicos obtidos na apresentação da personagem fez claramente com que a tendência satírica passasse pouco a pouco a segundo plano. As produções de Wippchen são em grande parte um "absurdo cômico"; o autor se serviu — com razão, aliás — do bom humor produzido no leitor pelo acúmulo dessas realizações para, ao lado de coisas perfeitamente aceitáveis, produzir uma série de bobagens que, tomadas isoladamente, não seriam suportáveis. O *nonsense* de Wippchen aparece como um tipo específico, graças a uma técnica especial. Se examinamos mais de perto esses "chistes", saltam aos olhos alguns gêneros que impregnam toda a produção. Wippchen se serve sobretudo de combinações (fusões), de modificações de expressões conhecidas e citações, substituindo elementos banais destas últimas por meios de expressão geralmente mais pretensiosos e solenes. Isso realmente se aproxima de técnicas do chiste.

Eis aqui alguns exemplos de fusões (extraídos do prefácio e das primeiras páginas da série):

"*Die Türkei hat Geld wie Heu am Meere.*" (A Turquia tem dinheiro como feno no mar.)

Isso é uma junção de duas expressões:

"*Geld wie Heu*" (Dinheiro como feno)
"*Geld wie Sand am Meere*" (Dinheiro como areia no mar).

Ou então: "Não sou mais do que uma coluna desfolhada, testemunhando suas glórias passadas" — combinação de "árvore desfolhada" e "uma coluna testemunhando etc.". Ou então: "Onde está o fio de Ariadne que me conduzirá para fora da Cila deste estábulo de Áugias?", em que três lendas gregas forneceram um elemento cada.

As modificações e substituições podem ser sumarizadas sem muito esforço; sua natureza pode ser vista nos seguintes exemplos, típicos de Wippchen, em que sempre transparece uma outra frase corrente, geralmente banal, reduzida a um lugar-comum:

"*Mir Papier und Tinte höher zu hängen*" (Segurar o papel e a tinta mais alto para mim). Costuma-se dizer "segurar a cesta de pão mais alto para alguém", em sentido figurado, para "colocar alguém numa situação mais difícil, diminuir o salário". Ora, por que não estender essa imagem a outro material?

"*Schlachten, in denen die Russen einmal den Kürzeren, einmal den Längeren ziehen*" (Batalhas em que os russos ora tiram o palito mais curto, ora o mais longo). Somen-

VII. O CHISTE E AS VARIEDADES DO CÔMICO

te a primeira expressão é de uso corrente, como sabemos [significa "levar a pior"]; pela sua derivação, não seria absurdo admitir também a segunda.

"O Pégaso despertou em mim ainda cedo." Se substituímos "Pégaso" por "poeta", temos uma fórmula autobiográfica já desgastada pelo uso frequente. "Pégaso" não é apropriado para substituir "poeta", mas guarda uma relação conceitual com este e é uma palavra que soa nobre.

"Assim eu vivia os espinhosos sapatos da infância." Uma imagem, em vez de uma afirmação simples. "Largar os sapatos da infância" é uma das imagens ligadas à noção de infância.

Das muitas outras produções de Wippchen, pode-se tomar vários exemplos de cômico puro, como de desapontamento cômico, por exemplo: "A batalha variou por horas e horas, até que finalmente não foi decidida"; ou de desmascaramento cômico (da ignorância): "Clio, a Medusa da História"; citações como *"Habent sua fata morgana"*.* Mas nosso interesse é despertado antes pelas fusões e modificações, pois elas nos trazem de volta conhecidas técnicas do chiste. Comparem-se às modificações, por exemplo, chistes como os seguintes: "Ele tem um grande futuro atrás de si"; "Ele tem um ideal à frente da cabeça" [p. 111]; ou os chistes de modificação de Lichtenberg: "Novas termas curam bem" etc.

---

* *"Habent sua fata libelli:* "Os livros têm seus destinos"; *fata morgana*: miragem. No exemplo anterior, Clio é, na verdade, musa da História; Medusa era uma mulher-monstro da mitologia grega.

As produções de Wippchen que usam a mesma técnica devem ser denominadas chistes? Ou, se não devem, em que se diferenciam destes?

Certamente não é difícil responder a isso. Lembremos que o chiste mostra ao ouvinte uma dupla face, leva-o a duas concepções distintas. Nos chistes de absurdo, como o mencionado por último, uma concepção que somente leva em conta as palavras diz que ele é um absurdo; a outra, que reconstitui o caminho percorrido pelas alusões no inconsciente do ouvinte, descobre um sentido excelente. Nas produções de Wippchen similares aos chistes, um desses lados é vazio, como que atrofiado; elas têm cabeça de Jano, mas somente um lado se desenvolveu. Se nos deixamos conduzir pela técnica até o inconsciente, não chegamos a lugar algum. As fusões não nos levam a nenhum caso em que os dois elementos fundidos realmente produzam um novo sentido; numa tentativa de analisá-los, os dois lados se mostram inteiramente separados um do outro. As modificações e substituições conduzem, como no chiste, a expressões usuais e conhecidas, mas nada dizem de diferente e, em regra, também não apresentam nada de possível ou útil. Para esses "chistes", portanto, resta uma única interpretação: são absurdos. Pode-se decidir à vontade, então, se tais produções, que se desvincularam de uma das características essenciais do chiste, serão chamadas de chistes "ruins", ou se serão mesmo consideradas chistes.

Esses chistes atrofiados produzem sem dúvida um efeito cômico, que podemos explicar de diferentes maneiras. Ou o cômico surge da revelação de modos de pensar inconscientes, como em casos considerados anteriormente, ou o prazer vem da comparação com o chiste perfeito. Isso não nos impede de supor que convirjam aqui os dois modos de surgimento do prazer cômico. Não se pode rejeitar que precisamente o apoio deficiente no chiste torne aqui o absurdo um absurdo cômico.

Há outros casos, com efeito, em que é fácil ver como essa deficiência na comparação com o que deveria ser realizado torna o absurdo irresistivelmente cômico. A contrapartida do chiste, o enigma, talvez nos forneça melhores exemplos do que o próprio chiste. Tomemos a seguinte adivinha: "O que é, o que é? Fica pendurado na parede e pode-se secar as mãos com ele". O enigma seria bobo se a resposta fosse "uma toalha de mão". Esta resposta seria antes rechaçada: "Não, um arenque". "Mas, por Deus!", objetaria o interlocutor chocado, "o arenque não fica pendurado na parede." "Mas você pode pendurá-lo." "Mas quem secaria as mãos com um arenque?" "Bem", dirá a confortante resposta, "você não *precisa* fazê-lo." Essa explicação, dada por dois típicos deslocamentos, mostra o quanto a pergunta acima não constitui uma adivinha verdadeira, e é devido a essa absoluta inadequação que ela parece um mero e idiota absurdo — irresistivelmente cômico. Desse modo, por não preencher condições essenciais, chistes, enigmas e outros, que em si mesmos não proporcionam prazer cômico, tornam-se fonte deste último.

Há ainda menos dificuldades em compreender o caso

do cômico involuntário da fala, que podemos encontrar em abundância nos poemas de Friederike Kempner.[71]

> *GEGEN DIE VIVISEKTION*
> *Ein unbekanntes Band der Seelen kettet*
> *Den Menschen an das arme Tier.*
> *Das Tier hat einen Willen — ergo Seele —*
> *Wenn auch 'ne kleinere als wir.*
> [CONTRA A VIVISSECÇÃO. Um desconhecido laço conecta as almas/ dos seres humanos ao pobre animal./ O animal tem uma vontade — logo, uma alma —/ainda que uma menor do que a nossa.]

Ou um carinhoso diálogo entre marido e mulher:

> *DER KONTRAST*
> *"Wie glücklich bin ich", ruft sie leise,*
> *"Auch ich", sagt lauter ihr Gemahl,*
> *"Es macht mich deine Art und Weise*
> *Sehr stolz auf meine gute Wahl!"*
> [O CONTRASTE. "Como sou feliz", exclama ela suavemente,/ "Eu também", diz seu marido,/ "Seu jeito de ser me deixa/ orgulhoso de minha boa escolha!"]

Aqui não há nada que lembre o chiste. Sem dúvida, porém, é também a deficiência dessas "poesias" que as torna cômicas — a extraordinária deselegância de sua expressão, ligada às frases mais vulgares ou de estilo

---

71 6ª edição, Berlim, 1891.

jornalístico, a limitação simplista de seus pensamentos, a ausência de qualquer pensamento ou linguagem poética. Por tudo isso, não é óbvio considerar cômicos os poemas de Kempner; julgamos simplesmente ruins muitas produções semelhantes, que não nos fazem rir, antes nos irritam. Mas é justamente a distância em relação ao que esperamos de um poema que nos leva a apreendê-los comicamente; se tal diferença fosse menor, ficaríamos mais inclinados à crítica do que ao riso. Além disso, o efeito cômico dos poemas de Kempner é assegurado por outras circunstâncias secundárias: a indisfarçável boa intenção da autora e uma certa sinceridade de sentimento que, desarmando nosso escárnio ou irritação, percebemos por trás de suas frases ineptas. Somos lembrados aqui de um problema cuja consideração havíamos adiado. A diferença de gasto é certamente a condição fundamental do prazer cômico, mas a observação mostra que dessa diferença nem sempre resulta prazer. Que condições têm de estar presentes, ou que perturbações têm de ser evitadas, para que o prazer cômico realmente possa resultar da diferença de gasto? Antes, porém, de passar à resposta dessas questões, queremos deixar estabelecido, concluindo esta discussão, que o cômico da fala não coincide com o chiste, e que o chiste tem de ser, portanto, algo diverso do cômico da fala.

[4]

Agora que nos aproximamos de uma resposta à questão colocada, sobre as condições de surgimento do prazer cômico a partir da diferença de gasto, podemos nos conceder um alívio que só poderá nos trazer prazer. A resposta exata a essa questão seria idêntica a uma exposição exaustiva da natureza do cômico, para a qual não temos nem a capacidade nem a autoridade. Ficaremos satisfeitos, mais uma vez, em só iluminar o problema do cômico onde ele se distingue claramente do problema do chiste.

Todas as teorias do cômico sofreram a objeção, da parte de seus críticos, de que sua definição deixava escapar o que lhe é essencial. "O cômico se baseia num contraste de representações"; sim, mas somente na medida em que esse contraste tem um efeito cômico, e não de outro tipo. "O sentimento do cômico vem da dissolução de uma expectativa"; sim, se tal decepção não for dolorosa. As objeções são indubitavelmente justas, mas serão superestimadas caso se conclua, a partir delas, que a característica essencial do cômico escapou até aqui à compreensão. O que prejudica a validade universal dessas definições são condições indispensáveis para o aparecimento do prazer cômico, mas nas quais não se deve buscar a essência do cômico. Só conseguiremos, porém, afastar com alguma facilidade as objeções e esclarecer as dúvidas contra as definições do cômico se fizermos o prazer cômico resultar da diferença comparativa entre dois gastos. O prazer cômico e o efeito em que ele é percebido — o riso — só podem surgir se essa diferença se tornar inutilizável e passível de descarga. Se a diferença, tão logo percebida, recebe uma outra utilização, não obtemos um efeito prazeroso, mas no máximo um sentimento fugidio de prazer que não

VII. O CHISTE E AS VARIEDADES DO CÔMICO

mostra nenhuma característica do cômico. Assim como certos arranjos especiais têm de ser feitos no chiste para evitar uma outra utilização do gasto reconhecido como supérfluo, também o prazer cômico somente pode surgir sob circunstâncias que satisfaçam esta última condição. É por isso que os casos em que tais diferenças de gasto aparecem em nossa vida ideativa são inusualmente numerosos, ao passo que aqueles em que o cômico surge são comparativamente raros.

Duas constatações se impõem ao observador que lança seu olhar, ainda que de maneira passageira, sobre as condições para o surgimento do cômico a partir da diferença de gasto: em primeiro lugar, que há casos em que o cômico se apresenta regularmente, como que necessariamente, e outros, em oposição a esses, em que ele parece depender das circunstâncias do caso e do ponto de vista do observador; em segundo lugar, que diferenças excepcionalmente grandes costumam prevalecer sobre circunstâncias desfavoráveis, permitindo que o sentimento cômico apareça apesar delas. Com relação ao primeiro ponto, poderíamos estabelecer duas classes: a do cômico inevitável e a do cômico ocasional — aceitando-se desde o princípio, contudo, que a inevitabilidade do cômico na primeira classe não será encontrada sem exceções. Seria tentador buscar as condições que determinam as duas classes.

Valem essencialmente para a segunda classe as condições que foram, em parte, classificadas como "isolamento" do caso cômico. Uma análise mais detida permite reconhecer as seguintes condições:

a) A condição mais favorável ao surgimento do prazer cômico é dada pelo ânimo geralmente alegre em que a pessoa está "disposta a rir". Quando se eleva toxicamente o ânimo, quase tudo parece cômico, provavelmente pela comparação com o gasto no estado normal. O chiste, o cômico e todos os métodos similares para adquirir prazer da atividade psíquica não passam de caminhos para, se esse ânimo elevado — a euforia — não estiver dado como disposição geral da psique, readquiri-la a partir de um ponto singular.

b) Funciona de maneira igualmente favorável a expectativa do cômico, a prontidão para o prazer cômico. Assim, se a intenção de tornar algo ou alguém cômico é partilhada por outra pessoa, são suficientes diferenças tão pequenas que passariam provavelmente despercebidas se acontecessem numa vivência não intencional. Quem está para ler algo cômico ou assistir a uma farsa no teatro deve agradecer a essa intenção o fato de rir de coisas que dificilmente constituiriam um caso do cômico em sua vida habitual. Acaba por rir da lembrança de ter rido, ou da expectativa de rir quando vê um ator cômico entrar em cena, antes mesmo de esse ter tentado fazê-lo rir. Por isso admitimos também que nos envergonhamos posteriormente daquilo que nos fez rir no teatro.

c) Condições desfavoráveis para o cômico resultam do tipo de atividade psíquica de que o indivíduo se ocupa no momento. Um trabalho imaginativo ou intelectual guiado por objetivos sérios diminui de tal maneira a capacidade de descarga dos investimentos, que esse

VII. O CHISTE E AS VARIEDADES DO CÔMICO

trabalho necessita para os seus deslocamentos, que somente diferenças de gasto inesperadamente grandes podem abrir caminho até o prazer cômico. Particularmente desfavoráveis ao cômico são todos os processos intelectuais que se distanciaram o suficiente do que é perceptível, a ponto de fazer cessar a mímica representativa; no pensamento abstrato já não há espaço para o cômico em geral, a não ser quando esse pensamento é subitamente interrompido.

d) A oportunidade para a liberação de prazer cômico também desaparece quando a atenção se dirige precisamente à comparação da qual o cômico pode surgir. Sob tais circunstâncias, aquilo que de outro modo teria um efeito certamente cômico perde sua força cômica. Um movimento ou uma operação intelectual não pode se tornar cômico para quem está interessado em compará-lo com um padrão que tem claro em sua mente. Assim, um examinador não considera cômico o absurdo que o examinando produziu em sua ignorância; ele se irrita com ele, ao passo que os colegas do examinando, muito mais interessados na sorte que ele terá do que no quanto sabe, riem com gosto daquele absurdo. O professor de ginástica ou dança raramente tem um olhar para o cômico nos movimentos de seus alunos, e ao pregador escapa inteiramente o cômico nos defeitos de caráter dos seres humanos — o que o escritor de comédias saberá explorar ricamente. O processo cômico não tolera o sobreinvestimento de atenção; ele tem de acontecer despercebido — no que, aliás, é muito semelhante ao chiste. Mas contradiria os termos dos "processos do consciente", de que me servi com boas razões na *Interpretação dos sonhos*, caso se pretendesse designá-lo como necessariamente *inconsciente*. Ele pertence antes ao pré-consciente; e processos desse tipo, que transcorrem no pré-consciente e escapam ao investimento de atenção ao qual a consciência está ligada, podem ser apropriadamente denominados "automáticos". O processo de comparação dos gastos tem de permanecer automático para que produza prazer cômico.

e) É particularmente prejudicial ao cômico quando a situação de que ele deve surgir proporciona, ao mesmo tempo, uma forte liberação de afetos. Em geral, a descarga da diferença eficaz é então excluída. Os afetos, a disposição e a atitude do indivíduo, em cada caso, tornam compreensível que o cômico apareça ou desapareça com o ponto de vista da pessoa singular, que algo absolutamente cômico só exista em casos excepcionais. A dependência ou relatividade do cômico é, assim, bem maior que a do chiste, que nunca acontece por si, sempre é feito e pode ter as condições sob as quais é aceito levadas em conta no momento em que está sendo produzido. O desenvolvimento de afeto é, no entanto, a condição mais intensa entre aquelas que prejudicam o cômico, e nunca foi desconsiderado quanto a isso.[72] Por isso se diz que o sentimento cômico ocorreria antes em casos relativamente indiferentes, em que sentimentos ou interesses mais fortes não estão em jogo. Já em casos com liberação de afetos se pode ver uma diferença

---

72 "Para você é fácil rir, isso não lhe importa muito".

VII. O CHISTE E AS VARIEDADES DO CÔMICO

particularmente forte de gasto produzindo um automatismo da descarga. Quando o coronel Butler responde às advertências de Ottavio *"rindo amargamente"*, com a exclamação "Agradecimentos da Casa da Áustria!", seu amargor não impediu o riso, que diz respeito à lembrança da decepção que ele acredita ter sofrido; e, por outro lado, a grandeza dessa decepção não pode ser retratada pelo autor de modo mais impressionante do que mostrando-a capaz de forçar um riso em meio à tempestade dos afetos desencadeados.* Eu diria que essa explicação é aplicável a todos os casos em que o riso acontece em circunstâncias não prazerosas e com fortes afetos dolorosos ou tensos.

f) Se acrescentamos ainda que o desenvolvimento do prazer cômico pode ser fomentado por qualquer outro elemento prazeroso que venha somar-se à situação, como por uma espécie de contágio (do tipo que vimos no prazer prévio dos chistes tendenciosos), conseguimos explicar as condições do prazer cômico se não completamente, ao menos o suficiente para os nossos propósitos. Vemos então que nenhuma suposição explica tão bem essas condições, assim como a inconstância e a dependência do efeito cômico, quanto a derivação do prazer cômico da descarga de uma diferença que, nas mais variáveis circunstâncias, poderia ter outra aplicação além da descarga.

---

* Cf. Schiller, *A morte de Wallenstein*, ato II, cena 6.

[5]

O cômico do sexual e do obsceno mereceria um tratamento mais aprofundado, mas só o abordaremos aqui com algumas poucas observações. O ponto de partida também seria constituído pelo desnudamento. Um desnudamento acidental tem um efeito cômico sobre nós, porque comparamos a facilidade com que fruímos essa visão com o grande gasto que em geral seria requerido para atingir tal fim. O caso se aproxima bastante do cômico ingênuo, mas é mais simples que este. Todo desnudamento em que um terceiro nos faz espectadores — ou ouvintes, no caso da piada de baixo calão — equivale a tornar cômica a pessoa desnudada. Vimos que a tarefa do chiste é substituir a piada de baixo calão e, assim, reabrir uma fonte perdida de prazer cômico. Em contrapartida, espiar alguém se desnudando não tem efeito cômico em quem espia, pois o próprio esforço de fazê-lo suprime as condições do prazer cômico; resta apenas o prazer sexual com o que é visto. Quando ele conta o que viu a um outro, porém, a pessoa espiada se torna novamente cômica, já que prevalece a visão de que ela deixou de gastar a energia necessária para manter escondido o que foi desnudado. De resto, o âmbito do sexual e do obsceno fornece as mais amplas oportunidades para a obtenção de prazer cômico, ao lado da excitação sexual prazerosa, na medida em que o ser humano é mostrado em sua dependência das necessidades corpóreas (degradação), ou são reveladas as demandas do corpo por trás da reivindicação do amor psíquico (desmascaramento).

VII. O CHISTE E AS VARIEDADES DO CÔMICO

[6]

Um convite para buscar entender o cômico também em sua psicogênese é oferecido, de maneira surpreendente, pelo belo e estimulante livro de Bergson, *Le Rire*. Bergson, cujas fórmulas para compreender a natureza do cômico já nos são conhecidas — *"mécanisation de la vie"*, *"substitution quelconque de l'artificiel au naturel"* [mecanização da vida, alguma substituição do natural pelo artificial] —, vai do automatismo aos autômatos através de conexões plausíveis de pensamentos, e procura reconduzir uma série de efeitos cômicos à lembrança esmaecida de brinquedos infantis. Nesse contexto, ele chega a adotar um ponto de vista que, em todo caso, logo abandona de novo; ele tenta derivar o cômico dos efeitos tardios de alegrias infantis. *"Peut-être devrions-nous pousser la simplification plus loin encore, remonter à nos souvenirs les plus anciens, chercher, dans les jeux qui amusèrent l'enfant, la première ébauche des combinaisons qui font rire l'homme [...]. Trop souvent surtout nous méconnaissons ce qu'il y a d'encore enfantin, pour ainsi dire, dans la plupart de nos émotions joyeuses"* [Deveríamos talvez levar a simplificação ainda mais longe, remontar às nossas lembranças mais antigas, procurar nos jogos que divertiam a criança o primeiro esboço das combinações que fazem rir o homem adulto (...). Com muita frequência deixamos de reconhecer o que ainda há de infantil, por assim dizer, na maioria de nossas emoções alegres] (pp. 68 e ss.). Como já relacionamos o chiste a um jogo infantil com palavras e pensamentos, banido pela crítica racional, é tentador, para nós, investigar também essa raiz infantil do cômico, de que Bergson suspeitou.

Topamos efetivamente com toda uma série de laços, que nos parecem bastante promissores, quando investigamos a relação do cômico com a criança. A criança mesma não nos parece de modo algum cômica, ainda que sua natureza satisfaça todas as condições que produzem uma diferença cômica na comparação com a nossa: o excessivo gasto com movimentos e o pequenino gasto intelectual, o domínio das operações psíquicas pelas funções físicas e outros traços. A criança só nos parece cômica quando se comporta não como criança, mas como um adulto sério, e isso do mesmo modo como outras pessoas que se disfarçam; na medida, porém, em que conserva a natureza infantil, percebê-la nos proporciona um prazer puro, que talvez lembre o cômico. Nós a denominamos ingênua, visto que nos mostra sua ausência de inibições, e vemos como ingenuamente cômicas aquelas suas manifestações que em outra pessoa julgaríamos obscenas ou chistosas.

Por outro lado, o senso do cômico escapa à criança. Essa frase parece dizer apenas que o senso cômico, como várias outras coisas, somente aparece a determinada altura do desenvolvimento psíquico; e isto não deveria ser de modo algum surpreendente, tanto mais porque se deve admitir que ele já emerge claramente numa época que ainda teríamos de considerar como parte da infância. Mas é possível notar que essa afirmação — de que à criança falta o senso do cômico — contém mais do que uma obviedade. É fácil perceber, logo de saída,

VII. O CHISTE E AS VARIEDADES DO CÔMICO

que não poderia ser de outro modo — se está correta a nossa explicação de que o senso cômico deriva de uma diferença de gasto que se produz na compreensão do outro. Tomemos, mais uma vez, o cômico dos movimentos como exemplo. Formulada conscientemente, a comparação que fornece a diferença seria algo assim: "Ele faz assim; eu faria de tal modo; eu fiz de tal modo". À criança, porém, falta o padrão de medida contido na segunda frase; ela entende imitando e faz igual. A educação da criança é que a dotará com o padrão: "Você deve fazer assim"; se ela então se serve disso na comparação, vem a conclusão: "Ele não fez direito; eu posso fazer melhor". Neste caso, ela rirá do outro com sentimento de superioridade. Nada impede que também esse riso seja derivado da diferença de gasto, mas, por analogia com os casos de ridicularização que nos sucedem, devemos concluir que no riso de superioridade da criança não se percebe o senso cômico. É um riso de puro prazer. Quando temos um claro juízo da nossa própria superioridade, apenas sorrimos em vez de rir ou, se rimos, podemos diferenciar claramente essa consciência de nossa superioridade do cômico que nos faz rir.

É provavelmente correto dizer que a criança ri por puro prazer em circunstâncias diversas das que consideramos "cômicas" e para as quais não achamos motivos, ao passo que os motivos da criança são claros e facilmente identificáveis. Se, por exemplo, alguém escorrega e cai na rua, rimos porque essa impressão — não se sabe por quê — é cômica. A criança ri, nesse mesmo caso, por sentimento de superioridade ou uma alegria maldosa: "Você caiu, eu não". Certos motivos de prazer da criança parecem ter se perdido para nós, adultos, mas percebemos, nas mesmas circunstâncias, o senso "cômico" como substituto para isso que se perdeu.

Se pudéssemos generalizar, seria bem tentador situar a característica específica do cômico que estamos buscando no despertar de uma infantilidade, compreender o cômico como a recuperação do "riso infantil perdido". Poderíamos então dizer que eu rio a cada vez de uma diferença de gasto, entre mim e o outro, quando reencontro a criança no outro. Ou, dito mais precisamente, a comparação completa que conduz ao cômico seria assim:

"Ele faz assim; eu faço de outro modo; ele faz como eu fazia quando criança."

Esse riso se aplicaria sempre, portanto, à comparação entre o Eu do adulto e o Eu como criança. Mesmo a falta de uniformidade na diferença cômica — que ora o gasto maior, ora o menor me pareça cômico — concordaria com o determinante infantil; aí o cômico está sempre, de fato, do lado do infantil.

Não contradiz isso o fato de que a criança, mesmo como objeto da comparação, não produz em mim uma impressão cômica, mas puramente prazerosa; nem o fato de que essa comparação com o infantil só tem efeito cômico quando se evita uma outra aplicação da diferença. Pois aqui entram em consideração as condições da descarga. Tudo o que envolve um processo psíquico em relação com outros atua contra a descarga do investimento excedente e dá a este uma outra aplicação; o que

VII. O CHISTE E AS VARIEDADES DO CÔMICO

isola um ato psíquico favorece a descarga. A atitude consciente ante a criança como pessoa de comparação torna impossível, portanto, a descarga que é requerida para o prazer cômico; somente no investimento pré--consciente há uma aproximação ao isolamento que, de resto, também poderíamos atribuir aos processos psíquicos da criança. O acréscimo à comparação — "Assim eu fazia quando criança" —, do qual surgiu o efeito cômico, só entraria em consideração, para diferenças medianas, se nenhum outro nexo se apropriasse do excesso liberado.

Se nos demorarmos ainda na tentativa de encontrar a natureza do cômico na conexão pré-consciente ao infantil, temos de dar um passo além de Bergson e conceder que a comparação que produz o cômico não precisaria despertar, digamos, velhos prazeres e jogos infantis, mas seria suficiente que ela tocasse a natureza da infância em geral, inclusive talvez o sofrimento infantil. Aqui nos distanciamos de Bergson, mas permanecemos em consonância com nós mesmos, relacionando o prazer cômico não ao prazer rememorado, mas sempre a uma comparação. É possível que os casos do primeiro tipo [ligados ao prazer rememorado] coincidam em alguma medida com o cômico invariável e irresistível. Retomemos aqui o esquema, anteriormente apresentado, das possibilidades cômicas. Dizíamos que a diferença cômica será encontrada:

a) por uma comparação entre o outro e o Eu, ou

b) por uma comparação inteiramente circunscrita ao outro, ou *c*) por uma comparação inteiramente circunscrita ao Eu.

[*a*] No primeiro caso, o outro me apareceria como uma criança; no segundo, ele próprio se rebaixaria a uma criança; no terceiro, eu encontraria a criança em mim mesmo. Ao primeiro caso pertence o cômico dos movimentos e das formas, das operações mentais e do caráter; o correspondente infantil seriam o impulso ao movimento e o menor desenvolvimento intelectual e moral da criança, de modo que o sujeito burro me pareceria cômico por lembrar-me uma criança preguiçosa, e o homem mau, por lembrar-me uma criança malvada. Somente se poderia falar em um prazer infantil que se perdeu para o adulto quando o que está em consideração fosse a alegria dos movimentos própria da criança.

[*b*] O segundo caso, em que a comicidade se baseia inteiramente na "empatia", abrange as mais diversas possibilidades do cômico: de situação, de exagero (caricatura), de imitação, de degradação e de desmascaramento. É o caso em que a introdução do ponto de vista infantil se mostra mais útil. Pois a comicidade de situação se funda geralmente em situações embaraçosas, nas quais reencontramos o desamparo da criança; a pior dessas situações, a perturbação de outras atividades pelas exigências imperiosas das necessidades naturais, corresponde à falta de domínio que a criança ainda tem sobre as funções corpóreas. Onde a comicidade de situação opera por repetições, ele se apoia no prazer que a criança tem com a repetição continuada (fazer perguntas, contar histórias), e que faz com que ela seja um

tormento para os adultos. O exagero, que ainda proporciona prazer também ao adulto — desde que consiga justificar-se perante a sua instância crítica —, vincula-se à desproporção que é própria da criança, à sua ignorância das relações quantitativas, de que ela toma conhecimento depois das qualitativas. O senso de medida e moderação, mesmo em relação a impulsos permitidos, é um fruto tardio da educação, adquirido através da inibição recíproca de atividades psíquicas interconectadas. Onde essa conexão se enfraquece — no inconsciente do sonho, no monoideísmo das psiconeuroses — a falta de moderação da criança reaparece.

Tivemos dificuldades relativamente grandes para compreender a comicidade de imitação enquanto deixamos fora de consideração o elemento infantil. Mas a imitação é a arte suprema da criança, e o motivo propulsor da maioria de seus jogos. A ambição infantil é muito menos voltada a destacar-se entre os seus pares do que a imitar os adultos. Também depende da relação da criança com os adultos a comicidade da degradação, que corresponde à condescendência do adulto ante a vida infantil. Poucas coisas proporcionam mais prazer à criança do que um adulto rebaixar-se ao seu nível, dispensando a sua opressiva superioridade e brincando com ela como um igual. Esse alívio, que dá à criança um prazer puro, converte-se no adulto, em um meio degradante de tornar cômico e uma fonte de prazer cômico. Quanto ao desmascaramento, sabemos que remonta à degradação.

[c] A tentativa de basear na criança o terceiro caso,

o cômico de expectativa, esbarra nas maiores dificuldades, o que permite talvez entender por que os autores que começaram por esse caso a sua discussão do cômico não encontraram ocasião para considerar o elemento infantil do cômico. O cômico de expectativa é o que está mais distante da criança, a capacidade de compreendê-lo é a que aparece por último nela. É provável que na maioria desses casos, que parecem cômicos para os adultos, a criança se sinta apenas desapontada. Poderíamos, porém, remeter à capacidade de alegre expectativa e à credulidade da criança para compreender por que parecemos "uma criança" quando temos um desapontamento cômico.

Agora, se do acima exposto resultasse uma certa probabilidade de traduzir o senso cômico desta forma: algo como "é cômico o que não é apropriado em um adulto", eu não seria ousado o suficiente, dada a minha posição geral em relação ao problema do cômico, para defender essa proposição com a mesma convicção com que defendi a anterior. Não posso decidir se a degradação ao nível da criança é apenas um caso especial da degradação cômica, ou se todo cômico se baseia, no fundo, em uma degradação ao nível da criança.[73]

---

73 Seria uma curiosa coincidência, com efeito, o prazer cômico ter sua fonte no "contraste quantitativo" da comparação entre pequeno e grande, que, no fim das contas, exprime também a relação essencial da criança com o adulto, se o cômico não tivesse outros laços com o infantil.

VII. O CHISTE E AS VARIEDADES DO CÔMICO

[7]

Por mais superficial que seja, uma investigação que trata do cômico seria gravemente incompleta se não comportasse também algumas observações sobre o *humor*. Há tão pouca dúvida sobre a íntima relação de parentesco entre ambos, que uma tentativa de explicar o cômico deve fornecer no mínimo um componente para a compreensão do humor. Não obstante o muito de pertinente e apologético que já se escreveu sobre o humor — uma das operações psíquicas mais elevadas, que goza do particular apreço dos pensadores —, não podemos deixar de tentar exprimir a sua natureza por uma aproximação com as nossas formulações para o chiste e o cômico.

Vimos que a liberação de afetos dolorosos é o obstáculo mais forte para o efeito cômico. Assim que um movimento despropositado produz um dano, que uma burrice conduz a um desastre, que um desapontamento causa dor, cai por terra a possibilidade de um efeito cômico — ao menos para quem não consegue suportar esse desprazer, é atingido pessoalmente por ele ou precisa tomar parte nele; ao passo que alguém não envolvido mostra, com o seu comportamento, que a situação tem tudo o que é requerido para o efeito cômico. O humor é, afinal, um meio de adquirir prazer apesar dos afetos dolorosos que o dificultam; ele age como um substituto desse desenvolvimento dos afetos, ele se coloca no lugar deles. A condição para ele é dada quando acontece uma situação em que, por força de nossos hábitos, somos tentados a liberar um afeto doloroso, mas outras motivações agem então sobre nós, reprimindo esse afeto *in statu nascendi*. Nos casos que acabamos de apresentar, a pessoa atingida pelo dano, pela dor etc. adquire prazer humorístico, ao passo que a não envolvida ri de prazer cômico. O prazer do humor surge então — não podemos dizer outra coisa — à custa dessa liberação reprimida de um afeto; ele brota de um *gasto afetivo economizado*.

Dentre as variedades do cômico, o humor é a menos exigente; seu processo se realiza por completo em uma única pessoa, a participação de outra nada acrescenta de novo a ele. Posso guardar para mim a fruição de um prazer humorístico em mim surgido, sem sentir-me compelido a partilhá-lo com alguém. Não é fácil dizer o que acontece numa pessoa quando é gerado o prazer humorístico; mas obtemos alguma percepção disso se investigamos os casos de humor partilhado ou sentido por empatia, nos quais a compreensão da pessoa humorística nos leva a sentir o mesmo prazer. O caso mais grosseiro do humor, o chamado "humor de cadafalso", pode nos ensinar algo sobre isso. Um bandido que está sendo levado para a forca numa segunda-feira exclama: "A semana está começando bem!". Este é um chiste propriamente dito, pois a observação é inteiramente certeira; por outro lado, está absurdamente fora de lugar, já que para ele não haverá outros acontecimentos nessa semana. Mas é preciso humor para fazer esse chiste, ou seja, conseguir ignorar tudo o que distingue esse começo de semana dos outros, negar a diferença que poderia motivar sentimentos de um tipo muito particular. O mesmo vale para o bandido que, a caminho da

VII. O CHISTE E AS VARIEDADES DO CÔMICO

execução, pede um cachecol para seu pescoço nu, para não ficar resfriado — um cuidado que seria bastante razoável em outras circunstâncias, mas que se torna inteiramente desnecessário e irrelevante em face do destino que esse pescoço tem pela frente. É preciso reconhecer que se esconde algo como uma grandeza de alma nessa blague, nesse apegar-se à sua natureza habitual e afastar-se do que deveria abalar essa natureza e levá-la ao desespero. Esse tipo de grandeza do humor aparece claramente em casos nos quais nossa admiração não se vê inibida pelas circunstâncias da pessoa humorística.

No *Hernani*, de Victor Hugo, o bandido que se envolveu em um complô contra o seu rei, que é simultaneamente Carlos I de Espanha e Carlos V, como imperador alemão, caiu nas mãos desse poderoso inimigo. Ele antevê o seu destino como alto traidor, sabe que sua cabeça rolará. Mas essa perspectiva não o impede de reconhecer-se como um hereditário Grande de Espanha e declarar que não cogita abrir mão de suas prerrogativas. Um Grande de Espanha podia manter coberta a cabeça na presença de seu senhor real. Pois bem:

Nos têtes ont le droit
De tomber couvertes devant toi.
[Nossas cabeças têm o direito
De tombar cobertas diante de ti.]

Isso é humor em grande estilo; e se, como ouvintes, não rimos, isso acontece porque a nossa admiração encobre o prazer humorístico. No caso do bandido que não quer pegar um resfriado no caminho para o cadafalso, rimos com toda a força. A situação que deveria levar os delinquentes ao desespero poderia despertar em nós uma intensa compaixão; mas essa compaixão é inibida porque percebemos que ele, o diretamente atingido, faz pouco caso da situação. Em virtude dessa percepção, o gasto com a compaixão, que já estava pronto em nós, torna-se inutilizável, e nós o descarregamos pelo riso. A indiferença do bandido — que, em todo caso, notamos que deve ter lhe custado um grande gasto de trabalho psíquico — nos contagia, por assim dizer.

Compaixão economizada é uma das fontes mais frequentes do prazer humorístico. O humor de Mark Twain trabalha habitualmente com esse mecanismo. Quando ele nos conta sobre a vida de seu irmão, sobre como este, trabalhando certa feita em uma grande empresa de construção de estradas, voou pelos ares na explosão prematura de uma mina, caindo no solo a uma grande distância do seu lugar de trabalho, sentimentos de compaixão pelo desafortunado despertam inevitavelmente em nós; gostaríamos de saber se ele sofreu danos nesse acidente; mas a continuação da história, com o irmão tendo meio dia de salário descontado devido ao "abandono do local de trabalho", afasta-nos completamente da compaixão e nos deixa quase tão insensíveis quanto esse patrão, quase tão indiferentes em relação aos possíveis prejuízos à saúde do irmão de Twain. Uma outra vez Mark Twain nos apresenta a sua árvore genealógica, que ele faz remontar até um companheiro de Colombo. Depois, porém, que ele nos descreveu a

VII. O CHISTE E AS VARIEDADES DO CÔMICO

natureza desse antepassado — cuja bagagem consistia de várias peças de roupa para lavar, cada qual com uma marca diferente de lavanderia —, não podemos fazer outra coisa senão rir à custa da economia da piedade que, no princípio dessa história de família, nos preparávamos para sentir. O mecanismo do prazer humorístico não é prejudicado por sabermos que essa história dos antepassados é inventada e que essa ficção serve à intenção satírica de desmascarar o embelezamento de descrições semelhantes de outras pessoas; ele é tão independente da condição da realidade como no caso do tornar algo ou alguém cômico. Uma outra história de Mark Twain, que conta como o seu irmão preparou uma morada subterrânea, colocando nela uma cama, uma mesa e uma lâmpada, e dando-lhe como teto uma grande vela de navio com um furo no meio; e como de noite, depois que o seu cantinho estava pronto, uma vaca que estava sendo recolhida caiu pelo buraco do teto, veio parar sobre a mesa e apagou a lâmpada; e como então o seu irmão, pacientemente, ajudou a vaca a sair e rearrumou suas coisas, fazendo o mesmo na noite seguinte, e em todas as noites a partir de então; uma história dessas se torna cômica por repetição. Mark Twain a encerra, porém, contando que, na quadragésima sexta noite, ao ver a vaca cair novamente, o irmão teria finalmente observado: "Isso está começando a ficar monótono". E então não podemos conter o nosso prazer humorístico, pois havia muito esperávamos que o irmão se mostrasse, em relação a esse persistente infortúnio, ... irritado. O pequeno humor que produzimos por nós mesmos em nossa vida nós costumamos fazer à custa da irritação, em vez de nos irritarmos.⁷⁴

74 O admirável efeito humorístico de uma figura como o gordo cavaleiro Sir John Falstaff se baseia numa economia de desprezo e indignação. Reconhecemos nele, é verdade, um comilão imprestável e vigarista, mas nossa condenação é desarmada por uma série de fatores. Sabemos que ele se reconhece exatamente como o julgamos; ele nos impressiona com a sua espirituosidade e, além disso, sua deformação física favorece a percepção da sua pessoa mais como cômica do que como séria, como se nossas exigências de moral e honra se detivessem ante uma barriga tão grande. O que ele faz é em geral inofensivo, e a inferioridade cômica de suas vítimas quase o desculpa. Admitimos que o pobre-diabo tem o direito de buscar viver e fruir a vida como qualquer outro, e quase sentimos compaixão por ele, já que, nas principais situações, é um brinquedo nas mãos de alguém muito superior a ele. Por isso não conseguimos ficar bravos com ele, e acrescentamos tudo o que economizamos em indignação ao prazer cômico que ele nos proporciona. O humor do próprio Sir John vem, com efeito, da superioridade de um eu a quem nem os defeitos físicos nem os morais são capazes de roubar a alegria e a segurança.

O espirituoso cavaleiro Dom Quixote de la Mancha, em contrapartida, é uma figura que não possui ela própria nenhum humor, e nos proporciona, com a sua seriedade, um prazer a que se poderia chamar humorístico, ainda que o seu mecanismo revele uma importante divergência em relação ao do humor. Originalmente, Dom Quixote é uma figura puramente cômica, uma criança grande, cuja cabeça é tomada pelas fantasias de seus livros de cavaleiros. Sabe-se que o autor não pretendia fazer nada mais com ele a princípio, e que a criatura cresceu aos poucos, indo muito além da intenção inicial do seu criador. Depois, porém, que ele dotou essa pessoa ridícula de profunda sabedoria e das mais nobres intenções, e a tornou o representante simbólico de um idealismo que acredita na realização de seus objetivos e toma seus deveres e promessas ao pé da letra, ela perdeu seu efeito cômico. Como em outros casos o prazer humorístico surge do impedimento de uma emoção, aqui ele surge

VII. O CHISTE E AS VARIEDADES DO CÔMICO

As variedades do humor são extraordinariamente diversas, conforme a natureza da emoção que é economizada a serviço do humor: compaixão, raiva, dor, enternecimento etc. Essa série parece inclusive interminável, pois o reino do humor está sempre se ampliando à medida que o artista ou escritor consegue dominar humoristicamente emoções até então indomadas, tornando-as fontes de prazer humorístico por meio de artifícios como os dos exemplos anteriores. Os cartunistas do *Simplizissimus*, por exemplo, tiveram estrondoso sucesso obtendo humor à custa do horrível e do repulsivo. As formas de manifestação do humor são determinadas, além disso, por duas propriedades que se vinculam às condições de seu surgimento. O humor pode, primeiramente, aparecer fundido com o chiste ou outra espécie do cômico, quando tem a tarefa de eliminar uma possibilidade de desenvolvimento dos afetos, contida na situação, que seria um obstáculo para o efeito prazeroso. Ele pode, em segundo lugar, suprimir esse desenvolvimento dos afetos inteira ou parcialmente, que é mesmo o caso mais frequente, pois é mais facilmente atingível e produz as diversas formas do humor "quebrado",[75] o humor que sorri entre lágrimas. Ele retira ao afeto uma parte de sua energia, e lhe dá em troca a ressonância humorística.

---

da perturbação do prazer cômico. Mas com esses exemplos já nos afastamos notavelmente dos casos simples de humor.

75 Um termo que é utilizado em sentido inteiramente diverso na *Estética* de F. T. Vischer.

O prazer humorístico adquirido por empatia surge, como se pôde observar nos exemplos acima, de uma técnica peculiar, comparável ao deslocamento, pela qual a liberação de afetos já em preparação é decepcionada e o investimento é direcionado a outra coisa, não raramente a algo secundário. Mas isso não nos ajuda a compreender o processo pelo qual o deslocamento para longe da geração de afeto acontece na própria pessoa humorística. Vemos que o receptor imita o criador do humor em seus processos psíquicos, mas nisso nada aprendemos sobre as forças que tornam possível esse processo neste último.

Podemos dizer apenas que quando alguém consegue, por exemplo, afastar-se de um afeto doloroso contrapondo a grandeza dos interesses mundiais à própria pequenez, não vemos nisso uma operação do humor, mas do pensamento filosófico, e não temos nenhum ganho de prazer, mesmo que nos coloquemos na sua linha de raciocínio. Portanto, o deslocamento humorístico é tão impossível na claridade da atenção consciente quanto a comparação cômica; como essa, ele é vinculado à condição de permanecer pré-consciente ou automático.

Conseguimos entender algo a respeito do deslocamento humorístico se o consideramos à luz de um processo defensivo. Os processos defensivos são os correlatos psíquicos do reflexo de fuga e têm a missão de impedir o surgimento de desprazer a partir de fontes internas; ao perseguir essa missão, eles servem ao funcionamento psíquico como uma regulação automática, que, porém, termina por se revelar nociva e tem de ser submetida ao domínio do pensamento consciente. Apresentei um determinado tipo dessa defesa, a repressão malsucedida, como o mecanismo atuante no surgimento das psiconeuroses. O humor pode ser compreendido agora como a mais elevada dessas operações defensivas. Ele se recusa a subtrair à atenção consciente o conteúdo de representação ligado ao afeto doloroso, como faz a repressão, e supera assim o automatismo da defesa; ele faz isso encontrando os meios para retirar a energia da liberação de desprazer já mobilizada e, pela descarga, transformar esta última em prazer. É possível pensar, inclusive, que a conexão com o infantil novamente lhe coloque à disposição os meios para essa realização. Somente na vida infantil houve afetos dolorosos intensos dos quais o adulto sorriria hoje, do mesmo modo como, enquanto humorista, ri dos seus atuais afetos dolorosos. A exaltação do seu Eu de que o deslocamento humorístico dá testemunho — cuja tradução seria: "Eu sou muito grande (admirável)* para que essas coisas me afetem" — ele poderia tirar da comparação de seu Eu atual com o infantil. Essa explicação é sustentada, em alguma medida, pelo papel que cabe ao infantil nos processos neuróticos da repressão.

No todo, o humor está mais próximo ao cômico do que o chiste. Ele também tem em comum com aquele a localização psíquica no pré-consciente, enquanto o chiste, como tivemos de supor, é formado como um compromisso entre o inconsciente e o pré-consciente. Por outro

---

* No original: *"gross(artig)"*.

lado, ele não partilha uma característica comum ao chiste e ao cômico que talvez não tenhamos enfatizado o suficiente. É uma condição para o aparecimento do cômico que nós sejamos levados a usar dois modos de representação distintos, *ao mesmo tempo ou em sequência imediata*, para a mesma operação de representar — entre os quais ocorre então a "comparação", e disso resulta a diferença cômica. Tais diferenças de gastos se verificam entre o alheio e o próprio, entre o habitual e o que foi mudado, entre o esperado e o encontrado.[76]

No chiste, a diferença entre dois modos simultâneos de compreensão, que trabalham com gasto distinto, aplica-se ao processo que se desenrola no ouvinte do chiste. Um deles, seguindo as pistas contidas no chiste, segue o caminho do pensamento pelo inconsciente; o outro permanece na superfície e vê o chiste como qualquer outra formação verbal que emergiu do pré-consciente e se tornou consciente. Não seria talvez errado dizer que o prazer do chiste ouvido pode ser derivado da diferença entre esses dois modos de representação.[77]

---

76 Se não tivermos receio de forçar um pouco o conceito de expectativa, podemos, seguindo Lipps, atribuir ao cômico de expectativa uma grande região do cômico. Mas os casos que são provavelmente os mais primitivos do cômico, aqueles que resultam da comparação entre o gasto estranho e o próprio, não se encaixariam nesse contexto.

77 Podemos nos ater a essa fórmula sem problemas, pois não leva a nada que possa contradizer as discussões anteriores. A diferença entre os dois gastos deve se reduzir, no essencial, ao gasto de inibição economizado. A falta dessa economia de inibição no cômico e a ausência do contraste quantitativo no chiste determinariam a

VII. O CHISTE E AS VARIEDADES DO CÔMICO

O que afirmamos aqui sobre o chiste é o mesmo que descrevemos como sendo a sua cabeça de Jano, quando a relação entre o chiste e o cômico ainda nos parecia obscura.[78]

No humor, a característica aqui trazida ao primeiro plano é apagada. É verdade que sentimos o prazer humorístico quando é evitada uma emoção que, por força do hábito, esperávamos da situação, e, nessa medida, o humor também entra no conceito ampliado de cômico de expectativa. Mas no humor já não se trata de dois modos distintos de representação do mesmo conteúdo; como a situação é dominada pela emoção a ser evitada, que é de caráter desprazeroso, a possibilidade de com-

---

diferença entre o sentimento cômico e a impressão do chiste, apesar de concordarem na característica de empregar dois modos de representação para a mesma concepção.

78 Naturalmente, a peculiaridade da "*double face*" não escapou aos autores que trataram do assunto. Mélinaud, de quem tomei essa expressão ("*Pourquoi rit-on?*" [Por que rimos?], *Revue des Deux Mondes*, fev. 1895), resume as precondições para o riso na seguinte fórmula: "*Ce qui fait rire, c'est ce qui est à la fois, d'un côté, absurde et de l'autre, familier*" [O que faz rir é aquilo que é, ao mesmo tempo, absurdo por um lado e familiar, por outro]. A fórmula se aplica melhor ao chiste do que ao cômico, mas não chega a abarcar a totalidade do primeiro. Bergson (op. cit., p. 98) define a situação cômica através da "*interférence des séries*" [interferência das séries]: "*Une situation est toujours comique quand elle appartient en même temps à deux séries d'événements absolument indépendantes, et qu'elle peut s'interpréter à la fois dans deux sens tout différents*" [Uma situação é sempre cômica quando pertence, ao mesmo tempo, a duas séries de eventos absolutamente independentes, e pode ser interpretada, ao mesmo tempo, em dois sentidos totalmente diferentes]. Para Lipps o cômico é "a grandeza e a pequenez da mesma coisa".

paração com o chiste e o cômico cai por terra. O deslocamento humorístico é, de fato, um caso da aplicação em outra parte de um gasto liberado, que se mostrou bastante perigoso para o efeito cômico.

[8]

Agora que reduzimos o mecanismo do prazer humorístico a uma fórmula análoga às do prazer cômico e do chiste, chegamos ao fim de nossa tarefa. O prazer do chiste nos pareceu proceder de um *gasto de inibição economizado*; o do cômico, de um *gasto de representação (de investimento) economizado*; e o do humor, de um *gasto emocional economizado*. Nesses três modos de trabalhar do nosso aparato psíquico, o prazer brota de uma economia; os três concordam no fato de constituírem métodos para reconquistar da atividade psíquica um prazer que se perdeu, na verdade, pelo próprio desenvolvimento dessa atividade. Pois a euforia que buscamos atingir por essas vias não é outra coisa senão o ânimo de uma época da vida em que costumávamos realizar nosso trabalho psíquico com bem pouco gasto: o ânimo de nossa infância, quando não conhecíamos o cômico, não éramos capazes de fazer chistes e não precisávamos do humor para nos sentirmos felizes na vida.

ÍNDICE REMISSIVO

AS INDICAÇÕES *NA* E *NT* DESIGNAM AS NOTAS DO AUTOR E DO TRADUTOR, RESPECTIVAMENTE.

ÍNDICE REMISSIVO

Abraão de Santa Clara, 46-7
abstração, 274-5, 281, 297
abstratos, chistes *ver* inofensivos, chistes
absurdo, chiste de *ver* sentido no absurdo, chiste e
absurdo, prazer com o, 180-1, 198NA, 250
aclaramento, chiste e, 19, 21-2, 24, 27, 53, 87, 187, 227
ações ingênuas, 259
adivinhas, 219NA
adulto(s), 71-2, 141, 171, 179, 182, 230, 243, 259, 270, 315-6, 318, 320-2, 331
afetos, 194, 228, 273, 312, 323-4, 329-31
Afinidades eletivas, As (Goethe), 37-8
aforismo, 113, 124
agressão, agressividade, agressivo(s), agressiva(s), 99, 112, 139-40, 142-3, 148-50, 156, 165, 169, 190-1, 203, 257, 269, 283
álcool, 181-2
alegria, 174, 261, 317, 320, 328NA
alemão, idioma, 42NT, 48NT, 52NT, 113NT, 284
aliteração, 174
alívio, prazer de, 298
alívios psíquicos, 182
Almanaccando: Bilder aus Italien (Hevesi), 68
Alsácia, 55NT
alucinações, 256
alusão, 33, 40, 62-3, 75, 108-13, 115-6, 124, 127, 144, 150, 159, 164, 173, 176-7, 239, 245, 262, 289, 293, 299
Amantes amentes (chiste), 51NA
amargura, 28, 201
ambiguidade(s), 61, 62NA, 63, 176, 246, 262
amor, 114, 160, 314
analogia(s), 18, 37, 45, 80, 113, 117-23, 126, 129, 131, 211, 233, 236, 244-5, 252, 267NA, 286, 288, 297-8, 317
Andrássy, conde, 294
"*anecdotage*" (chiste inglês), 35
anedota(s), 24, 74, 107, 109, 160, 287
animal, animais, 40, 71, 81, 134, 268, 270, 280, 306
ânimo eufórico, 181
Antígona (Sófocles), 48
Antigone — antik-o-nee (chiste), 48NT, 54, 64-5, 69
aparelho psíquico, 232, 234, 256; *ver também* psique; vida psíquica
Aquiles, calcanhar de, 40
Aristóteles, 174
atração sexual, 139
Áustria, 35-7, 148, 261NT, 313
autodesnudamento, inclinação infantil ao, 141
automatismo psíquico, 95, 287-8, 292, 296
autores clássicos, 25
autotraição, 95, 152NA

Bain, 210, 284NA
baixo calão, 139-40, 142-6, 190,

ÍNDICE REMISSIVO

215, 314; *ver também* obscenidade, obsceno(s), obscena(s)
Bálcãs, 42
banho, chistes de, 72, 76, 78, 81, 105
"Banhos de Lucca, Os" (Heine), 27, 113, 125, 200
bebê, 209NA
Beiträge zur Ästhetik (Lipps & Werner), 16NA
Bergson, 267NA, 295-6, 315-6, 319, 333NA
Berlim, berlinenses, 33, 48, 59, 300NT
Bernau, 301
"bezerro de ouro", chiste do, 71-2, 75, 78-9, 81
blasfemos, chistes, 164-5
Bleuler, 249NA
Böhme, 124
boliche, 270
"bom", chiste, 172NA
Brentano, 49NA
brevidade do chiste, 22-4, 29, 39, 43-5, 47, 53, 66, 223, 240-1
Brill, 34-5, 48, 50, 51NA
brincadeira(s), 179, 183NT
burlesco, 251
burrice, 79, 276, 323

cães, 280
Calcutá, 69
calembourgs, 67, 69; *ver também* jogos de palavras; trocadilho(s)
caracterização, chiste de, 81

caráter chistoso, 28-30, 126, 287-8, 299
caretas, 270
caricatura(s), caricatural, 17, 23-4, 150, 251, 269, 283, 285, 295, 320
Carlos I de Espanha, rei, 325
Carlos V, imperador alemão, 325
"*carpe diem*", tópica do, 157
Cartago, 35
cartunistas, 329
casamenteiros, chistes de, 81, 90-1, 93-5, 151-6, 287
cavalo(s), 80-1, 98, 100-1, 103, 218
"cenário psíquico", diversidade do, 251
censura, 75, 146, 235, 243NA, 244, 263-4
céticos, chistes, 166
charada, 48
"Ciência e os trabalhadores, A" (Lassalle), 118
cinismo, cínico(s), cínica, 77-8, 158-9, 163-5, 190, 252
ciúme, 53, 60, 65, 96, 184
civilização humana, 147
classes sociais, relação entre obscenidade e, 143, 145
Clio (personagem mitológica), 303
cloaca, 140
cócegas, 267NA
Colombo, 326
comédias, 311
comicidade, cômico(s), cômica(s), 16-8, 20-3, 27, 58NA,

95, 101, 137, 148, 151-2, 154-5, 160, 200, 203-5, 209NA, 210, 217-8, 220, 243, 248-9, 251, 257-8, 262, 266, 267NA, 268-70, 274-80, 282-3, 285-8, 290-301, 303-11, 314-22, 327, 328NA, 330, 332-3; *ver também* humor, humorístico, humorística

compaixão, 326, 329

comparação cômica, 297-300, 330

comunicação do chiste, 204, 222

condensação, 32-4, 37-47, 49, 51, 62-4, 66, 70, 97, 111-2, 127, 136, 227, 233-4, 236-7, 240-1, 244, 255

consciência, 21, 64, 145, 164, 180, 191, 209, 211NA, 230, 312, 317

conscientes, atos e processos, 17, 210, 214, 219, 230-1, 234-5, 237, 243NA, 244-5, 247, 252, 286NA, 288-9, 292, 312, 319, 330-2

conteúdo manifesto do sonho, 44, 228-9, 233

contretação, instinto de, 141NA

Corpus Juris, 52

criança(s), 87, 120, 141, 171, 172NA, 179-80, 182-4, 230, 243, 259-62, 265, 269, 273, 315-22, 328NA; *ver também* infância, infantil, infantis

Cristo, 108, 169

crítica, coerção/objeção da, 182, 184, 186

cultura, cultural, 93, 145-6, 159, 169, 277, 301

dança de são vito (coreia reumática), 270

Darwin, 209NA

De Quincey, 34

decepção, 280-1, 308, 313

decomposição, chistes de, 48-9, 63

decoro, 122-3, 194

defensivos, processos psíquicos, 330

definições de chiste, 18-23

degradação, 284-5, 295, 297-8, 314, 320-2

delírios, 243

descarga, 209-10, 212-3, 215-7, 220, 222, 225, 250, 267, 275, 308, 310, 312-3, 318, 331

desejo(s), 84, 97, 133, 158, 201, 227, 229-30, 235, 256

deslocamentos, 75-82, 88, 104-5, 127, 136, 156, 161, 164, 178, 211, 218, 227, 234-7, 244-7, 255, 291, 305, 311, 330, 334

desmascaramento, 95, 269, 283, 285-6, 288, 293, 295, 303, 314, 320-1

desnudamento, 139-40, 206, 215, 314

desprazer, 194, 256, 323, 330

Deus, 164

"Diário de Otília" (Goethe), 37, 118

dinheiro, 55, 66, 71, 74, 77, 82, 90, 103, 131, 159, 161, 261, 302

ÍNDICE REMISSIVO

distensão, riso como, 209-10
doença(s), doente(s), 57, 106, 120, 145, 154, 171, 179, 202, 243, 249NA, 259-60, 291
Dom Quixote (Cervantes), 328NA
dor(es), 68, 91, 117, 154, 279, 286, 291, 323-4, 329
Dreyfus, caso, 60, 176
Dugas, 207, 209, 222
duplo sentido, 54-7, 59-61, 63-4, 72-5, 78-9, 81, 88, 97, 102-3, 109, 172NA, 262, 293; *ver também* jogos de palavras; trocadilho(s)

economia de gasto psíquico, 170-2, 182, 196
economia de palavras, chiste e, 64-7
efeito do chiste, 29, 34, 61, 63, 191, 197NA, 207, 214, 217, 220, 236, 293
Ehrenfels, 160
Einen Jux will er sich machen (Nestroy), 123
elaboração inconsciente, 236, 240, 243, 289
elemento chistoso, 27, 73, 124
emoção, emoções, emocional, emocionais, 129, 145, 147, 191, 193, 202, 270, 274, 315, 328NA, 329, 333-4
Emotions and the will, The (Bain), 284NA
empatia, 188NA, 277, 285, 320, 324, 330
energia psíquica, 210-1, 235

enigma(s), 49NA, 97-99NA, 138, 214, 217, 305
"enumeração chistosa", 101
escárnio, 56, 153, 155, 203, 307
espirituosidade, espirituoso(s), espirituosa(s), 48-9, 55, 112, 123, 149, 199, 247, 255, 328NA; *ver também* presença de espírito
esquecimento, 177, 241NA
estetas, 16
Estética (Vischer), 329NA
estética, estético, 16-8, 137, 149, 169, 192, 194, 274
estupefação, 19, 21-2, 24, 27, 53, 87, 112, 124, 176, 187, 197NA, 220, 227, 294
Eu, o, 277, 318-9, 331
euforia, eufórico, 181, 310, 334
"exagero", chistes de, 247
excitação, 142, 209, 314
excremento, 140
exibição passiva, mulheres e, 141-2
exibicionismo, 141, 203

fachada cômica, chistes de, 217-8
Fadian, 36NT; *ver também* "*roter Fadian*"
fala(s) ingênua(s), 259-60, 262-6
Falke, 26NA, 89NA, 103
Falstaff (personagem), 328NA
familionário (chiste), 21-2, 27, 30-2, 34, 69, 200-3
Fausto (Goethe), 173, 182NT, 218NA

ÍNDICE REMISSIVO

Fechner, 98NA, 177, 192, 251NA
felicidade, 152, 163
filho(s), filha, 85-6, 90, 109, 131, 153, 185, 201
filosofia, filósofo(s), 16, 49NA, 98NA, 104, 129, 137, 208, 258
Fischer, K., 16-9, 23, 29, 48, 56, 62NA, 69, 71, 96, 99, 101, 133, 137
fisiologia do riso, 209NA
Flaubert, 35
Fliegende Blätter (revista), 84
Fócion, 86
Forckenbeck, 33
formação do chiste, 32, 80, 188, 203-4, 212, 221, 236, 239, 242, 244; *ver também* trabalho do chiste
formação substitutiva, chiste e, 32, 44, 46-7, 63-4, 70, 111-2, 127, 227
Frederico, o Grande, 101
Freud's Theory of Wit (Brill), 34
Freytag, 301
fuga, reflexo de, 330
função do chiste, 186

Galícia, 72, 165
Gallmeyer, 218NA
gargalhadas, 29
gasto psíquico, 170-1, 173-4, 178, 182-3, 212-3, 222, 224, 263, 271
gíria infantil, 179
Goethe, 37, 134
Göttingen, 100, 119, 131, 185, 300
gracejo(s), 110, 173NA, 183-7, 189, 192, 196, 201, 205-6, 246, 252, 254
Grand, Le (Heine), 69
Griesinger, 243
Groos, 173-5, 179, 183, 297
Gross, O., 249NA
Grosse Buch der Witze, Das (ed. Hermann), 58

Hamburgo, 27, 55, 114, 200
Hamlet (Shakespeare), 22, 56, 64-5, 104-5
Hanslick, 36
Heine, 21-2, 27-8, 32, 40NA, 55, 57, 59-61, 69-72, 75, 78, 100-2, 111-3, 122, 125, 129, 164, 200, 203, 206, 299-300
Hermann, W., 58NA
Hernani (Hugo), 325
Hevesi, 68, 293
hexâmetros, versos, 68
Heymans, 21, 27, 57, 200, 216NA
hipnose, 231
Hirsch-Hyacinth (personagem), 21, 27-9, 114, 200-1
Holmes, 50NA
homem, homens, 26, 28, 34-5, 37-8, 40-1, 46, 49-50, 55, 57-8, 61, 72, 74, 77, 79, 82, 85, 92, 100, 102, 106, 114, 117-8, 122, 129, 140-3, 145, 152-3, 156-7, 159, 163-4, 197NA, 201-2, 261, 273, 315, 320
Homero, 134
home-roulade, chiste do, 136, 172, 173NA, 175
homossexualidade, 114
horror, humor e, 329

ÍNDICE REMISSIVO

hostilidade, hostil, hostis, 68, 139, 142-3, 145-8, 165, 190, 205, 269
Hugo, V., 325
humor, humorístico, humorística, 46, 144, 162, 184, 189, 210, 301, 323-7, 328NA, 329-31, 333-4; *ver também* comicidade, cômico(s), cômica(s)

idolatria, 71
impulso(s), 141-3, 147, 192-4, 203-4, 220, 272, 275, 288, 320-1
inconsciente, o, 227, 230-1, 235-6, 240-3, 248-55, 288-92, 295, 304, 321, 331-2
inconscientes, atos e processos, 210-1, 230-1, 234, 242-3, 251, 253, 255, 290, 305
indignação, 264, 328
inervação, 271, 273-5, 284
infância, infantil, infantis, 120, 140, 147, 179-80, 242-3, 259, 303, 315-6, 318-22, 331, 334; *ver também* criança(s)
ingenuidade, 259-60, 262, 283
ingênuo, o (gênero do cômico), 258-66, 269, 314
"ingênuos", chistes, 259, 265, 267NA
inibição, inibições, 17, 129, 150, 169-70, 181, 184, 186, 190-2, 194, 196, 197NA, 212-5, 217, 220, 224, 235, 245-6, 258-9, 263-6, 316, 321, 332NA, 334
"inocência", chiste da, 60-1, 176

inofensivos, chistes, 129-32, 135, 138-9, 148, 170-1, 203, 205-6, 241, 252, 254
instinto(s), 141NA, 145, 183, 190, 203
instinto sexual, 142
insulto(s), 148-50, 169, 194; *ver também* xingamentos
intelectuais, chistes, 107, 115, 127, 130-2, 151, 154, 178, 182, 197NA
inteligência, 71, 84, 199
Interpretação dos sonhos, A (Freud), 44-5, 128NA, 210, 211NA, 227, 231, 234, 244NA, 249NA, 250, 291, 312
Irlanda, 103
irmão(s), 33, 41, 259-60, 326-7
ironia, 106, 248

Jean Paul, 16, 19, 22, 29, 43, 267
jogos de palavras, 24, 54, 56-7, 59-60, 63-5, 67, 69-71, 76, 122, 130, 135, 171, 176, 241; *ver também* trocadilho(s)
jornalístico, estilo, 307
judaísmo, 162
judeu(s), 51, 72-3, 75, 81-2, 105, 113, 116, 160-1, 163-5, 203
juízo(s), 17-9, 24, 29, 37-8, 65, 87, 123, 127, 129, 135, 149, 171, 188-90, 196-7, 205, 239, 249-50, 277, 317

Kant, 21, 282
Kästner, 185, 294
Kempner, 306-7
Kleinpaul, 135NA, 185NA

ÍNDICE REMISSIVO

Komik und Humor (Lipps), 16NA, 28, 210
Komische, Das (Überhorst), 99
Kraepelin, 19
Kraus, 42
Kriegk, 185

Labeo, 52NT
laconismo, 43, 66
lapsos de linguagem, 152NA
laringoscópio, 56
Lassalle, 118
Lebenserinnerungen (Falke), 26NA, 103
lembrança(s), 37-8, 219, 224, 228, 271NA, 272, 310, 313, 315
Lessing, 104, 132
liberdade estética, chiste e, 18
liberdade sexual, 159
libido, 141, 144
Lichtenberg, 52, 87, 89NA, 96-7, 102, 104, 109-10, 112, 119-21, 123-4, 131, 133-4, 147, 202-3
Lipps, 16, 18-21, 23, 27-30, 43, 57, 101, 200, 210, 220, 231, 267NA, 277NA, 282, 286NA, 332-3NA
lógica, 20, 23, 80, 88, 90-1, 127, 153, 156, 179, 182, 289, 292
Lorenzo di Medici, 157NA
Louise da Saxônia, princesa, 176
Love's Labours Lost (Shakespeare), 206
lúdico, lúdica, 18, 24, 37NA, 54, 174, 197NA
Luís XV, rei da França, 56

Macmillans Magazine, 208NA
Madame Tussaud, museu de cera de, 103
mãe, 41, 65, 87, 90, 100-1, 150, 168, 219NA, 260, 300
Maintenon, madame de, 294
masturbação, 48
medo, 132
Medusa (personagem mitológica), 303
Mélinaud, 333NA
memória, 46, 59, 123, 134, 150, 199, 240, 285; *ver também* lembrança(s); recordação
metáfora(s), 37, 38, 119, 121, 127, 239, 297
Michelet, 87
mímica, 273-4, 280-1, 284, 297, 311
modificação, chiste e, 30, 38-43, 45, 50-1, 55-6, 62-4, 73, 75, 78, 105, 110-1, 117, 120, 130, 173, 188NA, 294, 301, 303
Moll, 141NA
moral, morais, 122, 127, 147, 156-9, 298, 320, 328NA
motivos do chiste, 199
mudança do ânimo, álcool e, 181
mulher(es), 50, 57, 61, 90-1, 93, 102, 109-10, 117, 124, 140-5, 155, 159, 190, 260-1, 286, 306
Mulher, A (Michelet), 87
Musset, 40NA

não tendenciosos, chistes *ver* inofensivos, chistes
Napoleão, 36-8, 48, 56, 148

natureza do chiste, 23, 29, 66, 135-6, 143, 151, 170, 173NA, 185, 187, 196, 218NA, 264, 286
"negativismo" dos neuróticos, 249NA
Nestroy, 123, 299
Neue Freie Presse, 36NA
neurose(s), neuróticos, neurótica(s), 140, 145, 180, 202, 231, 243, 249NA, 252, 254, 331; *ver também* psiconeuroses, psiconeurótica
nomes próprios, chiste e, 33
nonsense, 301

obscenidade, obsceno(s), obscena(s), 62, 87, 139, 140, 142, 144-6, 165, 190, 203, 206, 262-5, 267NA, 299, 314, 316; *ver também* baixo calão
Ochs, 42NT
ódio, 147, 190
olhar, libido do, 141
onanismo, 48NT
ordem social, 158
órgãos sensoriais, 274, 281
órgãos sexuais, 139
Orienterpresszug (chiste), 42
Orléans, 56
Ostende, 82, 161

padres católicos, 125, 129, 206
pai, 55, 65, 81, 85, 87, 100, 150, 219NA
pais, 153
paixão, paixões, 53, 60, 65, 158, 184

palavras compostas, 32, 43, 45, 62
palhaços, 269
parcimônia, 64, 138, 170, 173, 178, 182, 222
paródia, 251, 269, 283, 285
Pascal, 296
pastores protestantes, 125, 129, 206
Pavlov, 280
pensamentos latentes, 44, 228-9
pensamentos oníricos, 233-5, 249
Pensées (Pascal), 296
Pequeno livro de enigmas do dr. Mises, 98NA
percepção, percepções, 152, 158, 212, 232, 235-7, 243NA, 259-60, 270, 275, 324, 326, 328NA
personificação, 205, 268
perversão, 141
"Physiology of laughter, The" (Spencer), 208
piada(s), 113, 139-46, 154, 190, 215, 314
piadista(s), 202, 248
Platen, conde de, 113-4
Politisch-anthropologische Revue, 160NA
Polônio (personagem), 22
practical joke, 283
prazer cômico, 267, 311, 313-4, 319, 321, 322NA, 324, 328NA, 329NA, 334
prazer do chiste, 166, 168, 172, 173NA, 177, 185, 194-5, 196NA, 197NA, 212-3, 263, 265-6, 295, 332, 334

prazer humorístico, 39, 44, 324-7, 328NA, 329-30, 333-4
prazer sexual, 314
pré-consciente, o, 235-7, 240, 245, 252-3, 289, 295, 312, 319, 331-2
presença de espírito, 52, 81, 99; *ver também* espirituosidade, espirituoso(s), espirituosa(s)
princípio do prazer prévio, 195-6
processo social, chiste como, 199
processos psíquicos, 80, 127, 191, 199, 210, 222, 224, 236, 255, 274, 278, 319, 330
prolixidade, 23, 53
Propedêutica à estética ver *Vorschule der Ästhetik* (Fechner)
provérbios, 84, 110, 113NT, 151, 277NA
psicogênese do chiste, 168, 183, 187
psicologia, 140, 210, 243, 252, 267, 271, 299
psicólogos, 16
psiconeuroses, psiconeurótica, 203, 321, 331; *ver também* neuróticos, neurótica(s)
Psicopatologia da vida cotidiana (Freud), 134NA, 152NA
psicose, 243NA
psique, 146, 210, 310; *ver também* vida psíquica
Psychologie du rire (Dugas), 207
puberdade, 180
pudor sexual, 141

raciocínio, 82, 88-90, 92-3, 95, 115, 127, 178, 234, 288-90, 292, 330
raiva, 207, 329
Rätsel der Sprache, Die (Kleinpaul), 135NA, 185NA
recepção do chiste, 80
recordação, 174-5; *ver também* lembrança(s); memória
regressão, 232, 234, 236
Reisebilder (Heine), 27
relações sexuais, 124
religião, 129
renúncia, 146, 157-8
represamento psíquico, 169, 174, 220
representação indireta, 115, 117, 126-7, 136, 227, 236-7, 244, 247, 289
representação pelo oposto, chistes e, 103-7, 127, 165, 178, 247-9, 288, 293
repressão, repressões, 145-7, 159, 169-70, 181, 191-2, 194-6, 197NA, 203, 212, 249, 331
resíduo diurno, sonhos e, 229, 235
resistência(s), 119, 142, 169, 231, 263
Revue des deux mondes, 333NA
Ribot, 207
Richter, F. *ver* Jean Paul
rigidez cômica, 296
rima, 67, 131, 174, 179
Rire, Le (Bergson), 267NA, 295NA, 315
riso, 25, 29-30, 32, 37, 72, 74, 83, 91, 118, 136-8, 144, 146, 148-

9, 151, 162, 164, 189, 195, 204, 206-16, 219, 221-2, 243, 250, 259-61, 264, 269-70, 275-7, 285, 307-8, 310, 313, 315, 317-8, 326-7, 333NA
Rokitansky, 185
Roma, 125
"*roter Fadian*", 36-9, 149
Rothschild, barão de, 21, 27, 58, 200-1
roupagem chistosa, 132-3, 188
Rousseau — roux et sot (chiste), 46-7, 54, 64-5
Rousseau, J. B., 99
Rousseau, Jean-Jacques, 46-7
"ruim", chiste, 172NA

sádico(s), 142, 204
Sainte-Beuve, 35
Salambô (Flaubert), 35
Salinger, irmãos, 33
saliva, secreção de (nos cães de Pavlov), 280
"salmão com maionese", chiste do, 74, 76-8, 82, 156-7, 290
Sancho Pança (personagem), 200
sátira, satírico, satírica, 57, 113, 139, 160, 202, 301, 327
saúde, 82, 161, 326
Schadchen (casamenteiro judeu), 81, 90-1, 93
Schiller, 46, 313NT
Schlagfertigkeit ver presença de espírito
Schlegel, 22NT
Schleiermacher, 53, 98NA, 184
Schmock (Freytag), 301

Schnitzler, A., 55
Schnitzler, dr. (pai), 55-6
Schnorrer (pedinte-aproveitador judeu), 82, 161-2
Schüttelreime (rimas), 130
sedução, 140
sensação, sensações, 89, 118, 136, 146, 173, 229, 271
sentido no absurdo, chiste e, 19, 24, 53, 83-4, 86, 109, 186, 196-7NA, 246, 304
sentido sexual, chiste e, 61
ser(es) humano(s), 90, 158, 173, 180-1, 199, 203, 268, 273, 278, 282, 287, 306, 311, 314
sermões, efeito sonífero dos, 124
sexualidade, sexual, sexuais, 61-2, 124, 139-43, 145, 147-8, 159, 190, 203-4, 314
Shakespeare, 22, 55, 111, 206
simbolismo, símbolos, 127, 245
Simplizissimus (semanário), 106, 329
sofisma, 89-91, 154
sofísticos, chistes, 89, 93, 154, 156
sonho(s), 44-5, 127-8, 153, 177, 210-1, 227-41, 243-7, 249-50, 252-3, 255-6, 258, 288, 291, 312, 321
sono, 124, 229, 235
sonoros, chistes, 46, 68-9
Soulié, 70-2, 75, 79
Spencer, 208-10
Spiele der Menschen, Die (Groos), 173NA
Spinoza, 111

Spitzer, 50, 60-1
sr. N., chistes do, 36-42, 45, 51, 148-9, 169, 191, 215
Stettenheim, 300
sublime, o, 281, 284-5, 298
sugestão pós-hipnótica, 231
superioridade, sentimento de, 278, 282-3, 317

tabaco, 293
tavernas, baixo calão em, 143
teatro, 56, 110, 260, 310
técnica do chiste, 27, 31NA, 32-3, 39, 42, 44, 46, 48-9, 51-4, 61, 65, 67, 74-6, 79, 86, 89, 104, 106, 115, 119, 121, 126-7, 136, 138-9, 146, 153, 155, 170, 182, 218, 221, 227, 237, 240NA, 241, 293
tendência do chiste, 136, 186, 207
tendenciosos, chistes, 129-30, 132, 135, 138-9, 143-4, 146, 150-2, 155-6, 160, 164, 168-70, 183, 187, 191-5, 203, 214, 217, 246, 250-2, 257, 313
tolice infantil, 243
toque, libido do, 141
trabalho do chiste, 80, 88, 102, 127-8, 135, 138, 153, 179, 184, 186-7, 192, 199, 202-5, 213, 215, 217, 220, 222, 236, 239, 244, 246-8, 250-1, 254-5, 288; *ver também* formação do chiste
trabalho intelectual, 217, 277, 297

"Trabalho onírico, O" (Freud), 128NA
trabalho onírico/trabalho do sonho, 44-5, 80NT, 127-8, 153, 227-30, 232-8, 240NA, 244-5, 247, 249-50, 252-3, 258, 288
traços de personalidade, 276
traços faciais, 270, 274
Traduttore — Traditore! (mote/chiste), 51, 172NA
Traumarbeit, 80NT
travestimento, 269, 283, 285
Três ensaios sobre a teoria da sexualidade (Freud), 140NA
trocadilho(s), 24, 67-70, 109-10; *ver também* jogos de palavras
Twain, M., 326-7

Über den Witz (Fischer), 17NA
"Über die negative Suggestibilität" (Bleuler), 249NA
Überhorst, 99
unificação, chistes e processo de, 54, 60, 97, 98NA, 99-101, 115, 121, 123, 131, 133, 150, 173, 177, 185, 299
Untersuchungen über die Libido sexualis (Moll), 141NA

verbais, chistes, 67, 109-10, 116, 127, 130, 133, 135, 144, 170, 182, 197NA, 260
vergonha, 140, 190
Verne, J., 110
vestimentas, pudor e, 141
Viagem ao Harz (Heine), 59-60, 100

ÍNDICE REMISSIVO

vida psíquica, 16, 191, 211NA, 228, 231, 234, 244, 256, 271NA; *ver também* psique
Viena, 33, 36NA, 55, 76NA, 112-3
vigília, estado de, 230
vingança, 150
violência, 56, 147
Vischer, 16, 19, 48, 129, 329NA
vogais, chiste e modificação de, 68
Voltaire, 99
Vorschule der Ästhetik (Fechner), 22NA, 177, 192
vulgares, chistes/piadas/frases, 145, 294, 306

Wahlverwandschaften, Die ver *Afinidades eletivas, As* (Goethe)
Wallensteins Lager (Schiller), 46, 68

Wellington, duque de, 89NA, 103
Wiener Spaziergänge (Spitzer), 50, 60
Wilt, M., 110
Wippchen (Stettenheim), 300-4
"*Witz*" (chiste/espirituosidade/engenho), 199
Witzarbeit, 80NT
Würtemberg, Carlos de, duque, 100

xingamentos, 147, 194; *ver também* insulto(s)

Zeitschrift für Psychologie, 21NA, 216NA
zombaria, 24, 38, 92, 132
"Zur Differentialdiagnostik negativistischer Phänomene" (Gross), 249NA

SIGMUND FREUD, OBRAS COMPLETAS EM 20 VOLUMES

COORDENAÇÃO DE PAULO CÉSAR DE SOUZA

1. TEXTOS PRÉ-PSICANALÍTICOS (1886-1899)
2. ESTUDOS SOBRE A HISTERIA (1893-1895)
3. PRIMEIROS ESCRITOS PSICANALÍTICOS (1893-1899)
4. A INTERPRETAÇÃO DOS SONHOS (1900)
5. PSICOPATOLOGIA DA VIDA COTIDIANA E SOBRE OS SONHOS (1901)
6. TRÊS ENSAIOS SOBRE A TEORIA DA SEXUALIDADE, ANÁLISE FRAGMENTÁRIA DE UMA HISTERIA ("O CASO DORA") E OUTROS TEXTOS (1901-1905)
7. O CHISTE E SUA RELAÇÃO COM O INCONSCIENTE (1905)
8. O DELÍRIO E OS SONHOS NA GRADIVA, ANÁLISE DA FOBIA DE UM GAROTO DE CINCO ANOS ("O PEQUENO HANS") E OUTROS TEXTOS (1906-1909)
9. OBSERVAÇÕES SOBRE UM CASO DE NEUROSE OBSESSIVA ("O HOMEM DOS RATOS"), UMA RECORDAÇÃO DE INFÂNCIA DE LEONARDO DA VINCI E OUTROS TEXTOS (1909-1910)
10. OBSERVAÇÕES PSICANALÍTICAS SOBRE UM CASO DE PARANOIA RELATADO EM AUTOBIOGRAFIA ("O CASO SCHREBER"), ARTIGOS SOBRE TÉCNICA E OUTROS TEXTOS (1911-1913)
11. TOTEM E TABU, HISTÓRIA DO MOVIMENTO PSICANALÍTICO E OUTROS TEXTOS (1913-1914)
12. INTRODUÇÃO AO NARCISISMO, ENSAIOS DE METAPSICOLOGIA E OUTROS TEXTOS (1914-1916)
13. CONFERÊNCIAS INTRODUTÓRIAS À PSICANÁLISE (1916-1917)
14. HISTÓRIA DE UMA NEUROSE INFANTIL ("O HOMEM DOS LOBOS"), ALÉM DO PRINCÍPIO DO PRAZER E OUTROS TEXTOS (1917-1920)
15. PSICOLOGIA DAS MASSAS E ANÁLISE DO EU E OUTROS TEXTOS (1920-1923)
16. O EU E O ID, ESTUDO AUTOBIOGRÁFICO E OUTROS TEXTOS (1923-1925)
17. INIBIÇÃO, SINTOMA E ANGÚSTIA, O FUTURO DE UMA ILUSÃO E OUTROS TEXTOS (1926-1929)
18. O MAL-ESTAR NA CIVILIZAÇÃO, NOVAS CONFERÊNCIAS INTRODUTÓRIAS E OUTROS TEXTOS (1930-1936)
19. MOISÉS E O MONOTEÍSMO, COMPÊNDIO DE PSICANÁLISE E OUTROS TEXTOS (1937-1939)
20. ÍNDICES E BIBLIOGRAFIA

PARA MAIS INFORMAÇÕES SOBRE OS VOLUMES PUBLICADOS, ACESSE:
www.companhiadasletras.com.br